趙爾巽等撰

清史稿

第三五册

卷三〇一至卷三一九(傳)

中華書局

清史稿卷三百一

列傳八十八

訥親　傅恆子福靈安　福隆安　福隆安子豐紳濟倫　福長安

訥親，鈕祜祿氏，滿洲鑲黃旗人，額亦都曾孫。父尹德，附見其父遏必隆傳，訥親其次子。雍正五年，襲公爵，授散秩大臣。十年，授鑾儀使。十一年十二月，命在辦理軍機處行走。十三年，世宗疾大漸，訥親預顧命。高宗卽位，莊親王允祿、果親王允禮、鄂爾泰、張廷玉輔政，號「總理王大臣」。授訥親鑲白旗滿洲都統、領侍衞內大臣，協辦總理事務。十二月，敕獎訥親勤愼，因推孝昭仁皇后外家恩，進一等公。乾隆元年，遷鑲黃旗滿洲都統。二年，遷兵部尚書。十一月，莊親王等請罷總理事務，訥親授軍機大臣。敍勞，加拖沙喇哈番世職。三年二月，領戶部三庫。九月，命協辦戶部。直隸總督李衞劾總河朱藻詐欺貪虐，命訥親與尚書孫嘉淦勘讞，藻坐流。訥親因與嘉淦條上永定河南北岸建築閘壩諸事。十二月，遷吏部尚書。四年五月，加太子太保。

訥親貴戚勳舊，少侍禁近，受世宗知，以爲可大用。迨高宗，恩眷尤厚。訥親勤敏當上意，尤以廉介自敕，人不敢干以私。其居第巨獒縛扉側，絕無車馬跡。然以早貴，意氣驕溢，治事務刻深。左都御史劉統勳疏論訥親領事過多，任事過銳。上諭曰：「訥親爲尚書，模棱推諉，固所不可，但治事未當，亦所不免。朕時時戒毋自滿。今見此奏，益當自勉。」語詳統勳傳。

九年正月，命訥親閱河南、江南、山東諸省營伍，並勘海塘、河工。時直隸天津、河間二府方以災治賑，令順道先往察覈。疏請展賑一月，從之。訥親使事既蕆，分疏上陳，其勘諸省營伍，言：「偏閱三省督撫、河漕、提鎮爲標者十七，優絀互見。惟河南南陽、江南蘇松水師二鎮最劣。請下部覈賞罰。」其勘江、浙海塘，言：「舊日浙江潮自蜀山中小亹出入，近海寧爲北大亹，近蕭山爲南大亹，漲沙寬闊，爲杭州、紹興二府保障。迨中小亹漸湮，潮趨蜀山北，震盪爲患。若濬中小亹故道，減大亹潮力，上下塘工悉可安堵；即中小亹未可遽復，則當擇險要多爲坦坡，木石戧壩，俾撇水積淤，資以禦潮。至諸處柴塘，停沙阻水，無煩議改石工。入江南境，地平而潮緩，華亭舊塘堅緻，寶山新塘尺度參差，工作又不中程。金山、奉賢、南匯、上海皆土塘，距海稍遠，所司守護如法，當無他虞。」其勘洪澤湖，請濬鹽河俾通江，疏串場河俾達海，並停天然二壩、高堰下游二隄。其勘南旺湖，請以湖中涸地貸貧民耕稼。別疏言：「各直省政事，督撫下司道，司道下州縣，州縣官惟以簿書錢穀爲事，戶口貧富、土地肥瘠、物產豐嗇、民情向背、風俗美惡、以及山川原隰、橋梁道路，皆漫置不省。官但有條敎，民惟責納賦，浮文常多，實意殊少。請敕各直省督撫，令州縣官徧歷境內，何事當興舉，何事當整飭，行之有無治效，以實報長官，長官卽是爲殿最，以實達朝廷。似亦崇實效、去虛文、飭吏治、厚民生之一端也。」皆下部議行。

十年三月，協辦大學士。五月，授保和殿大學士，仍兼吏部尙書。十二年四月，命如山西會巡撫愛必達讞萬全民張世祿、安邑民張遠等挾衆抗官狀，論如律。愛必達及總兵羅俊、蒲州知府朱發等皆坐譴黜。十三年正月，命如浙江會大學士高斌覆勘巡撫常安貪婪狀，未至，高斌鞫得常安實受賕，訥親與共奏，論如律。三月，復命如山東會巡撫阿里袞治賑。

時大金川土司莎羅奔攻革布什咱土司犯邊，上命川陝總督張廣泗討之。大金川地絕險，阻山爲石壘，名曰碉，師進攻弗克。四月，召訥親還京師，授經略大臣，率禁旅出視師。六月，訥親至軍，下令期三日克噶拉依，噶拉依者，莎羅奔結寨地也。師循色爾力石梁而下，攻碉未卽克，署總兵任舉勇敢善戰，爲諸軍先，沒於陣。訥親爲氣奪，乃議督諸軍築碉，與敵共險，爲持久。疏入，上重失任舉，又以築碉非計，手詔戒訥親，因時度勢，以爲進止。訥親與廣泗合疏言：「天時地利皆賊得其長，我兵無機可乘。冬春間當減兵駐守，明歲加調精銳三萬，於四月進剿，足以成功，至遲亦不逾秋令。」訥親又別疏言：「來歲增兵，計需費數百萬。若俟一二三年後有機可乘，亦未可定。」疏入，上諭曰：「卿等身在戎行，目擊情狀，不能確有成算，游移兩可。朕於數千里外，何從遙度？我師至四萬，彼止三千餘，何以彼應我則有餘，我攻彼則不足？卿等當審定應攻應罷，毋爲兩歧語。」上知訥親不足辦敵，諭軍機大臣議召訥親還；又念大金川非大敵，重臣視師，無功而還，傷國體，爲四夷姍笑。密以諭訥親，冀激奮克敵。居數月，師雖有小勝，卒未得尺寸地。訥親惟請還京面對，乃召訥親及廣泗詣京師，以岳鍾琪攝經略，傅爾丹攝川陝總督，復遣尚書班第同治軍事。尋奪訥親官，令自具鞍馬，從討噶爾丹贖罪，逮廣泗。

九月，命大學士傅恆代爲經略，別遣侍衞富成逮訥親，責置對，並令富成錄訥親舉止言語以聞。上前後手詔罪訥親恆數千百言，略謂：「訥親受命總戎，乖張畏縮。疏言軍夜攻碉，自帳中望見火光，知未嘗臨敵。又言督軍攻阿利山，既回營，我軍數十人各鳥獸散。知偶臨敵，又先士卒退。富成疏訥親語『金川事大難，不可輕舉，此言不敢入奏』。訥親受恩久，何事不可言？如固不能克，當實陳請罷兵。乃事敗欲以不可輕舉歸過朝廷，狡詐出意外。

又值續調兵過，輒言『此皆我罪，令如許滿洲兵受苦』。滿洲兵聞調，鼓舞振躍，志切同仇。訥親以爲受苦，實嫉他人成功，搖衆心，不顧國事。孤恩藐法，罪不可逭。」

十月，諭「訥親先世以軍功封二等公，爲孝昭仁皇后戚屬，供職勤慎，進一等公。獲罪，應仍以二等公俾其兄策楞襲爵」。訥親恃上恩，尚冀入見上自解，上復迭降手詔，謂：「軍旅事重，平日治事詳慎，操守潔清，舉不足言。」又謂：「訥親小心謹密，而方寸一壞，天奪其魄，雖欲倖免而不能。」十二月，廣泗既誅，上封遏必隆遺刀授侍衞鄂實，監訥親還軍，誅以警衆。十四年正月，上命傅恆班師，復諭鄂實卽途中行法。是月戊寅，鄂實監訥親行至班攔山，聞後命，遂誅訥親。

傅恆，字春和，富察氏，滿洲鑲黃旗人，孝賢純皇后弟也。父李榮保，附見其父米思翰傳。傅恆自侍衞洊擢戶部侍郎。乾隆十年六月，命在軍機處行走。十二年，擢戶部尚書。十三年三月，孝賢純皇后從上南巡，還至德州崩，傅恆扈行，典喪儀。四月，敕獎其勤恪，加太子太保。時訥親視師金川，解尚書阿克敦協辦大學士以授傅恆，並兼領吏部。訥親既無功，九月，命傅恆暫管川陝總督，經略軍務。尋授保和殿大學士，發京師及諸行省滿、漢兵三萬五千，以部庫及諸行省銀四百萬供軍儲，又出內帑十萬備犒賞。十一月，師行，上詣堂子告祭，遣皇子及大學士來保等送至良鄉。傅恆既行，上日降手詔褒勉。傅恆道陝西，言驛政不修誤軍興，上命協辦大學士尚書尹繼善攝陝西總督，主饋運。入四川境，馬不給，上又命尹繼善往來川、陝督察。旋以傅恆師行甚速，紀律嚴明，命議敍，部議加太子太傅，特命加太保。固辭，不允，發京師及山西、湖北馬七千佐軍。傅恆發成都，經天赦山，雪後道險，步行七十里至驛。上聞，賜雙眼孔雀翎，復固辭。

初，小金川土舍良爾吉間其兄澤旺於莎羅奔，奪其印，即烝於嫂阿扣。莎羅奔之犯邊也，良爾吉實從之，後詐降爲賊諜。張廣泗入奸民王秋言，使領蠻兵，我師舉動，賊輒知之。傅恆途中疏請誅良爾吉等，將至軍，使副將馬良柱招良爾吉來迎，至邦噶山，正其罪，併阿扣、王秋悉誅之。事聞，上褒傅恆明斷，命拜前賜雙眼孔雀翎，毋更固辭。

十月，至卡撒，以屯軍地狹隘，與賊相望，且雜處番民市肆中，乃相度移舊壘前，令總兵治大雄監營壘。十四年正月，上疏言：「臣至軍，察用兵始末：當紀山進討之始，馬良柱轉戰而前，踰沃日收小金川直抵丹噶，其鋒甚銳。彼時張廣泗若速進師，賊備未嚴，殄滅尚易；乃坐失事機，宋宗璋宿留於雜谷，許應虎敗衄於的郊，賊得盡據險要，增碉備禦。訥親初至，督戰甚急，任舉敗沒，銳挫氣索，軍無鬭志，一以軍事委張廣泗。廣泗又爲奸人所愚，專主攻碉。先後殺傷數千人，匿不以聞。臣惟攻碉最爲下策，鎗礮不能洞堅壁，於賊無所傷。賊不過數人，自暗擊明，鎗不虛發。是我惟攻石，而賊實攻人。賊於碉外爲濠，兵不能越，賊伏其中，自下擊上。其碉銳立，高於浮屠，建作甚捷，數日可成，旋缺旋補。且衆心甚固，碉盡碎而不去，礮方過而復起。客主勞佚，形勢迥殊，攻一碉難於克一城。卽臣所駐卡撒，左右山巔三百餘碉，計日以攻，非數年不能盡。且得一碉輒傷數十百人，得不償失。兵法，攻堅則瑕者堅，攻瑕則堅者瑕。惟使賊失所恃，我兵乃可用其所長。擬俟諸軍大集，分道而進。別選銳師，旁探間道，裹糧直入，踰碉勿攻，繞出其後。番衆不多，外備既密，內守必虛。我兵既自捷徑深入，守者各懷內顧，人無固志，均可不攻自潰。卡撒爲進噶拉依正道，嶺高溝窄，臣當親任其難。黨壩隘險，亦幾同卡撒，酌益新軍。兩道並進，直搗巢穴，取其渠魁。期四月間奏捷。」上以金川非大敵，勞師兩載，誅大臣，失良將，內不懌。及是聞其地險難下，益不欲竟其事，遂以孝聖憲皇后諭命班師，而傅恆方督總兵哈攀龍、哈尙德等攻下數碉。上以金川水土惡，賜傅恆人蔘三斤，並及諸將有差，屢詔召傅恆還。又以孝聖憲皇后諭封一等忠勇公，賜寶石頂、四團龍補服。傅恆奏言：「金川事一誤，今復輕率蕆事，賊燄愈張。衆土司皆罹其毒，邊宇將無寧日。審度形勢，賊碉非盡當道，其巢皆老弱，我兵且戰且前，自昔嶺中峯直抵噶拉依，破竹建瓴，功在垂成，棄之可惜。且臣受詔出師，若不掃穴擒渠，何顏返命？」並力辭封賞，上不允，手詔謂：「匈奴未滅，無以家爲，乃驃姚武人銳往之概。大學士抒誠贊化，豈與兜鍪閫帥爭一日之績？」反復累數千言，復賜詩喻指。

時傅恆及提督岳鍾琪決策深入，莎羅奔遣頭人乞降，傅恆令自縛詣軍門。莎羅奔復介綽斯甲等詣岳鍾琪乞貸死，鍾琪親入勒烏圍，挈莎羅奔及其子郎卡詣軍門。語詳鍾琪傳。傅恆遂受莎羅奔父子降，莎羅奔等焚香作樂，誓六事：無犯鄰比諸番，反其侵地，供役視諸土司，執獻諸酋抗我師者，還所掠內地民馬，納軍械鎗礮，乃承制赦其罪。莎羅奔獻佛像一、白金萬，傅恆卻其金，莎羅奔請以金爲傅恆建祠。翌日，傅恆率師還。上優詔嘉獎，命用揚古利故事，賜豹尾槍二桿、親軍二名。三月，師至京師，命皇長子及裕親王等郊迎。上御殿受賀，行飮至禮。傅恆疏辭四團龍補服，上命服以入朝，復命用額亦都、佟國維故事，建宗祠，祀曾祖哈什屯以下，並追予李榮保謚，賜第東安門內，以詩落其成。

十九年，準噶爾內亂，諸部台吉多內附。上將用兵，諮廷臣，惟傅恆贊其議。二十年，師克伊犁，俘達瓦齊以歸，詔再封一等公，傅恆固辭，至泣下，乃允之。尋圖功臣像紫光閣，上親製贊，仍以爲冠，舉蕭何不戰居首功爲比。二十一年四月，將軍策楞追捕阿睦爾撒納未獲，上命傅恆出視師，赴額林哈畢爾噶，集蒙古諸台吉飭軍事。傅恆行日，策楞疏至，已率兵深入，復召傅恆還。

三十三年，將軍明瑞征緬甸敗績，二月，授傅恆經略，出督師。時阿里袞以副將軍主軍事，上並授阿桂副將軍、舒赫德參贊大臣，命舒赫德先赴雲南，與阿里袞籌畫進軍。三十四年二月，傅恆師行，發京師及滿、蒙兵一萬三千六百人從征，上御太和殿賜敕，賚御用甲胄。四月，至騰越，傅恆決策，師循戛鳩江而進，大兵出江西，取道猛拱、猛養，直擣木梳，水師沿江順流下，水陸相應。偏師出江東取猛密，夾擊老官屯。往歲以避瘴，九月後進兵，緬甸得爲備。傅恆議先數十日出不意，攻其未備，水師當具舟。上初命阿里袞造舟濟師，阿里袞等言崖險澗窄不宜舟，傍江亦無造舟所。上又命三泰、傅顯往視，言與阿里袞等同。及傅恆至軍，諮土司頭人，知蠻暮有山曰翁古多木，旁有地曰野牛壩，野人所居，涼爽無瘴。卽地伐木造舟，野人樂受值，執役甚謹。傅恆卽使傅顯佐蒞事。舟成，督滿、漢兵並從行奴僕，更番轉搬。又得茂隆廠附近礮工，令範銅爲礮。狀聞，輒降旨嘉獎，爲賦造舟行焉。

傅恆初議自將九千三百人渡戛鳩而西，師未集，七月，將四千人發騰越。上以經略自將師寡，促諸軍速集如初議。八月，傅恆自南蚌趨戛鳩。奏至，上方行圍木蘭，入圍獲麅，畀福隆安以賜傅恆。傅恆道南底壩至允帽，臨戛鳩江，時猛拱大頭人脫猛烏猛、頭人賀丙等，詣傅恆請降。師至，脫猛烏猛將夾江諸夷寨頭人來迎，與賀丙具舟。傅恆命分兵徐濟，夾江爲寨猛拱後土司渾覺亦請降，獻馴象四。上賚三眼孔雀翎，傅恆疏辭。師復進，取猛養，破寨四，誅頭人拉匿拉賽。設臺站，令瑚爾起以七百人駐守。遂至南董干，攻南準寨，獲頭人木波猛等三十五人。進次暮臘，再進次新街。

傅恆自渡戛鳩江，未嘗與緬甸兵戰，刈禾爲糧，行二千里不血刃，而士馬觸暑雨多疾病。會阿桂將萬餘人自虎踞關出野牛壩，造舟畢成，徵廣東、福建水師亦至，乃合軍並進。哈國興將水師，阿桂、阿里袞將陸師，阿桂出江東，阿里袞出江西。緬兵壘金沙江兩岸，又以舟師扼江口。阿桂先與緬兵遇，麾步兵發銃矢，又以騎兵陷陣，緬兵潰。哈國興督舟師乘風蹴敵，緬兵舟相擊，死者數千。阿里袞亦破西岸緬兵，傅恆以所獲纛進。上復爲賦詩，阿里袞感瘴而病，改將水師，旋卒。十一月，傅恆復進攻老官屯，老官屯在金沙江東，東猛密，西猛墅，北猛拱、猛養，南緬都阿瓦，爲水陸通衢。緬兵伐木立寨甚固，哈國興督諸軍力攻，未卽克。師破東南木寨，緬兵夜自水寨出，傅恆令海蘭察禦之，又令伊勒圖督舟師掩擊，復獲船纛。緬兵潛至江岸築壘，又自林箐中出，海蘭察擊之，屢有斬馘。

師久攻堅，士卒染瘴多物故，水陸軍三萬一千，至是僅存一萬三千。傅恆以入告，上命罷兵，召傅恆還京。傅恆俄亦病，阿桂以聞。上令卽馳驛還，而以軍事付阿桂。會緬甸酋懵駁遣頭人諾爾塔齎蒲葉書乞罷兵，傅恆奏入，上許其行成。傅恆附疏言：「用兵之始，衆以爲難。臣執意請行，負委任，請從重治罪。」上手詔謂：「用兵非得已，如以爲非是，朕當首任其過。皇祖時，吳三桂請撤藩，諮於羣臣，議撤者惟米思翰、明珠數人。及三桂反，衆請誅議撤諸臣，皇祖深闢其非。朕仰紹祖訓，傅恆此事，可援以相比。傅恆收猛拱，當賜三眼孔雀翎，疏辭，俟功成拜賜。今既未克賊巢，當繳進賜翎，以稱其請罪之意。」慴駁遣頭人詣軍獻方物。十月，傅恆還駐虎踞關，上命傅恆會雲貴總督彰寶議減雲南總兵、知府員缺，釐正州縣舊制。三十四年二月，班師。三月，上幸天津，傅恆朝行在。既而緬甸酋謝罪表久不至，上謂傅恆方病，不忍治其罪。七月，卒，上親臨其第酹酒，命喪葬視宗室鎮國公，謚文忠。又命入祀前所建宗祠。其後上復幸天津，念傅恆於此復命，又經傅恆墓賜奠，皆紀以詩。及賦懷舊詩，許爲「社稷臣」。嘉慶元年，以福康安平苗功，贈貝子。福康安卒，推恩贈郡王銜，旋並命配享太廟。

傅恆直軍機處二十三年，日侍左右，以勤愼得上眷。故事，軍機處諸臣不同入見，乾隆初，惟訥親承旨。迨傅恆自陳不能多識，乞諸大臣同入見。上晚膳後有所諮訪，又召傅恆獨對，時謂之「晚面」。又軍機處諸大臣既承旨，退自屬草，至傅恆始命章京具稿以進。上倚傅恆爲重臣，然偶有小節疏失，卽加以戒約。傅恆益謙下，治事不敢自擅。敬禮士大夫，翼後進使盡其才。行軍與士卒同甘苦。卒時未五十，上尤惜之。

子福靈安、福隆安、福康安、福長安。福康安自有傳。

福靈安，多羅額駙，授侍衞。準噶爾之役，從將軍兆惠戰於葉爾羌，有功，予雲騎尉世職。三十二年，授正白旗滿洲副都統。署雲南永北鎭總兵。卒。

福隆安，尙高宗女和嘉公主，授和碩額駙、御前侍衞。三十三年，擢兵部尙書、軍機處行走，移工部尙書。三十五年，襲一等忠勇公。三十六年，用兵金川，總兵宋元俊劾四川總督桂林，命福隆安往讞。福隆安直桂林，抵元俊罪。四十一年，復授兵部尙書，仍領工部。金川平，畫像紫光閣。四十九年，卒，謚勤恪。

子豐紳濟倫，初以公主子，命視和碩額駙品秩，授鑲藍旗漢軍副都統、奉宸苑卿。四十九年，襲爵。累遷兵部尙書，領鑾儀衞。嘉慶間，再坐事，官終盛京兵部侍郎。十二年，卒。子富勒渾翁珠，襲爵。

福長安，自藍翎侍衞累遷至正紅旗滿洲副都統、武備院卿，領內務府。乾隆四十五年，命在軍機處學習行走。累遷戶部尙書。五十三年，臺灣平。五十七年，廓爾喀平。諸功臣畫像紫光閣，福長安皆與焉。嘉慶三年，俘王三槐，福長安以直軍機處得侯。四年，高宗崩，大學士和珅得罪，仁宗以福長安阿附，逮下獄，奪爵，籍其家。諸大臣議用朋黨律坐立斬，上命改監候，而賜和珅死，使監福長安詣和珅死所跪視。旋遣往裕陵充供茶拜唐阿，就遷員外郎。六年，以請還京，奪職，發盛京披甲。旋自驍騎校屢遷，再爲圍場總管，一爲馬蘭鎭總兵，再署古北口提督。屢坐事譴謫。二十一年，授正黃旗滿洲副都統。二十二年，卒。

論曰：高宗初政，寬大而清明，舉國熙熙，樂見太平。是時鄂爾泰、張廷玉負夾輔之重，然居中用事爲天子喉舌，厥惟訥親，繼之者傅恆也。高宗手詔謂當鄂爾泰在朝，培養陶成，得一訥親；訥親在朝，培養陶成，得一傅恆。又謂訥親受恩第一，次則傅恆。訥親視師失上指，坐誅，終不沒其勤廉；傅恆再以受降還師，德心孚契，自以其謹慎，非徒藉貴戚功閥重也。

清史稿卷三百二

列傳八十九

徐本　汪由敦子承霈　來保　劉綸子躍雲　劉統勳子墉　孫鐶之

徐本，字立人，浙江錢塘人，尚書潮子。本，康熙五十七年進士，改庶吉士，授編修。雍正五年，提督貴州學政，授贊善，遷侍讀。七年，擢貴州按察使。八年，調江蘇，遷湖北布政使。十年，擢安慶巡撫。奏定比緝盜賊章程，竊案責府州，盜案責臬司。案多而未獲，巡撫親提。比立限，定勸懲。上嘉之。十一年，疏言：「雲、貴、廣西改流土司安置內地，例十人給官房五楹，地五十畝。安慶置二十一人，地遠在來安。請變價別購，俾耕以食。」又疏言：「州縣徵糧，例由府道封櫃，請改州縣自封。完糧十截串票改仍用三連由票，零戶銀以下以十錢當一分。」又疏言：「壽州濱淮，盜聚族而居，假捕魚爲業，每出劫掠，已次第捕治，令漁船編甲。孫、平、焦、鄧諸姓設族正，有盜不時舉發。」皆下部議行。

召授左都御史。十二年，遷工部尚書、協辦大學士。浙江衢州民王益善邪教惑衆，命本會總督程元章按治，請改設衢州總兵、金衢嚴巡道以下官，幷更定營制，下部議行。十三年五月，命同寶親王、果親王、大學士鄂爾泰、張廷玉等辦理苗疆事務。高宗卽位，命在辦理軍機處行走，調刑部尚書。尋命協辦總理事務。

乾隆元年，授東閣大學士兼禮部尚書，充世宗實錄總裁。二年，直南書房。以協辦總理事務，予拖沙喇哈番世職。三年，授辦理軍機大臣。四年，加太子太保。七年，兼管戶部尚書。九年六月，以病乞休，加太子太傅致仕。遣御前侍衞永興齎賜御用衣冠、內府文綺貂皮，上親臨其第慰問賜詩。命其子侍講學士以烜送歸里，在籍食俸。明年，上念本歸將一載，復賜詩。十二年，本卒，加少傅，發白金千治喪。浙江巡撫顧琮往祭，謚文穆。上南巡，所經郡縣遣祭舊臣，禮部奏請未及本，上特命遣祭。祀京師賢良祠。

以烜，進士，官至禮部侍郎。

汪由敦，字師茗，浙江錢塘人，原籍安徽休寧。雍正二年進士，選庶吉士。遭父喪，以纂修明史，命在館守制。喪終，三遷內閣學士，直上書房。乾隆二年，廷臣妄傳除目，爲言官執奏，語連由敦，未得旨，由敦具疏辨。上詰由敦何以先知，足見有爲之耳目者，其人必不謹。左授侍讀學士。累遷工部尚書，調刑部，兼署左都御史。十一年，命在軍機處行走。十四年，金川平，加太子少師。是歲命協辦大學士。由敦出大學士張廷玉門，其直軍機處，廷玉薦也。時軍機處諸大臣，鄂爾泰已卒，廷玉爲班首，而訥親被上眷，日入承旨，出令由敦屬草，慮不當上意，輒令易稿，至三四不已，傅恆爲不平。及訥親誅，傅恆自金川還朝，引諸大臣共承旨以爲常。廷玉致仕將歸，以世宗遺詔許配享太廟，乞上一言爲券，謝恩未親至。傳旨詰責，傅恆與由敦承旨，由敦免冠叩首，言廷玉蒙恩體恤，乞終始矜全，若明旨詰責，則廷玉罪無可逭。次日，廷玉早入朝，上責由敦漏言，徇師生私恩，不顧公議。解協辦大學士，并罷尚書，仍在尚書任贖罪。十五年，命復任。

上閱永定河工，令由敦同大學士傅恆、總督方觀承會勘南岸建壩，請於張仙務、雙營葺舊壩二，馬家鋪及冰窖以東增新壩亦二，如所議。四川學政朱荃以匿喪贖賄得罪，由敦所薦舉，吏議奪職。上以由敦謹慎，長於學問，命降授兵部侍郎。俄，永定河堤決，復命赴固安監塞口。有請別開新河者，由敦主仍濬舊河，亦如所議。十六年，調戶部侍郎。命同大學士高斌勘天津等處河工，請濬永定河下流，疏王慶坨引河，增鳳河堤壩，培東岸隄障東淀。十七年，授工部尚書。十九年，加太子太傅，兼刑部尚書。二十年，準噶爾平，軍機大臣得議敍。二十一年，調工部尚書。二十二年，授吏部尚書。二十三年，卒，上親臨賜奠，贈太子太師，諡文端。

由敦篤內行，記誦尤淹博，文章典重有體。內直幾三十年，以恭謹受上知。乾隆間，大臣初入直軍機處，上以日所製詩用丹筆作草，或口授令移錄，謂之「詩片」。久無誤，乃使撰擬諭旨。由敦能彊識，當上意。上出謁陵及巡幸必從，入承旨，耳受心識，出卽傳寫，不遺一字。其卒也，諭稱其「老誠端恪，敏愼安詳，學問淵深，文辭雅正」，並賦詩悼之。又以由敦善書，命館臣排次上石，曰時晴齋法帖。上賦懷舊詩，列五詞臣中，稱其書比張照云。

子承沆、承霈、承霨。

承霈，字春農。由敦旣卒，喪終，承霈以賜祭葬入謝。傅恆爲言承霈書類由敦，授兵部主事，充軍機處章京。累遷郎中，除福建邵武知府。時母年八十，請軍機大臣爲陳情，留京供職，復補戶部郎中。三十六年，師討小金川，上命戶部侍郎桂林出督餉，以承霈從。三十七年，阿爾泰、宋元俊劾桂林以金與土酋贖所掠軍士，辭連承霈，命逮治。俄，事白，仍以郎中充軍機處章京。累遷工部右侍郎。甘肅冒賑事發，部議凡在甘肅納捐監生，應禁革毋許應試，及自別途出身。承霈奏人數甚多，乞開自新之路，令納金如例，許考試及自別途出身，得旨俞允。四十年，上校射，承霈連發中的，賞花翎。調戶部右侍郎。五十四年，坐監臨順天鄉試失察，左遷通政使。累遷復至侍郎。嘉慶五年，授左都御史，遷兵部尚書，兼領順天府尹。六年，永定河水溢，上命治賑，得旨獎敍。七年，上將幸木蘭，承霈請罷停圍，不許。尋改左都御史，署兵部尙書。北城盜發，上責承霈不稱職，以二品冠服致仕。十年，卒，詔視尙書例議卹。

來保，字學圃，喜塔臘氏，滿洲正白旗人。初隸內務府。康熙中，自庫使授侍衞，再奪職。五十七年，復授三等侍衞。雍正初，擢內務府總管。坐內務府披甲裁額，衆閧廉親王允禩第，來保等奏不實，復奪職。起景陵掌關防郎中，再遷復爲內務府總管，署工部尙書。疏言：「滿洲騎射較優，沿邊古北口諸處提鎭以下，請兼用滿洲，資控制。」從之。乾隆元年十二月，大學士管浙江總督嵇曾筠、江蘇巡撫邵基疏請停辦戊午銅運，下部議。來保奏：「積欠數盈六百萬，應停辦一年，以淸舊欵。但己未以後，仍招商採買，行之數年，積欠復多，又當停辦。請敕部並下各直省督撫曉諭，聽商具貲本出洋採買，不必先給價值，隨到卽收，不拘多寡，但不得尅扣抑勒，重滋商累。」總理王大臣議覆允行。

二年六月，上以運河水淺，糧船至臨淸以北，尤多阻滯，由於衞河上游各渠口居民私洩過多。敕直隸、河南督撫等照前河臣靳輔題准定例，稽查嚴禁。來保奏言：「水淺運阻，查禁不得不嚴。但衞水發源河南，至臨淸五百餘里。沿河居民不知幾千萬家，待漑之地不知幾千百頃。今秋成在望，已非灌溉之期，所慮者有司奉行過當。後雖運河未至淺阻，而一入五月，渠口盡行堵塞，坐使有用之利置之無用，恐不無廢時失業者，不稱仁育萬民之意。當使漕運不致淺阻，民田亦得灌溉，或暫禁於淺阻之年，而不禁於深通之歲。應令督撫、河道諸臣悉心調劑，以期兩便。」疏入，上命侍郎趙殿最、侍衞安寧會同督撫查勘，請於漕船將抵臨清，視運河水盈縮，定渠閘啓閉。十二月，授工部尚書，兼議政大臣。四年，病，請解任，上不許。十二月，授內大臣，賜紫禁城內騎馬。五年，調刑部尚書。

上以來保奉職勤，命改隸正白旗滿洲，所立佐領准世襲。六月，御史沈世楓奏來保誠慤有餘，習練不足，不勝刑部繁要之任。諭曰：「來保人實可信，然世楓所言，頗中其病。儻因此自知省惕，則心志虛公，而才識亦將日進。此聞過而喜，所以稱賢也。」九年，命如奉天按將軍額洛圖侵餉納賄狀，論如律。十年，調禮部尚書，加太子太保，授領侍衞內大臣。尋授吏部尚書，協辦大學士。十二月，授武英殿大學士。十三年九月，命爲軍機大臣。十四年，金川凱旋，進太子太傅，兼管兵部、刑部事。十五年三月，來保年七十，上製詩賚之。十六年，兼管吏部事。二十五年，來保年八十，復賜御製詩。二十六年，兼管禮部事。二十九年，卒，年八十四，贈太保，祀賢良祠，謚文端。四十四年，御製懷舊詩，列五閣臣中。

來保能知人。舒赫德官烏里雅蘇台將軍，疏請徙阿睦爾撒納眷屬於邊。上以其傷遠人心，震怒，遣使封刀斬之。來保爭甚力，以爲才可大用。上亦悔，第曰：「已降旨！」來保曰：「即上有恩命，臣子成麟善騎，遣追前使還。」上允之。歸召成麟，使齎詔追前使還。成麟日夜馳三百餘里，先前使三日到，舒赫德賴以免。來保善相馬，上嘗爲相馬歌賜之。

劉綸，字脊涵，江蘇武進人。少雋穎，六歲，能綴文，長工爲古文辭。乾隆元年，以廩生舉博學鴻詞，試第一，授編修。預修世宗實錄，遷侍講，進太常寺少卿。四遷，擢內閣學士。十二年，扈蹕木蘭，奏秋郊大獵、哨鹿二賦，稱旨。十四年，直南書房，授禮部侍郎，調工部。十五年，命軍機處行走。十六年，土默特貝子哈木噶巴雅斯朗圖不按原議年限驅種地流民，命綸偕侍讀學士麒麟保往勘。六月，疏言：「出口民價典旗地，應遵原議三年、五年限外撤還原主。其領地耕種爲佃戶，受雇力作爲傭工，皆浮寄謀生，初無佔地意，應許力耕餬口。至領地墾荒，積累辛勤，始得成熟，不同價典，年滿先還原主。所需自種地有贏，仍給種以償前勞。木頭城、三座塔居人稠密，許照常居住。設三座塔巡檢一，資彈壓。」詔從其議。父憂歸。服闋，十八年，除戶部侍郎。

十九年，兼順天府尹。故事，順天府公牘，治中、通判不署名。綸請以錢穀屬治中，獄訟屬通判，先署牘呈尹可否之。大軍西征準噶爾，師行，役車供偫，壹切辦治無誤。二十年，準噶爾平，予獎敍。浙江按察使富勒渾劾巡撫鄂樂舜授意布政使同德勒派商銀，命綸如浙江偕兩江總督尹繼善等會訊。二十一年，覆奏鄂樂舜受銀屬實，擬絞候；同德未知情；富勒渾誣劾，擬杖流。上以富勒渾參欵已實，不應議罪，責綸等失當。部議奪官，有旨從寬留任，罷直軍機處。二十二年，命仍入直。二十四年六月，奏薊州、寶坻等縣蝻子萌動，州縣官事繁，督捕未能周徧，飭千總、外委同佐雜分捕，參將偕監司巡察勤惰，報可。進左都御史。二十五年，偕侍郎伊祿順赴西安勘將軍嵩阿禮剋兵糧、勒餽送等欵，得實，論如律。二十六年，進兵部尚書。二十八年，調戶部，協辦大學士，加太子太保。三十年，母憂歸。甫除喪，詔起吏部尚書，仍協辦大學士。三十六年，授文淵閣大學士，兼工部尚書。三十八年，卒，命皇子臨其喪，贈太子太傅，祀賢良祠，謚文定。

綸性至孝，親喪三年不御酒肉。直軍機處十年，與大學士劉統勳同輔政，有「南劉東劉」之稱。器度端凝，不見有喜慍色。出入殿門，進止有恆處。自工部侍郎歸，買宅數楹。後服官二十年，未嘗益一椽半甓。衣履垢敝不改作，朝必盛服，曰：「不敢褻朝章也！」侍郎王昶充軍機處章京，嘗嚴冬有急奏具草，夜半詣綸，綸起燃燭，操筆點定。寒甚，呼家人具酒脯，而厨傳已空，僅得白棗十數枚侑酒。其淸儉類此。校士尤矜愼，嘗曰：「衡文始難在取，繼難在去。文佳劣相近，一去取間於我甚易，獨不爲士子計乎？」較量分寸，輒至夜分不勸。爲文法六朝，根柢漢、魏；於詩喜明高啓，謂能入唐人門閾。

子躍雲，字服先。乾隆三十一年進士及第，授編修。累遷禮部侍郎。六十年，充會試副考官，以校閱失當下吏議，左遷奉天府府丞，罷歸。嘉慶四年，召爲大理寺少卿，遷工部侍郎。上御門，躍雲誤班未至，左遷內閣學士。復授兵部侍郎。休致，卒。殿試例糊名，躍雲對策，高宗親置上第，喜曰：「此劉綸子，不意朕竟得之！」及視學江西，有淸名。高宗意嚮用，以忤和珅，主會試，坐浮言，黜。仁宗召起，老矣，終不竟其用。子逢祿，見儒林傳。

劉統勳，字延淸，山東諸城人。父棨，官四川布政使。統勳，雍正二年進士，選庶吉士，授編修。先後直南書房、上書房，四遷至詹事。乾隆元年，擢內閣學士。命從大學士嵇曾筠赴浙江學習海塘工程。二年，授刑部侍郎，留浙江。三年，還朝。四年，母憂歸。六年，授刑部侍郎。服闋，詣京師。

擢左都御史。疏言：「大學士張廷玉歷事三朝，遭逢極盛，然晚節當愼，責備恆多。竊聞輿論，動云『張、姚二姓占半部縉紳』，張氏登仕版者，有張廷璐等十九人，姚氏與張氏世婚，仕宦者姚孔鋠等十人。二姓本桐城巨族，其得官或自科目薦舉，或起襲廕議敍，日增月益。今未能遽議裁汰，惟稍抑其遷除之路，使之戒滿引嫌，卽所以保全而造就之也。請自今三年內，非特旨擢用，概停升轉。」又言：「尙書公訥親年未强仕，綜理吏、戶兩部。典宿衞，贊中樞，兼以出納王言，時蒙召對。屬官奔走恐後，同僚亦爭避其鋒。部中議覆事件，或輾轉駁詰，或過目不留，出一言而勢在必行，定一稾而限逾積日，殆非懷謙集益之道。請加訓示，俾知省改。其所司事，或量行裁減，免曠廢之虞。」兩疏入，上諭曰：「朕思張廷玉、訥親若果擅作威福，劉統勳必不敢爲此奏。今旣有此奏，則二臣並無聲勢能箝制僚寀可知，此國家之祥也。大臣任大責重，原不能免人指摘。聞過則喜，古人所尙。若有幾微芥蒂於胸臆間，則非大臣之度矣。大學士張廷玉親族甚衆，因而登仕籍者亦多。今一經察議，人知謹飭，轉於廷玉有益。訥親爲尙書，固不當模棱推諉，但治事或有未協，朕時加教誨，誡令毋自滿足。今見此奏，益當自勉。至職掌太多，如有可減，候朕裁定。」尋命以統勳疏宣示廷臣。

命勘海塘。十一年，署漕運總督。還京。十三年，命同大學士高斌按山東賑務，並勘河道。時運河盛漲，統勳請濬聊城引河，分運河水注海。德州哨馬營、東平戴村二壩，皆改令低，沂州江楓口二壩，俟秋後培高，俾水有所洩。遷工部尙書，兼翰林院掌院學士，改刑部尙書。十七年，命軍機處行走。十八年，以江南邵伯湖減水二閘及高郵車邏壩決，命偕署尙書策楞往按。合疏言河員虧帑誤工，詔奪河督高斌、協辦河務巡撫張師載職，窮治侵帑諸吏。九月，銅山小店汛河決，統勳疏論同知李焞、守備張賓㞐報稽誤。上以焞、賓平日侵帑，聞且窮治，自知罪重，河漲任其衝決，立命誅之，並縶斌、師載令視行刑。統勳駐銅山督塞河，十二月，工成。統勳偕策楞疏陳稽察工料諸事，詔如所議行。大學士陳世倌疏言黃河入海，套櫃增多，致壅塞，命統勳往勘。統勳疏言：「海口舊在雲梯關，今海退河淤，增長百餘里，櫃套均在七曲港上，河流無所阻遏。」上又命清察江南河工未結諸案，統勳疏言未結欵一百一十一萬有奇，請定限核報。又以河道總督顧琮請於祥符、滎澤諸縣建壩，並濬引河，命統勳往勘。統勳議擇地培隄壩，引河上無來源，中經沙地，易淤墊，當罷，上從之。

十九年，加太子太傅。五月，命協辦陝甘總督，賜孔雀翎。時方用兵準噶爾，統勳請自神木至巴里坤設站一百二十五，並裁度易馬、運糧諸事，命如所議速行。二十年，廷議駐兵巴里坤、哈密，命察勘。統勳至巴里坤，阿睦爾撒納叛，攻伊犁，伊犁將軍班第死事，未得報。定西將軍永常自木壘引師退，統勳疏請還守哈密。上責其附和永常，置班第於不問，命並永常奪職，逮治。其子墉亦奪職，與在京諸子皆下刑部獄，籍其家。旋上怒解，諭：「統勳所司者糧餉馬駝，軍行進止，將軍責也。設令模棱之人緘默不言，轉可不至獲罪。是其言雖謬，心尚可原。永常尚不知死綏，何怪於統勳？統勳在漢大臣中尚奮往任事，從寬免罪，發往軍營交班第等令治軍需贖罪。」釋其諸子。

二十一年六月，授刑部尚書。尋命勘銅山縣孫家集漫工，解總河富勒赫任，即命統勳暫攝。是冬，工竟。二十二年，命赴徐州督修近城石壩，加太子太保。二十三年，調吏部尚書。二十四年，命協辦大學士。二十六年，拜東閣大學士，兼管禮部、兵部。八月，偕協辦大學士兆惠查勘河南楊橋漫工。十二月，工竟。二十七年，上南巡，復命偕兆惠勘高、寶河湖入江路，疏請開引河，擇地築閘壩。上諭謂：「所議甚合朕意。」又以直隸景州被水，命勘德州運河，疏請移吏董理四女寺、哨馬營兩引河，毋使淤閼。二十八年，充上書房總師傅，兼管刑部，教習庶吉士。三十三年，命往江南酌定清口疏濬事宜。三十四年，復勘疏運河。

三十八年十一月，卒。是日夜漏盡，入朝，至東華門外，輿微側，啓帷則已瞑。上聞，遣尚書福隆安齎藥馳視，已無及。贈太傅，祀賢良祠，謚文正。上臨其喪，見其儉素，爲之慟。回蹕至乾清門，流涕謂諸臣曰：「朕失一股肱！」既而曰：「如統勳乃不愧眞宰相。」

統勳歲出按事，如廣東按糧驛道明福違禁折收，如雲南按總督恆文、巡撫郭一裕假上貢抑屬吏賤値市金，如山西按布政使蔣洲抑屬吏補虧帑，如陝西按西安將軍都賚侵餉，如歸化城按將軍保德等侵帑，如蘇州按布政使蘇崇阿誤論書吏侵帑，如江西按巡撫阿思哈受賕，皆論如律。其視楊橋漫工也，河吏以芻茭不給爲辭，月餘事未集。統勳微行，見大小車載芻茭凡數百輛，皆弛裝困臥。有泣者，問之，則主者索賄未遂，置而不收也。即令縛主者至，數其罪，將斬之。巡撫以下爲固請，乃杖而荷校以徇，薪芻一夕收立盡。逾月工遂竟。

方金川用兵，統勳屢議撤兵，及木果木軍覆，上方駐熱河，統勳留京治事，天暑甚，以兼上書房總師傅，檢視諸皇子日課。廷寄急召，比入對，上曰：「昨軍報至，木果木軍覆，溫福死綏。朕煩懣無計，用兵乎，抑撤兵乎？」統勳對曰：「日前兵可撤，今則斷不可撤。」復問誰可任者，統勳頓首曰：「臣料阿桂必能了此事。」上曰：「朕正欲專任阿桂，特召卿決之。卿意與合，事必濟矣。」卽日令還京師。戶部疏論諸行省州縣倉庫多空缺，上欲盡罷州縣吏不職者，而以筆帖式等官代之。召統勳諭意，且曰：「朕思之三日矣，汝意云何？」統勳默不言。上詰責，統勳徐曰：「聖聰思至三日，臣昏耄，誠不敢遽對，容退而熟審之。」翌日入對，頓首言曰：「州縣治百姓者也，當使身爲百姓者爲之。」語未竟，上曰：「然。」事遂寢。上爲懷舊詩，列五閣臣中，稱其「神敏剛勁，終身不失其正」云。子二：墉、堪。

墉，字崇如，乾隆十六年進士，自編修再遷侍講。二十年，統勳得罪，並奪墉官下獄，事解，賞編修，督安徽學政。疏請州縣約束貢監，責令察優劣。督江蘇學政，疏言府縣吏自瞻顧，畏刁民，畏生監，兼畏吏胥，闒宂怠玩。上嘉其知政體，飭兩江總督尹繼善等淬厲除舊習。授山西太原知府，擢冀寧道。以官知府時失察僚屬侵帑，發軍臺効力。踰年釋還，命在修書處行走。旋推統勳恩，命仍以知府用，授江蘇江寧知府，有清名。再遷陝西按察使。

丁父憂，服闋，授內閣學士，直南書房。遷戶部、吏部侍郎。授湖南巡撫，遷左都御史，仍直南書房。命偕尚書和珅如山東按巡撫國泰貪縱狀，得實，授工部尚書，充上書房總師傅。署直隸總督，授協辦大學士。五十四年，以諸皇子師傅久不入書房，降爲侍郎銜。尋授內閣學士，三遷吏部尚書。嘉慶二年，授體仁閣大學士。命偕尚書慶桂如山東讞獄，並按行河決，疏請寬濬下游。四年，加太子少保。疏陳漕政，僉丁不慎，途中盜米，致有鑿舟自沉，或鬻及檣舵，舟存而不可用，請飭各行省僉丁宜求殷實，皆如所議行。九年，卒，年八十五，贈太子太保，祀賢良祠，謚文清。墉工書，有名於時。

鐶之，統勳次子堪之子也。乾隆四十四年進士。自檢討累遷至戶部尚書，兼領順天府府尹。嘉慶二十二年，上自熱河還京師，鐶之入見。上以順天府奏事稀、捕教匪不時得詰，鐶之不能對，但言方旱災不敢急捕賊。上又問賑災當設粥廠幾所、需米若干，鐶之又不能對。上降旨責其玩愒，命以侍郎候補。復累遷吏部尚書，加太子少保。道光元年，卒，謚文恭。

論曰：明內閣主旨擬，承旨撰敕，其在唐、宋，特知制誥之職。以王命所出入，密勿獻替，遂號爲宰相。軍機處制與相類。世謂大學士非兼軍機處，不得爲眞宰相。勝此任者，非以其愼密，則以其通敏。愼密則不泄，通敏則不滯，不滯不泄，樞機之責盡矣。本，世宗舊臣，由敦、來保、綸、統勳次第入直。由敦左遷而未罷直，統勳罷而復入，尤以決疑定計見契於高宗，許爲有古大臣風，亮哉！

清史稿卷三百三

列傳九十

福敏　陳世倌　史貽直　阿克敦　孫嘉淦　梁詩正

福敏，字龍翰，富察氏，滿洲鑲白旗人。康熙三十六年進士，選庶吉士，散館，以知縣待銓。時世宗在藩邸，高宗初就傅，命福敏侍讀。及世宗卽位，擢內閣學士，兼禮部侍郎。雍正三年，遷吏部侍郎。出署浙江巡撫。四年，擢左都御史，兼翰林院掌院學士。復出署湖廣總督。沔陽、潛江等十州縣水災，疏請發常平倉穀治賑。謬沖花苗叛，福敏檄貴州兵截後路，以湖廣兵擣其巢，討平之。安陸、荆州被水，疏請老弱婦女治賑如常，而以丁壯修隄，俾民得食而隄亦完。上眷福敏厚，嘗手詔諭曰：「朕令爾暫攝總督，苟得其人，卽命往替。近日廊廟中頗乏才，皇子左右亦待爾輔翼。留爾湖廣非得已，宜體朕意勉爲之。」

五年，召還京，授吏部尚書。六年，以巡撫浙江時徇布政使佟吉圖動庫銀，奪職。八年，命協理兵部侍郎，遷左都御史。十年，署工部尚書，協辦大學士，旋署刑部尚書。乾隆三年，擢武英殿大學士，兼工部尚書、翰林院掌院學士。四年，加太保。六年七月，高宗初幸木蘭行圍，福敏疏言：「行圍邊外，內外章奏按期馳送，較宮廷清穆勞逸迥殊。宜朝乾夕惕，清明在躬，從容應之。留京百官，必因事警察，勿使偷惰者得行其私。巡行之日，言路宜舉大利害，不當瑣細瀆陳傷政體。聖祖於獵地平易險阻無不了然，故周旋中度，馳射如神。願皇上籌度於先。弁兵布圍，未必無參差，乞少加從容，俾黽勉從事。弁兵從行日久，資斧不繼，量加恩澤，費無多而惠無窮。」上諭曰：「覽大學士所奏，老成忠懇，補袞陳善，朕皆嘉納焉。」八年，疏陳時政，言：「河防事重，請如災民請賑例，便宜處置，以時上聞。災民流移，情非得已。若有司不善拊循，徒禁越境，致輾轉溝壑，宜加以玩視罪。江南、湖廣偏災，請留南漕賑濟。定數多寡，當出上裁。庶上不虧儲，下足濟食。」疏入，從之。

十年，以疾乞解任，溫詔如所請，加太傅。二十二年，卒，年八十四。福敏嘗有疾，上臨視，及聞其卒，復親奠。賜祭葬，祀賢良祠，謚文端。

福敏性剛正，廓然無城府。直內廷與蔡世遠、雷鋐善，尤服膺朱軾。既乞休，語鋐曰：「此位豈易稱？我浮沉其間，君不我嗤耶？」四十四年，上製懷舊詩，於舊學諸臣皆稱先生，字而不名，言於軾得學之體，於世遠得學之用，於福敏得學之基。六十年二月上丁，釋奠禮成，贈福敏太師，詔言：「沖齡就傅時，啓迪之力多也。」

陳世倌，字秉之，浙江海寧人。父詵，自有傳。世倌，康熙四十二年進士，改庶吉士。自編修累遷侍讀學士，督順天學政。父憂歸，起督江西學政，疏乞終制，得請。雍正二年，服闋，擢內閣學士，出爲山東巡撫。時山東境旱蝗，糧運淺阻，世倌單車周歷，密察災輕重、吏能否，乃視事。趣捕蝗略盡，並疏治運道，世宗書扇以賜。世倌疏言：「社倉通有無、濟豐歉，古今可行。宜令各鄉勸富民輸穀，不限多寡，量予獎勸。舉公正鄉約三人司其出入，官爲稽覈。貧民春貸秋償，石納息二斗，歉則減之，十年後納息一斗。請飭諸行省先就數州縣行之。俟有成效，然後推廣。」下所司議行。又疏請禁回教，上以回教其來已久，限於種人，非蔓延難量。無故欲禁革，徒紛擾，非治理，罷其議。又疏上沿海防衞五事，報可。四年，母憂歸。命治江南水利，坐遲慢奪職，並命赴曲阜督修孔子廟。

高宗卽位，起左副都御史。乾隆二年，授倉場侍郎，再遷工部尙書。六年，授文淵閣大學士。是年秋，淮、徐、鳳、泗等處被水，上命侍郎周學健會總督高斌庀工役。世倌屢疏陳行水䘏災諸事，上卽命乘傳往會學健等察勘。世倌言水勢高下必當親勘，請以通測量術者偕往，從之。十二月，偕學健等疏陳籌畫工役，請待來歲二三月水涸施工。上曰：「世倌臨行奏言歲內可疏，積水盡消，今疏言仍待來歲二三月，其所籌畫皆不過就高斌、周學健所定規模而潤色之，別無奇謀碩畫，何必多此往返乎？」

九年，予假回籍，請致仕，不許。疏言：「道經山東，聞有劇盜就逮。因案關數省，遷延待質。劇盜既鞫得實，宜速誅。請飭山東巡撫定讞，毋使久稽顯戮。」上韙其言。假滿還職，加太子太保。雲南巡撫劾屬吏，例當令總督覆讞。世倌擬旨誤，下吏議奪職，上斥世倌卑瑣不稱大學士，宜如議奪職。又別敕略謂：「朕斥世倌卑瑣，卽如世倌與孔氏有連，乃於兗州私營田宅，冀分其餘潤。此豈大臣所爲？今旣奪職，下山東巡撫毋令居兗州。」十五年，入京祝嘏，賞原銜。十六年，命入閣辦事，兼管禮部事。二十二年，以老病乞休，詔從其請，加太子太傅。二十三年春，陛辭，御製詩賜之，謂「皇祖朝臣無幾也」。賚銀五千兩，在家食俸。未行，卒，謚文勤。

世倌治宋五子之學，廉儉純篤。入對及民間水旱疾苦，必反覆具陳，或繼以泣。上輒霽顏聽之，曰：「陳世倌又來爲百姓哭矣！」雖中被譴訶，終亮其端謹。其後南巡，猶遣官祭其墓云。

史貽直，字儆弦，江蘇溧陽人。父夔，康熙二十一年進士，官至詹事。貽直少嫺掌故。

三十九年，成進士，年十九。自檢討五遷侍讀學士。雍正初，命在南書房行走，再遷吏部侍郎，歷工部、戶部。命如河南按總督田文鏡劾信陽知州黃振國等，定讞入告。上蔡知縣張球，文鏡所嘗薦，貽直等發其諱盜。下吏議，文鏡疏自劾。復命如山西按前總督年羹堯頜河東鹽政，私其子撓鹽法。七年，復命如福建按巡撫朱綱劾按察使喬學尹等，並論如律。上奬其公當，命署福建總督。福建水師巡海，挾市易物蝕關稅，貽直爲申禁。福州、興化、泉州、漳州四府以米少，倉穀不如例糶易，貽直請以臺灣應輸兵米易穀運四府，以次糶舊存新；內地兵戍臺灣，往還擾番社，貽直請下臺灣總兵，戍兵往還，遣裨將檢押：皆如所議行。

八年，調署兩江總督，以本籍疏辭，勿許。授左都御史，仍留兩江。九年，召還。時師征準噶爾，陝西、甘肅當師行道，任餽餉。命偕侍郎杭奕祿等宣諭化導，旋命協理陝西巡撫，擢兵部尙書，仍留陝西。十年，署巡撫。廷議禁燒鍋，下諸行省。貽直疏言：「年豐糧羨，燒鍋亦民間謀生之一事。當視年事豐歉，審民力盈虛，加以董勸。」上許爲得因時制宜之意。湖廣總督邁柱請疏湖廣荆子關至陝西龍駒寨水道，便轉餉。貽直疏言：「荆子關至龍駒寨，舊有丹河，行兩山間，紆折三百七十里。夏秋間民引以溉田，築堰蓄流，涓滴必爭。雨後山水驟至，𨻶路輒斷，實不宜於輓運。臣察湖廣轉餉艱難，當於河南府陝州傍河諸州縣積穀，行轉搬之策。浚治丹河，宜若可緩。」上韙貽直言，格邁柱議不行。旋授戶部尚書，總理陝西巡撫。

十三年七月，召還。八月，世宗崩，高宗卽位，貽直入對，高宗出世宗遺念衣賜貽直，勖以始終一致。貽直泣，上亦泣不止。貽直疏言：「科道及吏、禮二部宜循舊制用科目；官吏遷擢，捐棄階資，倖進者不以爲公，沉滯者不勝其怨，宜亦循舊制存階級；河南各州縣報墾砂礫山岡，按畝升科，小民鬻兒女以應輸將，州縣官勸捐，有損國體。請簡廉明公正大臣撫綏其地，則情弊立見。」事下總理事務王大臣議行。

尋命署湖廣總督。乾隆元年，疏言：「舊制州縣虧倉穀，議罪：穀一石當銀一兩，時值實不及。諸雜糧皆視穀，尤失平。」部議米一石當銀一兩，穀及諸雜糧皆當銀五錢，著爲令。武昌城西南當江、漢合流處，舊有長隄。貽直令所司履勘重築，自王惠橋至土城磯，隄千三百餘丈，期三歲而畢。湖廣爲兩淮行鹽地，而地錯入川、粵，凡巴東、歸州、道州、寧遠等九州縣民私食川、粵鹽，兩淮鹽政尹會一以爲言。貽直言湖廣行兩淮鹽歲七十餘萬引，諸州縣僻遠，兩淮鹽不至，强而行之，官商且交困。部議如貽直奏。湖南城步等縣苗酋蒲寅山、鳳老一等爲亂，貽直與巡撫高其倬等討平之，上嘉其勞。召還，歷工、刑、兵、吏諸部尚書。七年，命署直隸總督。復召還，協辦大學士。九年，授文淵閣大學士。十一年，加太子太保。

貽直子奕昂，官山東運河道，以巡撫鄂昌薦，命署甘肅布政使。二十年，鄂昌坐事籍沒，得貽直請託狀，上念貽直勤愼，不深罪，令致仕回籍，召奕昂還京。二十二年，上南巡，貽直迎駕沂州，令在家食俸。尋召還，仍授大學士。途中病作，遣御醫就視。至京，命領工部，加太子太傅。二十五年，上以貽直成進士已六十年，賜詩奬爲「人瑞」。尋命遇祀典不必隨班行禮，以肩輿入直。二十七年，貽直乞致仕，命不必兼攝工部，歲加俸五百金。二十八年，卒，年八十二，贈太保，祀賢良祠，謚文靖。

貽直爲政持大體，不苟爲異同。性强記，飭舉止，善爲辭令。年羹堯旣誅，世宗問貽直：「汝亦羹堯薦耶？」貽直免冠對曰：「薦臣者羹堯，用臣者皇上。」及事高宗，耄矣，嘗奏事，拜起舒遲。高宗問：「卿老憊乎？」貽直對曰：「皇上到臣年，當自知之。」高宗爲霽顏。

子奕簪，乾隆十年進士，官左春坊左贊善；奕昂，以舉人授刑部員外郎，自署甘肅布政使召還京，旋授福建按察使，再遷兵部侍郎，以口語罷；奕瓌，官山西潞安知府，高宗命留京侍貽直，授四品京堂。

阿克敦，字仲和，章佳氏，滿洲正藍旗人。康熙四十八年進士，改庶吉士，授編修。五十二年，充河南鄉試考官。五十三年，上以阿克敦學問優，典試有聲名，特擢侍講學士。五十五年，轉侍讀學士。五十六年，朝鮮國王李焞病目，使求空青，命阿克敦齎賜之。遷詹事。五十七年，擢內閣學士。六十一年，朝鮮國王李昀請立其弟昑爲世弟，命阿克敦偕侍衞佛倫充使册封。擢兵部侍郎。世宗卽位，兼翰林院掌院學士，充聖祖實錄副總裁。雍正元年，命專管翰林院掌院學士，充國史、會典副總裁。復偕散秩大臣舒魯册封朝鮮國王李昑。三年，授禮部侍郎，兼兵部。四年，調兵部，兼國子監祭酒。

兩廣總督孔毓珣入覲，命阿克敦署總督，兼廣州將軍。奏劾碣石總兵陳良弼索漁船陋規、左翼總兵藍奉以二子冒補把總，倚勢累兵。上嘉阿克敦實奏，命擇勝任之人，具本題參。高要、高明、四會、三水、南海等五縣民瀕江築圩，開竇建牐，引水溉田，謂之「圍基」。江漲多潰決，巡撫楊文乾奏請以最衝改石工，次衝改椿埽，計費數十萬，借帑修築，且議以開捐補欵，阿克敦意與相左。五年，疏言：「高要等縣沿江圍基，俱係土工，歲十一月後，有司督率鄉民按畝分工，加卑培薄，民不爲苦，官無所費。江漲不免衝決。但水性不猛，非必石工、椿埽方能抵禦。請仍循舊法，令有司於農隙督民修補。倘江水盛漲，遣吏巡行防衝決，無煩改築費帑。」上爲寢文乾議。尋與毓珣合疏請遣廣南韶道、肇高廉羅道督修諸縣圍基，報聞。蒼梧芋莢山礦民羣聚竊發，阿克敦令捕得其渠，上諭嘉之。

調吏部，署廣東巡撫。劾肇高廉羅道王士俊侵稅羨，上以士俊尙可用，命訓飭遷改。改署廣西巡撫。文乾劾阿克敦聞盜不嚴緝，新會縣得盜，授意改讞，以竊賊詳結；侵粵海關耗銀，令家人索暹羅米船規禮。毓珣亦劾侵太平關耗銀。六年，命奪阿克敦官，下毓珣、文乾會鞫，文乾卒，上遣通政使留保、郎中喀爾吉善會毓珣及署廣東巡撫傅泰嚴鞫，以諱盜、侵耗輕罪，不議坐；令家人索暹羅米船，擬絞。士俊復揭告阿克敦庇布政使官達婪贓，加擬斬監候。七年，山東巡撫費金吾以疏濬江南徐州、沛縣及濟寧、嘉祥諸縣水道，請派員督修。上命釋阿克敦往江南河工効力自贖。

九年，上命撫遠大將軍馬爾賽率師討準噶爾，授阿克敦內閣額外學士，協辦軍務。十一年，命駐扎克拜達里克督餉。十二年，召還。命偕侍郎傅鼐、副都統羅密使準噶爾，宣諭噶爾丹策零，議罷兵息民。喀爾喀與準噶爾以阿爾泰山梁分界，噶爾丹策零欲以杭愛爲界，收阿爾泰山爲游牧地。阿克敦與議三日不決，噶爾丹策零遣使吹那木喀從阿克敦等詣京師，請以哲爾格西喇呼魯烏蘇爲喀爾喀游牧地界。十三年，阿克敦等至京師。上以阿克敦等奏及地圖密寄北路副將軍策棱，令熟籌定議。策棱言準噶爾游牧不得令過阿爾泰山。議中輟。命阿克敦署鑲藍旗滿洲副都統、工部侍郎。高宗卽位，命守護泰陵。

乾隆三年，復命阿克敦使準噶爾，以侍衞旺扎爾、台吉額默根爲副，齎敕諭噶爾丹策零議界。噶爾丹策零使哈柳從阿克敦等詣京師，請準噶爾游牧不越阿爾泰山，而乞移布延圖、托爾和二卡倫入內地。上謂游牧不越阿爾泰山，已可定議，而移二卡倫不可許。命哈柳齎敕還。

授阿克敦工部侍郎。五年，調刑部，復調吏部。八年，授鑲藍旗滿洲都統。十年，兼翰林院掌院學士。十一年，授刑部尚書。十三年，命協辦大學士。尋解以授傅恆。四月，翰林院進孝賢皇后册文，清文譯「皇妣」爲「先太后」，上以爲大誤，召阿克敦詢之。阿克敦未候旨已退，上怒，謂阿克敦以解協辦大學士故怨望，奪官，下刑部，當大不敬律，擬斬監候。六月，命在內閣學士上行走，署工部侍郎。七月，擢署刑部尚書，授鑲白旗漢軍都統。十月，兼翰林院掌院學士。十二月，復命協辦大學士。十四年，金川平，加太子少保。連歲上幸木蘭、幸河南、幸盛京，皆命留京辦事，迭署左都御史、步軍統領。二十年，以目疾乞假，上遣醫視疾。屢乞休，命致仕。二十一年，卒，賜祭葬，謚文勤。子阿桂，自有傳。

阿克敦居刑部十餘年，平恕易簡，未嘗有所瞻顧。一日，阿桂侍，阿克敦曰：「朝廷用汝爲刑官，治獄宜何如？」阿桂曰：「行法必當其罪，罪一分與一分法，罪十分與十分法。」阿克敦怒，索杖，阿桂惶恐求教。阿克敦曰：「如汝言，天下無完人矣！罪十分，治之五六，已不能堪，而可盡耶？且一分罪尚足問耶？」阿桂長刑部，屢舉以告僚屬云。

孫嘉淦，字錫公，山西興縣人。嘉淦故家貧，耕且讀。康熙五十二年，成進士，改庶吉士，授檢討。世宗初卽位，命諸臣皆得上封事。嘉淦上疏陳三事：請親骨肉，停捐納，罷西兵。上召諸大臣示之，且曰：「翰林院乃容此狂生耶？」大學士朱軾侍，徐對曰：「嘉淦誠狂，然臣服其膽。」上良久笑曰：「朕亦且服其膽。」擢國子監司業。雍正四年，遷祭酒，命在南書房行走。六年正月，署順天府府尹。丁父憂，服未闋，召還京，仍授府尹。進工部侍郎，仍兼府尹、祭酒。十年，調刑部侍郎，尋兼署吏部侍郎。

嘉淦爲祭酒，薦其弟揚淦爲國子監丞。教習宋鎬、方從仁等期滿引見，嘉淦言鎬等皆可用；上詰之，又言從仁實不堪用。上乃大怒，斥嘉淦反覆欺罔，奪職，交刑部治罪，當挾詐欺公律擬斬。上語諸大臣曰：「孫嘉淦太戇，然不愛錢。」命免罪，在戶部銀庫効力行走。嘉淦出獄，徑詣庫。果親王允禮時領戶部，疑嘉淦故大臣，被黜，不屑會計事；又聞蜚語謂嘉淦沽名，收銀皆不足。乃蒞視，嘉淦方持衡稱量，與吏卒雜坐均勞苦。詢所收銀，則別置一所，覆之，無絲毫贏絀。事上聞，上愈重嘉淦。十二年，命署河東鹽政。

十三年八月，高宗卽位，召嘉淦來京，以侍郎候補。九月，授吏部侍郎。十一月，遷都察院左都御史，仍兼吏部。嘉淦以上初政，春秋方盛，上疏言：「臣本至愚，荷蒙皇上聖恩，畀以風紀重任。日夜悚惶，思竭一得之慮；而每月以來，捧讀聖訓，剴切周詳，仁政固已畢行，臣愚更無可言。所欲言者，皇上之心而已。皇上之心，仁孝誠敬，明恕精一，豈復尚有可議？而臣猶欲有言者，正於心無不純、政無不善之中，竊鰓鰓私憂過計而欲預防之也。治亂之循環，如陰陽之運行。陰極盛而陽生，陽極盛而陰姤。事當極盛之地，必有陰伏之機。其機藏於至微，人不能覺；及其既著，積重而不可返。此其間有三習焉，不可不慎戒也。主德清則臣心服而頌，仁政行則民身受而感，出一言而盈廷稱聖，發一令而四海謳歌，在臣民本非獻諛，然而人主之耳則熟於此矣。耳與譽化，非譽則逆，始而匡拂者拒，繼而木訥者厭，久而頌揚之不工者亦紬矣。是謂耳習於所聞，則喜諛而惡直。上愈智則下愈愚，上愈能則下愈畏，趨蹌諂脅，顧盼而皆然，免冠叩首，應聲而即是。此在臣工以為盡禮，然而人主之目則熟於此矣。目與媚化，非媚則觸，故始而倨野者斥，繼而嚴憚者疏，久而便辟之不巧者亦忤矣。是謂目習於所見，則喜柔而惡剛。敬求天下之事，見之多而以為無足奇也，則高己而卑人；慎辨天下之務，閱之久而以為無難也，則雄才而易事；質之人而不聞其所短，返之己而不見其所失。於是乎意之所欲，信以為不踰，令之所發，概期於必行矣。是謂心習於所是，則喜從而惡違。三習既成，乃生一弊。何謂一弊？喜小人而厭君子是也。今夫進君子而退小人，豈獨三代以上知之哉？雖叔季之君，孰不思用君子？且自智之君，各賢其臣，孰不以爲吾所用者必君子而決非小人？乃卒之小人進而君子退者，無他，用才而不用德故也。德者君子之所獨，才則君子小人共之，而且小人勝焉。語言奏對，君子訥而小人佞諛，則與耳習投矣。奔走周旋，君子拙而小人便辟，則與目習投矣。卽課事考勞，君子孤行其意而恥於言功，小人巧於迎合而工於顯勤，則與心習又投矣。小人挾其所長以善投，人主溺於所習而不覺，審聽之而其言入耳，諦觀之而其顏悅目，歷試之而其才稱乎心也，於是乎小人不約而自合，君子不逐而自離。夫至於小人合而君子離，其患可勝言哉？而揆厥所由，皆三習爲之蔽焉。治亂之機，千古一轍，可考而知也。我皇上聖明臨御，如日中天，豈惟並無此弊，抑且並無此習。然臣正及其未習也而言之，設其習旣成，則或有知之而不敢言，抑或言之而不見聽者矣。今欲預除三習，永杜一弊，不在乎外，惟在乎心，故臣願言皇上之心也。語曰：『人非聖人，孰能無過？』此淺言也。夫聖人豈無過哉？惟聖人而後能知過，惟聖人而後能改過。孔子謂五十學易，可無大過。文王視民如傷，望道如未之見。是故賢人之過，賢人知之，庸人不知也。聖人之過，聖人知之，賢人不知也。欲望人繩愆糾謬而及於其所不知，難已。故望皇上聖心自懍之也。反之己眞知其不足，驗之世實見其未能，故常欿然不敢自是。此不敢自是之意，流貫於用人行政之間，夫而後知諫爭切磋，愛我良深，而諛悅爲容者，愚己而陷之阱也；夫而後知嚴憚匡拂，益我良多，而順從不違者，推己而墜之淵也。耳目之習除，取舍之極定，夫而後衆正盈朝，太平可覩矣。不然，自是之根不拔，則雖斂心爲愼，愼之久而覺其無過，則謂可以少寬；厲志爲勤，勤之久而覺其有功，則謂可以少慰。此念一轉，初亦似於天下無害，而不知嗜欲燕安功利之說，漸入耳而不煩，而便辟善柔便佞者，亦熟視而不見其可憎。久而習焉，或不自知而爲其所中，則黑白可以轉色，而東西可以易位。所謂機伏於至微而勢成於不可返者，此之謂也。大學言『見賢而不能舉，見不賢而不能退』，至於好惡拂人之性，而推所由失，皆因於驕泰，驕泰卽自是之謂也。由此觀之，治亂之機，轉於君子小人之進退；進退之機，握於人主之一心；能知非則心不期敬而自敬，不見過則心不期肆而自肆。敬者君子之招而治之本也，肆者小人之媒而亂之階也。然則沿流溯源，約言蔽義，惟望我皇上時時事事常守此不敢自是之心，而天德王道舉不外乎此矣。」疏上，上嘉納，宣示。遷刑部尚書，總理國子監事。河南鄭州有疑獄，命使者往勘，仍不得實。上命嘉淦往訊，得其寃狀十餘人盡脫之。乾隆三年四月，遷吏部尚書，仍兼管刑部事。九月，直隸總督李衞劾總河朱藻貪劣誤工，命偕尚書訥親往鞫，得實，論如律。

十月，授直隸總督。時畿輔酒禁甚嚴，罹法者衆。嘉淦疏言：「前督李衞任內，一年中獲私釀三百六十四案，犯者千四百餘名。臣抵任一月，獲私釀七十八案，犯者三百五十餘名。此特中報者耳，府、廳、州、縣自結之案，尚復不知凡幾。吏役兵丁已獲而賄縱者，更不知凡幾。此特犯者之正身耳，其鄉保鄰甲、沿途店肆、負販之屬牽連受累者，又復不知凡幾。一省如是，他省可知。皇上好生恤刑，命盜案自罹重辟，尚再三酌議，求一綫可原之路。今以日用飲食之故，官吏兵役以私釀爲利藪，百姓弱者失業，强者犯令，鹽梟未靖，酒梟復起，天下騷然，殊非政體。臣前言酒禁宜於歉歲，不宜於豐年，猶屬書生謬論。躬蒞其事，乃知奪民之貲財而狼藉之，毁民之肌膚而敲扑之，取民之生計而禁錮之。饑饉之餘，民無固志，失業既重，何事不爲？歉歲之不可禁，乃更甚於豐穰。周禮荒政，舍禁去譏，有由然也。且也酒禁之行，無論適以擾民，而實終不能禁。借令禁之不擾，且能永禁，而於貧民生計，米穀蓋藏，不惟無益，抑且有損。夫作酒以糜穀，此爲黄酒言也，其麴必用小麥，其米則需稉稉，皆五穀之最精。若燒酒則用高粱，佐以豆皮、黍殼、穀糠，麴以大麥爲之，本非朝夕所食，而豆皮、黍殼、穀糠之屬，原屬棄物，雜而成酒，可以得價，其糟可飼六畜。化無用爲有用，非作無益害有益也。今欲禁燒酒而並禁黄酒，則無以供祭祀、賓客、養老之用。若不禁黄酒止禁燒酒，省大麥、高粱之粗且賤者，而倍費小麥、稉稉之精且貴者，臣所謂無益於蓋藏也。百工所爲，皆需易之以粟，太貴則病末，太賤則傷農，得其中而後農末俱利。故農有歉荒，亦有熟荒，十年以内，歉歲三而豐歲七，則粟宜有所洩，非但積之不用而已。今北地不種高粱，則無以爲薪、蓆、屋牆之用，種之而用其稭稈，則其顆粒宜有所售。燒鍋旣禁，富民不買高粱，貧民穫高粱，雖賤價而不售。高粱不售，而酒又爲必需之物，則必賣米穀以買黃酒。向者一歲之內，八口之家，賣高粱之價，可得七八兩，今止二三兩矣；而買黃酒之價，則需費七八兩。所入少而所出多，又加以秕糠等物堆積而不能易錢，自然之利皆失。日用所需，惟糶米麥。糶而售，則家無蓋藏；糶而不售，則百用皆絀。臣所謂有損於生計者此也。小民趨利，如水就下。利所不在，雖賞不爲。利之所在，雖禁彌甚。燒鍋禁則酒必少，酒少則價必貴，價貴而私燒之利什倍於昔。什倍之利所在，民必性命爭焉。孟子曰『君子不以所養人者害人』，本爲民生計，而滋擾乃至此，則立法不可不愼也。」疏上，詔弛禁。

民王宰謀得諸生馬承宗產，賄太監劉金玉等投獻貝勒允祐門下，嘉淦疏請交刑部具讞，上嘉其能執法。民焦韜被誣坐邪教，株連者數百人，嘉淦白其枉。民紀懷讓食料豆汁染衣，會村有賊殺人，偵者以爲血，誣服。決有日，正定知府陳浩廉得寃狀，嘉淦親鞫，雪懷讓。

尋命兼管直隸河工，嘉淦議治永定河。初至官，卽請於金門閘上下多建草壩，使河流漸復故道。四年正月，復疏請於金門閘下增設草壩一，引永定河歸故道，自中亭、玉帶達天津歸海。得旨，偕總河顧琮悉心經理。嘉淦復疏言：「天津南北運河與淀河會於西沽以入於海河。南運河水濁，久必淤墊，況通省之水皆滙於此，秋潦時至，宣洩不及。大學士鄂爾泰會奏准於靜海獨流疏引河，實下游治水之關鍵。但開河易，達海難，設中途梗阻，必更漫溢爲患。且海口開深，又恐潮水倒灌。臣等現勘通省水道，凡衆河交會及入淀、入海之路，有急宜修濬者，卽於今夏興修。」報聞。五月，晉太子少保。

五年九月，疏言：「直隸經流之大者，永定、子牙、南運、北運四河，與東西兩淀。治永定河，擬於葉淀之東疏引河，由西沽北入海；治子牙河，擬濬新河，引上游諸水入淀，開舊河東隄，使漸由西沽南入海；治北運河，兩岸去沙裁直，濬減河，培隄岸；治南運河，兩岸築遙隄，濬河使行正溜，安陵鎭建閘，濬減河三十餘里，入老河口達於海；治西淀，擬開白溝河故道以入中亭，九橋南別疏一河，並濬青門河別派分流，下游已暢達，復將金門閘西引河改由東道，於苑家口疊道建木橋五，使瀝水通行；治東淀，擬濬上游三岔河令寬深，楊家河、卞家河窪諸處疏引河，並行而東會於西沽，庶使四河順軌，兩淀暢洩。」又引永定河改歸故道，各工俱全，上嘉之。時江南總督高斌入都，上命會同嘉淦議河務，十月，合疏言：「永定河當於固安南、霸州北順流東下，接東淀達西沽入海，則上游漲水自消。霸州北當築隄護城，保定縣西新莊至城東路疃村隄根逼溜，應加寬厚，其路疃村東至艾頭村接營田圍埝約五十餘里，擬築月隄作重障。」嘉淦方銳意引永定河歸故道，河溢，傍河諸州縣被水。六年正月，諭曰：「朕聞永定河經理未善，固安、良鄉、涿州、雄縣、霸州諸州縣田畝往往被淹，孫嘉淦不能辭其責也。」於是命大學士鄂爾泰蒞勘，請暫塞金門閘上游放水口，嘉淦奏：「旋開旋築，實與放水本意相左，將來泥沙壅入玉帶，恐爲患更大。」諭曰：「此奏固是，然鄂爾泰愼重，欲籌萬全，卿不必固執己見。卿此事自任甚力，而料理未善，朕不能爲卿諱。然朕終以卿爲是者，不似顧琮爲游移巧詐之計耳。」其後上巡天津，閱中亭河工，賦詩紀事，猶病嘉淦之失計也。

是年八月，調湖廣總督。七年五月，疏言：「內地武弁不得干預民事。苗疆獨不然，文員不敢輕入峒寨，但令差役催科，持票滋擾而已。爭訟刦殺之案，皆委之於武弁，威權所及，攤派隨之。於是因公科斂，文武各行其令；因事需索，兵役競逞其能；甚至沒其家貲，辱及婦女。苗民不勝其忿，與之併命，而嫌衅遂成。爲大吏者，或剿或撫，意見各殊。行文查勘，動經數月。苗得聞風豫備，四處句連，飲血酒，傳木刻，亂起甚易，戡定實難。幸就削平，而後之人仍蹈前轍，搜捕株連，滋擾益甚。苗、瑤無所告訴，乘隙復動，惟力是視。歷來治苗之官，既無愛養之道，又乏約束之方。無事恣其侵漁，有事止於剿殺。剿殺之後，仍事侵漁。侵漁既久，勢必又至剿殺。長此循環，伊於胡底。語曰：『善爲政者，因其勢而利導之。』苗人散居，各有頭人。凡作奸窩匪之處，兵役偵之而不得者，頭人能知之；鬭爭刦殺之事，官法繩之而不解者，頭人能調之。故治苗在治頭人，令各寨用頭人爲寨長。一峒之中，取頭人所信服者爲峒長，使各約束寨長而聽於縣令。衆苗有事，寨長處之不能，以告峒長；又不能，以告縣令。如是，則於苗疆有提綱挈領之方，於有司自收令行禁止之效。且峒長數見牧令，有爭訟可告官區處，而無仇殺之舉。牧令數見峒長，有條教可面飭遵行，而無吏役熒蔽之患。擾累既杜，則心志易孚。所謂立法簡易，因其俗而利導者也。」

八年正月，命署福建巡撫，未赴，湖南糧道謝濟世劾善化知縣樊德貽、衡陽知縣李澎浮收漕米，巡撫許容庇德貽等，疏劾濟世，下嘉淦察讞。長沙知府張琳按衡陽丁役，得浮收狀，申署糧道倉德，布政使張璨致書倉德，請易府牒。倉德持不可，以其實揭報嘉淦及漕運總督顧琮。嘉淦欲寢其事，而顧琮以上聞。御史胡定復論劾倉德，又揭都察院，上遣侍郎阿里袞往按，直濟世。上責嘉淦徇庇，奪官，責修順義城工。

九年，授宗人府府丞。十年，遷左副都御史。十二年，以老乞休，許之。十四年，召來京，直上書房。十五年正月，授兵部侍郎。八月，擢工部尚書，署翰林院掌院學士。十七年，進吏部尚書、協辦大學士。十八年十二月，卒，年七十有一，謚文定。

嘉淦居官爲八約，曰：「事君篤而不顯，與人共而不驕，勢避其所爭，功藏於無名，事止於能去，言删其無用，以守獨避人，以清費廉取。」用以自戒。既以直諫有聲，乾隆初，疏匡主德，尤爲時所慕。四年，京師市井傳嘉淦疏稿論劾大學士鄂爾泰、張廷玉等，高宗諭步軍統領、巡城御史嚴禁。十六年，或又傳嘉淦疏稿斥言上失德有五不可解、十大過，雲貴總督碩色以聞。命求所從來，遣使者督讞。轉相連染，歷六省，更三歲，乃坐江西衞千總盧魯生僞爲，罪至死。高宗知無與嘉淦事，眷不替，嘉淦益自抑。嘗著書述春秋義，自以爲不足，燬之。

子孝愉，以廕生授刑部主事，官至直隸按察使。

梁詩正，字養仲，浙江錢塘人。雍正八年進士及第，授編修。累遷侍講學士。十三年，以母憂歸。高宗卽位，召南書房行走。乾隆三年，補侍讀學士。累遷戶部侍郎。詩正疏言：「八旗除各省駐防與近京五百里俱聽屯種，餘並隨旗駐京。皇上爲旗人資生計者，委曲備至，而旗人仍不免窮乏。蓋生齒日繁，若不使自爲養，而常欲官養之，勢有不能。臣謂非屯田不可。今內地無閒田，興、盛二京膏腴未盡闢。世宗時，欲令黑龍江、寧古塔等處分駐旗人耕種，已有成議，未及舉行。今不早爲之所，數百年後，旗戶十倍於今。以有數之錢糧，贍無窮之生齒，使取給於額餉之內，則兵弁之闕支，不足供閒散之坐食；使取給於額餉之外，則民賦不能加，國用不能缺。戶口日繁，待食者衆，無餘財給之，京師亦無餘地處之。惟有酌派戶口，散列邊屯，使世享耕牧之利，以時講武，亦以實邊。諸行省綠營馬步兵餉，較康熙年間漸增至五六百萬。在各標營、鎭協每處浮數十百名，不覺其多；在朝廷合計兵餉，則冗額歲不下數十百萬。各省錢糧，大半留充兵餉，其不敷者，隣省協撥，而解部之項日少。向來各營多空糧，自雍正元年淸查，此弊盡除。是近年兵額但依舊制，已比前有虛實之別。況直省要害之地，多滿洲駐防，與各標營、鎭協聲勢聯絡，其增設兵額可以裁汰者，宜令酌定數目，遇開除空缺，卽停止募補。庶將來營制漸有節省，而現在兵丁無苦裁汰。」

十年，擢戶部尙書，詩正疏言：「每歲天下租賦，以供官兵俸餉各項經費，惟餘二百餘萬，實不足備水旱兵戈之用。今雖府庫充盈，皇上宜以節儉爲要，勿興土木之工、黷武之師，庶以持盈保泰。」十三年，調兵部尙書。十四年，加太子少師，兼刑部尙書、翰林院掌院學士、協辦大學士。

十五年，調吏部尙書。御史歐堪善疏劾詩正徇庇行私，上召諸大臣及堪善廷詰。所劾皆無據，惟翰林院輪班引見，偶有越次。上諭曰：「梁詩正職在內廷，不過文學供奉，朕何如主，而謂諸臣能恣行其胸臆乎？至小小瞻徇私情，則不獨詩正，諸大臣恐俱未能盡絕。如張廷玉掌院三十年，引見越次，不知凡幾，何以未聞論劾？詩正有此一二可議，卽被論劾，得以知所儆省，未始非福。堪善之言，當以爲感，不當以爲怨也。」會御史儲麟趾劾四川學政朱荃匿喪，上詢詩正，詩正對失指，下吏議，當奪職，命留任。

十六年，從上南巡，詩正父文濂年八十，予封典。十七年，疏乞終養。二十三年，丁父憂，召署工部尚書。二十四年，調署兵部尚書。二十五年，服闋，眞除，仍命協辦大學士，兼翰林院掌院學士。二十八年，授東閣大學士，加太子太傅。尋卒，諡文莊。

子同書，舉人，賜進士，官至翰林院侍讀；敦書，官至兵部右侍郎。

論曰：福敏以謹厚爲高宗師。世倌、貽直立朝有風節，雖坐譴，皆近私，大德不踰，卒不以相掩。阿克敦惇大而淸介。嘉淦諤諤，陳善閉邪，一朝推名疏。詩正論八旗當行邊屯，綠營當停募補，掌國計雖歲有餘，惓惓惟懼不足，其慮遠矣。

清史稿卷三百四

列傳九十一

張照　甘汝來　陳悳華　王安國　劉吳龍　楊汝穀　張泰開
秦蕙田　彭啓豐　夢麟

張照，字得天，江南婁縣人。康熙四十八年進士，改庶吉士，授檢討，南書房行走。雍正初，累遷侍講學士。聖祖訓士民二十四條，世宗爲之註，題曰聖諭廣訓，照疏請下學官，令學童誦習。復三遷刑部侍郎。十一年，授左都御史，遷刑部尚書，疏請更定律例數事。

大學士鄂爾泰初爲雲貴總督，定亂苗，稍收其地，置流官。旣而苗復叛，揚威將軍哈元生、副將軍董芳討之，不以時定。上責鄂爾泰措置不當，照素忤鄂爾泰，因請行。十三年五月，上命照爲撫定苗疆大臣。照至貴州，議劃施秉以上爲上游，用雲南、貴州兵，專屬元生；以下爲下游，用湖廣、廣東兵，專屬芳：令諸軍互易地就所劃。元生、芳遂議村落道路皆別上下界，文移辨難。照致書元生等，令劾鄂爾泰。會高宗卽位，召照還，以湖廣總督張廣泗往代。上怒照挾私誤軍興，廣泗復劾照謬妄，元生等並發照致書令劾鄂爾泰事，遂奪職逮下獄。乾隆元年，廷議當斬，上特命免死釋出獄，令在武英殿修書處行走。

二年，起內閣學士，南書房行走。五年，復授刑部侍郎。照言：「律例新有更定，校刻頒行諸行省，期以一年。舊輕新重者，待新書至日遵行，不必駁改；舊重新輕者，刑部卽引新書更正。庶一年內薄海內外早被恩光。」特旨允行。上以朝會樂章句讀不協節奏，處壇廟樂章亦復如是，命莊親王允祿及照遵聖祖所定律呂正義，考察原委。尋合疏言：「律呂正義編摩未備，請續纂後編。壇廟朝會樂章，考定宮商字譜，備載於篇，使律呂克諧，尋考易曉。民間俗樂，亦宜一體釐正。」下部議行。七年，疏請矜恤軍流罪人妻孥，罪人發各邊鎭給旗丁爲奴，其在籍子孫到配所省視，旗丁不得並沒爲奴。

尋擢刑部尚書，兼領樂部。民間貸錢徵息，子母互相權，謂之「印子錢」。雍正間，八旗佐領等有以印子錢朘所部旗丁者，世宗諭禁革。都統李禧因請貸錢者得自陳，免其償，並治貸者罪。至是，照言印子錢宜禁，如止重利放債，依違禁取利本律治罪，禧所議宜罷不用，從之。九年十二月，父彙卒於家，照方有疾，十年正月，奔喪，上勉令節哀，毋致毀瘠。至徐州，卒，加太子太保、吏部尚書，諡文敏。

照敏於學，富文藻，尤工書。其以苗疆得罪，高宗知照爲鄂爾泰所惡，不欲深罪照，滋門戶恩怨。重惜照才，復顯用。及照卒，見照獄中所題白雲亭詩意怨望，又指照集憤嫉語，諭諸大臣以照已死不追罪。後數年，一統志奏進，錄國朝松江府人物不及照，上復命補入，謂：「照雖不醇，而資學明敏，書法精工，爲海內所共推，瑕瑜不掩，其文采風流不當泯沒也。」

甘汝來，字耕道，江西奉新人。康熙五十二年進士，以教習授知縣，補直隸淶水知縣。淶水旗丁與民雜居，汝來至，請罷雜派，以火耗補之。禁莊田無故增租易佃。旗丁例不得行笞，汝來請以柳梃約束。三等侍衞畢里克調鷹至淶水，居民家，僕捶民幾斃，訴於汝來。畢里克率其僕鬨於縣庭，汝來逮畢里克，械其僕於獄。事聞，下刑部議，奪汝來職，畢里克罰俸，聖祖命奪畢里克職，汝來無罪。汝來自是負循吏名。移知新安縣，鑿白楊淀隄，溉田數千頃。又移知雄縣，懲姦吏，復請罷雜派。雍正初，授吏部主事，擢廣西太平府知府，三遷至廣西巡撫。五年，遷都察院左副都御史。

汝來爲按察使時，李紱爲巡撫，奏議州土司羅文剛糾衆阻塘汛，吏請兵捕治，紱與汝來持不許。事聞，世宗命紱、汝來如廣西捕文剛。廣西巡撫韓良輔如雲南，與總督鄂爾泰計事，上令汝來署巡撫。泗城府土司岑映宸所部民相仇，汝來與鄂爾泰、良輔、紱設謀繫映宸，隸其土流官。汝來請於鎮安土府置學官，上以非苗疆急務，責其沽名。又以汝來謝恩疏言曲賜寬容，上詰之曰：「人君持國法，當行直道，曲則不直，汝來語何意？」召還京。六年，良輔獲文剛，汝來坐疏縱奪職，在咸安宮官學行走。山東巡撫費金吾議濬濟寧、嘉祥、沛縣等處水道，命汝來効力。九年，起直隸霸昌道。丁母憂，令在任守制。

再遷禮部侍郎。高宗卽位，議行三年喪，諮於諸大臣，汝來曰：「三年之喪，無貴賤，一也。皇上法堯、舜之道，宜行周、孔之禮，立萬年彝倫之極。」或言二十七月中朝祭大典若有所妨，汝來曰：「墨縗視事，越紼以祭，禮固言之，夫何疑？」乃考載籍，上儀制，援古證今，具有條理。

遷兵部尙書，疏言：「廣東海濱微露灘形，民間謂之『水坦』。漸生青草，謂之『草坦』。徐成耕壤，謂之『沙坦』。坦初見，沿海民報圍築者，當先令立標定四至，毋於圍築後爭控。民有田十頃以上，毋許圍築，以杜豪占。卽貧民圍築，限五頃。其出工本牛種助他人圍築量取租息者，聽。陸地開墾例六年升科，海田浮脃，當寬至十年。潮大至坦沒，蠲一歲糧。圍毀則免升科原額。」疏入，敕廣東督撫議行。復疏言：「海濱居民單桅船採捕魚蝦，例不輸稅。近聞各海關監督與雙桅船同令領牌納鈔，又閩、廣間貧民有置箞取魚者，有就埠育鴨者，吏或按簿按埠私徵稅，請通行嚴禁。」從之。乾隆三年，調吏部尚書，仍兼領兵部，加太子少保。

四年七月，汝來方詣廨治事，疾作，遂卒。大學士訥親領吏部，與共治事，親送其喪還第。至門，訥親先入，嫗縫衣於庭，訥親謂曰：「傳語夫人，尚書暴薨於廨矣！」嫗愕曰：「汝誰也？」訥親具以告，嫗汪然而泣，始知卽汝來妻也。訥親因問有餘貲否，嫗曰：「有。」持囊出所餘俸金，訥親爲感泣。奏上，上獎其寒素，賜銀千兩，命吏經紀其喪，諡莊恪。

嘉慶間，汝來曾孫紹烈應順天鄉試，以懷挾得罪，仁宗猶念汝來居官持正，宥紹烈，命仍得原名應試。

陳悳華，字雲倬，直隸安州人。雍正二年一甲一名進士，授修撰，再遷侍讀學士。提督廣東肇高學政，旋調廣韶學政。遭母喪歸，未終制，召充一統志館副總裁官。乾隆元年，遷詹事，上書房行走，再遷刑部侍郎。四年，遷戶部尚書。七年，調兵部尚書。八年，以弟悳正爲陝西按察使，讞獄用酷刑，爲巡撫塞楞額所劾。悳正具密摺擬揭部科，爲書告悳華，悳華沮之，未奏聞。上以悳華既知悳正事非是，當奏聞，乃爲隱匿，非大臣體，且曰：「父爲子隱，子爲父隱，直在其中。朕非不知以此風天下。然君臣之倫，實在弟兄之上。」下部議奪職，命左遷兵部侍郎。十二年，以議處江西總兵高琦武備廢弛，違例邀譽，奪職。十四年，起爲左副都御史，上書房行走。以督諸皇子課怠，屢詰責奪俸。二十二年，遷工部侍郎。二十三年，遷禮部尙書。二十九年，致仕。三十六年，皇太后萬壽，詔繪九老圖，以悳華入致仕九老中。四十四年，卒，年八十三。

悳華性篤儉，緼袍蔬食，蕭然如寒素。立身循禮法，而不自居道學。嘗謂：「士大夫之患，莫大於近名。求以立德名，則必有迂怪不情之舉而實行荒；求以立言名，則必有異同勝負之論而正理晦；求以立功名，則必務見所長，紛更舊制。立一法反生一弊，而實行無所裨。」方爲尙書時，京師富民俞民弼死，諸大臣皆往弔。上聞，察未往者，悳華與焉。

王安國，字春圃，江南高郵人。雍正二年一甲二名進士，授編修，再遷侍講。提督廣東肇高學政，復再遷左僉都御史。乾隆二年，疏請禁官吏居喪詣省會謁大吏，下部議行。復三遷左都御史。五年，兩江總督馬爾泰論廣東巡撫王謩徇縱，命安國往按，卽命以左都御史領廣東巡撫。安國曰：「吾奉命劾事而卽得其位，古所譏蹊田奪牛者非歟？」疏力辭，上不許。廣東俗奢靡，安國事事整肅，倉有餘粟。故事，自總督以下皆有分，安國獨以非制，止之。九年正月，就遷兵部尙書，尋遭父喪。廣州將軍策楞疏言安國孤介廉潔，歸葬無貲，與護理巡撫託庸等具賻歸之，報聞。

十年，召爲兵部尚書，調禮部。安國疏乞終喪，居廬營葬。服闋，乃入朝。十四年六月，安國入對，言諸行省方科試，諸學臣尚有未除積弊。上令具疏陳，安國疏言：「上科鄉試後，頗聞諸學臣因錄科例嚴，轉開僥倖。或於省會書院博督撫之歡，或於所屬義學徇州縣之請，或市恩於朝臣故舊，或縱容子弟家人乘機作弊，致取錄不甚公明。」上召安國詢所論諸學臣姓名，安國舉尹會一、陳其凝、孫人龍、鄧釗等。上以會一、釗已物故，其凝、人龍皆坐事黜，因責安國瞻徇，手詔詰難。二十年，遷吏部尚書。二十一年，疏乞假爲父改葬。上以來年當南巡，諭俟期扈行。冬，病作，予假治疾。二十二年春，卒，賜白金五百治喪，諡文肅。

安國初登第，謁大學士朱軾，軾戒之曰：「學人通籍後，惟留得本來面目爲難。」安國誦其語終身。至顯仕，衣食器用不改於舊。深研經籍，子念孫，孫引之，承其緒，成一家之學，語在儒林傳。

劉吳龍，字紹聞，江西南昌人。雍正元年進士，授庶吉士。二年，以朱軾薦，改吏部主事。六遷至光祿寺少卿。嘗視讞牘，有以欲劫行舟定罪者，吳龍曰：「欲劫二字，豈可置人於死？」論釋之。十一年，出爲安徽按察使。十三年，內遷光祿寺卿，命管理北路軍需。乾隆元年，召還，疏言：「北路軍需，有輸送科布多截留察漢廋爾諸處，應就車駝戶追繳脚價。尚有逋負，請量予豁除。」上從其議。三遷左都御史，疏言：「步軍統領衙門番役，私用白役，生事害民，宜令具册考覈，有所追捕，官畀差票，詣有司呈驗。步軍統領鞫囚，旗人會本旗都統，民人會順天府尹、巡城御史，互相覺察。」疏入，議行。又疏言諸行省州縣董理訟獄，其有舛誤，小民無所申訴，宜令督撫遣監司按行稽考，以申民隱。旋劾罷浙江巡撫盧焯，論如律。遷刑部尚書。七年，卒，賜白金五百治喪，謚淸慤。

吳龍簡重，不苟言笑。爲政愼密持重，得大體。督學直隸、江蘇，士循其敎。乾隆初，楊汝穀、張泰開與吳龍先後爲左都御史，皆以篤謹被上眷。

楊汝穀，字令貽，江南懷寧人。康熙三十九年進士，授浙江浦江縣知縣。行取，授禮部主事。三遷監察御史。河南南陽鎭標兵以知府沈淵禁博，劫淵，圍諸敎場三日。汝穀論劾，上遣尙書張廷樞等往按，讞總兵高成誅標兵之首事者。別疏言：「選人待缺，輒言出爲人後，或値遠缺，報治喪，冀更選。請飭選人具三代，已選，復稱出爲人後，報治喪，以不孝論。」下部議行。六遷兵部侍郎，兼署左副都御史。疏言直隸被水災，請運關東米十萬石至天津，留南漕十萬石存河間、保定適中地，分貯備賑。下部議行。高宗卽位，調戶部侍郎，疏言：「河南滎澤地濱黃河，康熙三十六年河勢南侵，縣地多傾陷。民困虛糧，流亡遠徙。」上命河南巡撫察議，删賦額。尋遷左都御史。乾隆三年，以老乞休，命本省布政使給俸。五年，卒，年七十六，謚勤恪。

張泰開，字履安，江南金匱人。乾隆七年進士，改庶吉士，命上書房行走。旋自編修五遷禮部侍郎。十九年，國子監學錄缺員，泰開舉同部侍郎鄒一桂子志伊。上責其瞻徇，部議奪職，予編修，仍在上書房行走。二十年，內閣學士胡中藻爲詩謗朝政，坐誅，泰開爲詩序，授刻，部議奪官治罪，上特宥之，仍在上書房行走。尋復授編修。二十二年，擢通政使。三遷左都御史。三十一年，授禮部尚書。三十二年，復授左都御史。三十三年，以老乞休，上獎其勤愼，加太子少傅，賦詩餞其行。三十九年，卒，年八十六，謚文恪。

秦蕙田，字樹峯，江南金匱人。祖松齡，順治十二年進士，官左春坊左諭德。本生父道然，康熙四十八年進士，官禮部給事中，與貝子允禟善，爲其府總管。允禟得罪，逮下獄，蕙田往來省視。世宗貸道然死，而獄未解。乾隆元年一甲三名進士，授編修，南書房行走。乃上疏言：「臣本生父道然身罹重罪，蒙恩曲宥；以追銀未完，繫獄九年，年已八十，衰朽不堪。本年五六月間，浸染暑濕，瘧痢時作，奄奄一息，幾至瘐斃。情關骨肉，痛楚難忍。臣雖備宮禁近，還顧臣父，老病拘幽，既無完解之期，更無生存之望，方寸昏迷，不能自主。誠不忍昧心竊祿，內慚名教。伏惟皇上矜慎庶獄，一線可原，概予寬釋。當此聖明孝治天下，惟有乞恩，匄臣父八十垂死之年，得以終老牖下。臣願奪職効奔走以贖父罪。」高宗命宥然，並免所追銀。

蕙田累遷禮部侍郎，丁本生父憂，服將闋，命仍起禮部侍郎。二十二年，遷工部尚書，署刑部尚書。二十三年，調刑部尚書，仍兼領工部，加太子太保。疏請諸行省流匄遞籍編甲收管，上諭曰：「蕙田所奏甚是，爲淸獄訟、弭盜賊之良法。但此輩輾轉流徙，城市村落，所在皆有。必一一收捕傳送，令原籍保甲監察，事理繁瑣，不若就所在地察禁。當令有司遇流匄強悍不法，卽時捕治。」二十九年，以病乞休，上不允。再請，上命南還調醫，不必解任。九月，卒於途，謚文恭。明年，上南巡，幸無錫，賦詩猶及蕙田。

蕙田通經能文章，尤精於三禮，撰五禮通考，首採經史，次及諸家傳說儒先所未能決者，疏通證明，使後儒有所折衷。以樂律附吉禮，以天文曆法、方輿疆理附嘉禮。博大閎遠，條貫賅備。又好治易及音韻、律呂、算數之學，皆有著述。

子泰鈞，乾隆十九年進士，翰林院編修。

彭啓豐，字翰文，江南長洲人。祖定求，康熙十五年，會試、殿試皆第一，官至翰林院侍講。啓豐，雍正五年會試第一，殿試置一甲第三，世宗親拔第一。授翰林院修撰，南書房行走。三遷右庶子。乾隆六年，充江西鄉試副考官，再遷左僉都御史。疏言：「臣驛路經宿州，宿州方被水，蒙恩賑卹。知州許朝棟任甲長胥吏索費，饑民戶籍登記不以實。鳳陽知府梅鯍健不親詣察覈。」下兩江總督那蘇圖嚴察。七年，遷通政使，督浙江學政。三遷刑部侍郎，疏言：「浙省吏民占官湖爲田，餘杭南湖發源天目，下注苕溪，溉杭、嘉、湖三郡。自巡撫朱軾濬治，今已沙淤。其他會稽、餘姚、慈谿等湖，皆僅存其名，請敕次第開濬。江南漕米，每石收錢五十四，半給運丁，半歸州縣爲公使錢。杭、嘉、湖運丁有漕截，而州縣無漕費，石米私加一二升至五六升，請敕如江南例，石米收錢二十四，爲州縣修倉鋪墊費，而禁其浮收。浙江額設均平夫銀供差徭，差簡可以敷用，差繁每苦賠墊，本省官吏來往，任意多索，請敕部按官吏尊卑、差役繁簡，定人夫名額，俾爲成例。浙省黃巖、太平地多斥鹵，民家稍有餘鹽，兵弁藉以婪索。婪索不遂，指爲私鹽，甚或以數家數人之鹽合併誣報，請敕文武大臣申禁。」下部議行。尋以憂去。

十五年，授吏部侍郎。十八年，調兵部侍郎。二十年，疏乞養母，允之。二十六年，復授吏部侍郎。二十七年，以京察注考，吏部郎中阿敏爾圖諸尚書、侍郎皆列一等，啓豐獨列二等，上責其示異市名。旋遷左都御史。二十八年，遷兵部尚書。三十一年，上以史奕昂爲侍郎，入對，諭加意部事。奕昂遂自恣，面斥啓豐，不稱尚書，侍郎期成額以是訐奕昂。上詰啓豐，啓豐力言無之。詢侍郎鍾音，鍾音對如期成額。啓豐語乃塞。上爲罷奕昂，因謂：「啓豐學問尙優，治事非所長。今乃巽愞模棱，奏對不以實，失大臣體。」卽降侍郎。三十三年，命原品休致。四十一年，上東巡，迎駕，予尙書銜。四十九年，卒，年八十四。

子紹升，語在文苑傳。孫希濂，乾隆四十九年進士，官至刑部右侍郎，左遷福建按察使。曾孫蘊章，自有傳。

夢麟，字文子，西魯特氏，蒙古正白旗人，尙書憲德子。乾隆十年進士，改庶吉士，授檢討。十五年，遷侍講學士，再遷祭酒，提督河南學政。十六年，授內閣學士。十七年，湖北羅田民據天堂寨謀亂，夢麟以河南商城鄰羅田，馳往捕治，上嘉之。疏言：「商城界江、楚，峻嶺深巖，易藏奸宄，請增兵巡察。」下河南巡撫議，移駐守備，增兵百。十八年，署戶部侍郎，充江南鄉試考官，卽命提督江蘇學政。二十年，授工部侍郎，代還，調署兵部，兼鑲白旗蒙古副都統。二十一年，命在軍機處學習行走。大臣在軍機處，資望少淺者曰「學習行走」，自夢麟始。

是歲，河決孫家集。二十二年，河道總督白鍾山奏請開荆山橋河，命夢麟馳勘，趣即興工，工竟，議敍。上南巡閱河，以六塘河以下積潦，桃源、宿遷、淸河諸縣卑成浸，令夢麟勘治。尋奏：「六塘河上承駱馬湖，至淸河分兩派，由武障、義澤等河匯潮河入海，長三百餘里，中間淤淺數十處，已令速疏濬南北兩堰。並去年水壞宿遷堰工，及諸缺口，俱加修築。諸縣積水，開溝十五，設涵洞五，建閘四，俾得宣洩。」工既竟，又奏：「荆山橋河道經銅、沛、邳、睢四州縣，分設四汛；黃水自丁家樓匯入蘇家閘，荆山橋正當其衝，應令堵築。微山湖至荆山橋河下游王母山，紆長灣曲，每歲霜降後應令疏濬。居民就灣築堰壩捕魚，渡口疊石爲步，皆阻河道，應令嚴禁。」上命如所議行。

山東巡撫鶴年奏金鄉、魚臺、濟寧諸州縣水患，命侍郎裘曰修偕夢麟馳往相度，合疏言：「諸縣久爲微山湖水所浸，當籌分洩之路。韓莊閘南伊家河至江南梁旺城入運，今已久淤，當開濬引積水東注。」從之。兩江總督尹繼善以沂水入運爲害，奏建湖口閘，命夢麟與在工諸臣分任其責。合疏言：「沂水自盧口傍洩，淹民田，阻運河。當築壩堵截，使不得入運，毋礙微山諸湖入河歸海之路。六塘河在駱馬湖下游，爲沂水疏洩要道，宿遷、桃源諸水自沭入漣歸海，並宜疏治宣通。兼濬六塘河出口，使無淺阻。此治沂水之概要也。夏邑、永城諸水，自睢河下注洪澤湖，出淸口會黃入海。近歲河道多淤，董家溝諸地尤宜急治，兼濬洪澤湖出口。淸口束水二壩，遵旨撤除。各閘口門亦宜加寬。此治睢河之概要也。」疏入，上許爲頗得要領。調戶部。冬，工竟，還京師。二十三年，復調工部，署翰林院掌院學士。卒，賜祭葬。

論曰：照紬於盤錯，而優於詞翰，高宗知之審矣。汝來以淸節著，惪華等以文學庸，而安國博辨羣書，好學深思，自爲家法。蕙田治禮，綜歷代政事學術，貫串會通，體大思精，尤彬彬名世之大業也。夢麟早歲負淸望，參大政，方駕遽稅，惜哉！

清史稿卷三百五

列傳九十二

錢陳羣 子汝誠　孫臻　沈德潛　金德瑛 錢載
齊召南 陳兆崙　兆崙孫桂生　董邦達 錢維城　鄒一桂
謝墉 金甡　莊存與　劉星煒　王昶

錢陳羣，字主敬，浙江嘉興人。父綸光，早卒。母陳，翼諸孤以長，語在列女傳。康熙四十四年，聖祖南巡，陳羣迎駕吳江，獻詩。上命俟迴蹕召試，以母陳病不赴。六十年，成進士，引見，上諭及前事。改庶吉士，授編修。雍正七年，世宗命從史貽直、杭奕祿赴陝西宣諭化導，陳羣周歷諸府縣，集諸生就公廨講經，反覆深切，有聞而流涕者。使還，上諭獎爲「安分讀書人」。五遷右通政，督順天學政。乾隆元年，以母喪去官。服除，高宗命仍督順天學政，除原官。陳羣以母陳夜紡授經圖奏上，上爲題詞。疏請增順天鄉試中額，上以官制有定，取者多，用者益遠，國家不能收科目取人之效，寢其議。

三遷內閣學士。陳羣屢有建白：嘗疏請嚴治匿名揭帖，無論事鉅細，非據實首告而編造歌謠詩詞，匿名粘貼閭巷街衢，當下刑部依律治罪。疏請廣勸種植樹木，官地令官種，州郡吏種至千本以上，予紀錄；受代時具册，備地方公用。民地令民種，至五六百本者，予扁額獎賞，成材後聽取用。疏請偏災蠲免分數，分別貧富，富者按例定分數蠲免，貧者被災幾分卽蠲免幾分，使之相等。及敕詢州縣耗羨，疏言：「康熙間，州縣官額徵錢糧，收耗羨一二錢不等。陸隴其知嘉定縣止收四分，清如隴其，亦未聞全去耗羨也。議者以康熙間無耗羨，非無耗羨也，特無耗羨之名耳。世宗出自獨斷，通計外吏大小員數，酌定養廉，而以所入耗羨按季支領。吏治肅清，民亦安業。特以有徵報支收之令，不知者或以爲加賦。皇上詢及盈廷，臣請稍爲變通，凡耗羨所入，仍歸藩庫，各官養廉及各州縣公項，如舊支給。其續增公用，名色不能畫一，多寡亦有不同，應令直省督撫明察，某件應動正項，某件應入公用，分別報銷。各省州縣自酌定養廉，榮悴不一，其有支絀者，應令督撫確察量增，俾稍寬裕。仍飭勿得耗外加耗，以致累民。則既無加賦之名，幷無全用耗羨辦公之事，州縣各有贏餘，益知鼓勵。至於施從其厚，斂從其薄，古之制也。及此倉庾充裕、民安物阜之時，大臣悉心調劑，使養廉之入，不爲素餐，元氣培扶，豨藏盈溢，然後以三十年之通制國用。宋太祖能罷羨餘，臣固知皇上之聖，不必廷臣建白如張全操其人者，而德音自下也。」

七年，擢刑部侍郎。上令廷臣議州縣常平倉應行諸事，諸臣皆議歉歲減價。陳羣疏言：「成熟之年，出陳易新，倉米必不及市米，而民以米值納倉，銀色當高於市易。擬令石減一錢二分，還倉時加穀四五升，以爲出入耗費。」

十七年，患反穀疾，連疏乞解職，許之。命其子編修汝誠侍行，且賜詩以寬其意。陳羣進途中所作詩，上爲答和。時有僞爲孫嘉淦疏稿語謗上，上令窮治，陳羣自家密疏請省株連，上嚴飭之，而事漸解。二十二年，上南巡，令在籍食俸。二十五年，上爲橋梓圖寄賜陳羣。二十六年，偕江南在籍侍郎沈德潛詣京師祝皇太后七十壽，命與香山九老會，加尚書銜。上諭：「明歲南巡，諸臣今年已赴闕，毋更遠迎。」二十七年，南巡，陳羣偕德潛迎駕常州，上賜詩稱爲「大老」。三十年，南巡，復迎駕。是歲陳羣年八十，加太子太傅。賜其子汝器舉人，汝誠扈蹕，命從還省視。

三十一年，陳羣復進其母陳書冊，冊有綸光題句。上題詩以趙孟頫、管道昇爲比。三十五年，上六十萬壽，命德潛至嘉興勸陳羣毋詣京師，陳羣獻竹根如意，上批劄云：「未頒僧紹之賜，恰致公遠之貢，文而有節，把玩良怡！今賜卿木蘭所獲鹿，服食延年，以俟清晤。」三十六年，上東巡，陳羣迎駕平原，進登岱祝釐頌。是冬，復詣京師祝皇太后八十萬壽，命紫禁城騎馬，賜人葠，再與香山九老會。陳羣進和詩有句云「鹿馴巖畔當童扶」，上賞其超逸，復爲圖賜之。南歸，以詩餞。

陳羣里居，每歲上錄寄詩百餘篇，陳羣必賡和，親書册以進，體兼行草，屢蒙獎許。三十九年，卒，年八十九。上諭謂：「儒臣老輩中能以詩文結恩遇、備商榷者，沈德潛卒後惟陳羣。」加太傅，祀賢良祠，諡文端。四十四年，上製懷舊詩，列五詞臣中。

子汝誠，字立之。乾隆十三年進士，改庶吉士，授編修，命南書房行走。四遷至侍郎，歷兵、刑、戶諸部。再典試江南，上命寄諭尹繼善，招陳羣遊攝山，父子可相見。汝誠試畢，迎陳羣入試院，居數日乃還。三十年，乞養歸。四十一年，父喪終，授刑部侍郎，仍在南書房行走。四十四年，卒。

汝誠子臻，字潤齋。自兵馬司副指揮授河南鄧州知州，累遷江西糧道。左授山西平陽知府，復累遷直隸布政使。嘉慶二十一年，授江西巡撫。江西南昌諸府食淮鹽，而與福建、浙江、廣東三省毗連，私販侵引額。臻議疏綱額、緝私販。尋移山東巡撫。兗、曹、沂諸府民素悍，染邪教，盜甚熾。臻請就諸府增設參將以下官，上皆採其議。入覲，以衰老左授湖南布政使，休致。道光十九年，卒。

陳羣詩純愨樸厚，如其爲人。賡唱既久，亦頗斆御製詩體。貳刑部十年，慎於庶獄，虛吏詳鞫。高宗嘗以于定國期之。汝誠繼貳刑部，奉陳羣之教，持法明允。臻亦善治獄。在平陽，介休民被盜殺其母，攫釧去。民言姻家嘗貸釧，傭或竊釧逃，鄰家子左右之。縣捕三人，榜掠誣服。他日獲盜得釧，民乃言非其母物。獄不能決。臻微服訪得實。撫山東，清庶獄，雪非罪二十餘人，擒教訟者置於法。

沈德潛，字碻士，江南長洲人。乾隆元年，舉博學鴻詞，試未入選。四年，成進士，改庶吉士，年六十七矣。七年，散館，日晡，高宗蒞視，問孰爲德潛者，稱以「江南老名士」，授編修。出御製詩令賡和，稱旨。八年，卽擢中允，五遷內閣學士。乞假還葬，命不必開缺。德潛入辭，乞封父母，上命予三代封典，賦詩餞之。十二年，命在上書房行走，遷禮部侍郎。是歲，上諭諸臣曰：「沈德潛誠實謹厚，且憐其晚遇，是以稠疊加恩，以勵老成積學之士，初不因進詩而優擢也。」

十三年，德潛以齒衰病噎乞休，命以原銜食俸，仍在上書房行走。十四年，復乞歸，命原品休致，仍令校御製詩集畢乃行。諭曰：「朕於德潛，以詩始，以詩終。」且令有所著作，許寄京呈覽。賜以人葠，賦詩寵其行。德潛歸，進所著歸愚集，上親爲製序，稱其詩伯仲高、王，高、王者謂高啓、王士禎也。十六年，上南巡，命在籍食俸。是冬，德潛詣京師祝皇太后六十萬壽。十七年正月，上召賜曲宴，賦雪獅與聯句。又以德潛年八十，賜額曰「鶴性松身」，並賚藏佛、冠服。德潛歸，復進西湖志纂，上題三絕句代序。二十二年，復南巡，加禮部尚書銜。二十六年，復詣京師祝皇太后七十萬壽，進歷代聖母圖册。入朝賜杖，上命集文武大臣七十以上者爲九老，凡三班，德潛爲致仕九老首。命游香山，圖形內府。

德潛進所編國朝詩別裁集請序，上覽其書以錢謙益爲冠，因諭：「謙益諸人爲明朝達官，而復事本朝，草昧締構，一時權宜。要其人不得爲忠孝，其詩自在，聽之可也。選以冠本朝諸人則不可。錢名世者，皇考所謂『名教罪人』，更不宜入選。愼郡王，朕之叔父也，朕尚不忍名之。德潛豈宜直書其名？至世次前後倒置，益不可枚舉。」命內廷翰林重爲校定。二十七年，南巡，德潛及錢陳羣迎駕常州，上賜詩，並稱爲「大老」。三十年，復南巡，仍迎駕常州，加太子太傅，賜其孫維熙舉人。三十四年，卒，年九十七。贈太子太師，祀賢良祠，謚文慤。御製詩爲輓。是時上命燬錢謙益詩集，下兩江總督高晉令察德潛家如有謙益詩文集，遵旨繳出。會德潛卒，高晉奏德潛家並未藏謙益詩文集，事乃已。四十三年，東臺縣民訐舉人徐述夔一柱樓集有悖逆語，上覽集前有德潛所爲傳，稱其品行文章皆可爲法，上不懌。下大學士九卿議，奪德潛贈官，罷祠削謚，仆其墓碑。四十四年，御製懷舊詩，仍列德潛五詞臣末。

德潛少受詩法於吳江葉燮，自盛唐上追漢、魏，論次唐以後列朝詩爲別裁集，以規矩示人。承學者效之，自成宗派。

金德瑛，字汝白，浙江仁和人。乾隆元年進士，廷對初置第六，高宗親擢第一，授修撰。是歲舉博學鴻詞科，德瑛以薦徵，既入翰林，不更試。旋命南書房行走，充江南鄉試考官。德瑛以原籍休寧辭，不許。再遷右庶子。督江西學政。任滿，上特諭「德瑛甚有操守，取士公明」，命留任。德瑛疏言：「翰林爲儲才地，庶吉士宜求學有根柢，器量明達，庶可備他日任使。每科命大臣敎習，大臣政事甚繁，但能總大綱。舊有分敎例，但由掌院選任，時設時止。乞令掌院於翰詹中擇品學優贍、資俸較深者引見，簡畀分敎。」得旨俞允。復四遷太常寺卿，命祭告山西諸行省帝王陵寢。疏言：「女媧氏陵寢殿塑女像，旁侍嬪御，民間奉爲求嗣之神，實爲黷褻。請毀像立主。」下部議行。督山東學政。十九年，歲饑，上發帑治賑，而鄒、滕諸縣災尤重。有司格於例限，不敢以請。德瑛任滿還京師，入對，具言狀，上特命展賑。遷內閣學士。二十一年，遷禮部侍郎。充江西鄉試考官。使還，經徐州，時河決孫家集，微山湖暴漲，入運河，江南、山東連壤諸州縣被水。德瑛諮訪形勢，入陳於上前，上嘉德瑛誠實不欺。旋命尙書劉統勳董治疏築。二十三年，督順天學政，疏言：「八旗諸生遇歲試，輒稱病諉避，甚至病者多於與試者，請下八旗都統考覈。」

二十六年，擢左都御史，疏言：「秋審舊例，凡已經秋審者謂之『舊事』，現入秋審者謂之『新事』。當九卿、詹事、科道集議時，書吏宣唱名册，繁重淹滯。其實商榷輕重，多在新事。積年緩決之案，自按察使上巡撫，更三法司，初獄已致愼矣；況三審緩決，久成信讞。諸囚偸生囹圄，幸待十年慶典，得蒙恩赦。然亦裁自聖心，諸臣無與焉。舊事名册宜罷宣唱。陳案既省，近事得以從容往復，盡心詳審。九卿兼有餘晷治其本職。」上韙其言，下大學士會刑部議，請如德瑛言。十二月，命稽覈通州倉儲，中寒病作，二十七年正月，卒。

德瑛端平簡直，無有偏黨，爲上所知。方爲少詹事，入對，上曰：「汝元年狀元，尙作四品官耶？」數日擢太常寺卿。及病，上每見廷臣問狀，且曰：「德瑛辛巳生，長朕十歲。」及病革，上方出巡幸，將啓蹕，猶曰：「德瑛久不入值，病必重。」德瑛卽以其日卒。三十一年，德瑛子潔成進士，引見，上曰：「汝金德瑛子耶？」德瑛卒已將十年，上猶惓惓如是。

錢載，字坤一，浙江秀水人。雍正十年，副榜貢生，舉博學鴻詞、舉經學，就試皆未入選。乾隆十七年，成進士，改庶吉士，授編修。七遷內閣學士，直上書房。四十一年，督山東學政。四十五年，命祭告陝西、四川嶽瀆及帝王陵寢。尋擢禮部侍郎，充江南鄉試考官，舉顧問爲第一，四書文純用排偶，上以乖文體，命議處。

呂氏春秋堯葬穀林，史記不書其地。乾隆元年，以山東巡撫岳濬奏，自東平改祀濮州。四十一年，大理寺卿尹嘉銓疏言當在平陽，下部議駁。載督學山東，謁濮州堯陵，自四川還道平陽，得堯陵州東北；及江南典試歸，又至東平求舊時所祭堯陵，參互考訂，以爲在平陽者是。史記湯、武皆未著葬地，蓋都於是葬於是則不書，堯亦其例。因疏請釐定。下大學士、九卿議駁，載奏辨；復議，仍寢不行。上諭曰：「經生論古，反覆辨證，原所不禁。但旣陳之奏牘，並經廷臣集議，卽不當再執成見。載斥呂不韋門下客浮說，不韋卽不足取，亦尚不可以人廢言。況其門下客所著書，所謂『懸之國門，不易一字』，豈能謂不足爲據？其時去古未遠，或尚有所承述。乃欲在數千年後虛揣翻駁，有是理乎？載本晚達，且其事只是考古，是以不加深問。若遇朝廷政治，亦似此嘵嘵不已，朕必重治其罪。」命傳旨申飭。載疏累數千言，語有未明，復爲自注，時謂非章奏體，上亦未深詰也。

四十八年，休致。五十八年，卒，年八十有五。

子世錫，入翰林。時侍郎英廉及載充教習庶吉士，英廉語世錫曰：「君家仍世入翰林，而上命父教其子，當勉爲瓌、頲以報上恩。」世錫子寶甫，初名昌齡，避仁宗陵，以字行。亦以編修官至雲南布政使。

德瑛論詩宗黃庭堅，謂當辭必己出，不主故常。載初與訂交，晚登第，乃爲門下門生；

詩亦宗庭堅，險入橫出，嶄然成一家。同縣王又曾、萬光泰輩相與唱酬，號秀水派。語互詳文苑傳。載又爲陳羣族孫，從陳羣母陳受畫法，蒼秀高勁，亦如其詩。

齊召南，字次風，浙江天台人。幼而穎敏，鄉里稱神童。雍正十一年，命舉博學鴻詞，召南以副榜貢生被薦。乾隆元年，廷試二等，改庶吉士，散館授檢討。八年，御試翰詹各官，擢中允，遷侍讀。九年，以父喪去官。時方校刻經史，召南分撰禮記、漢書考證，命卽家撰進。服除，起原官。十二年，遷侍讀學士。十三年，復試翰詹各官，以召南列首，擢內閣學士，命上書房行走。遷禮部侍郎。上於寧古塔得古鏡，問召南，召南辨其款識，具陳原委。上顧左右曰：「是不愧博學鴻詞矣！」上西苑射，發十九矢皆中的，顧尙書蔣溥及召南曰：「不可無詩！」召南進詩，上和以賜。十四年夏，召南散直墮馬，觸大石，顱幾裂。上聞，遣蒙古醫就視，賜以藥。語皇子宏瞻：「汝師傅病如何？當頻使存問！」幸木蘭，使賜鹿脯十五束。及冬，入謝，上慰勞，召南因乞歸，固請乃許。及行，賜紗、葛各二端。

上南巡，屢迎駕，輒問病狀，出御製詩命和。上嘗詢天台、雁宕兩山景物，召南對未嘗游覽。上問：「名勝在鄉里間，何以不往？」召南對：「山峻溪深，臣有老母，怵古人登高臨深之誡，是以未敢往。」上深嘉之。旣而，以族人周華爲書訕上，逮詣京師，吏議坐隱匿，當流，籍其家，上命奪職放歸，還其產十三四。召南歸，遂卒。

召南易直子諒，文辭渰雅。著水道提綱，具詳源委脈絡；歷代帝王年表，舉諸史綱要：並行於世。

陳兆崙，字星齋，浙江錢塘人。亦幼慧。雍正八年進士，福建卽用知縣。舉博學鴻詞，詣京師試，授內閣中書，充軍機章京。乾隆元年，廷試二等，授檢討。十七年，上御經筵，以撰進講義稱旨，擢左中允。御試翰詹各官，復擢侍講學士。再遷順天府府尹。值大水，兆崙心計指畫，撫綏安集，無不得所。畿輔役繁，舊設官車疲敝，議僉富戶應役，兆崙奏罷之。時方西征，發禁旅，兆崙經畫宿頓儲蓄，井井有緒，軍民晏然。二十一年，遷太常寺卿。上謁陵，以同官迎駕失儀，左授太僕寺少卿。再遷太僕寺卿。三十六年，卒。

兆崙精六書之學，尤長經義，於易、書、禮均有論述。爲詩文澹泊清遠。

孫桂生，字堅木。嘉慶初，自優貢生授知縣，揀發湖北。時教匪爲亂，桂生從廣州將軍明亮擊賊，破孝感，殲魯惟志；戰歸州，禦齊王氏：屢有功。授大治知縣，再遷安陸知府。九年，遭母喪，湖北巡撫章煦疏請留軍。喪終，除荆州知府。三遷，再轉爲江寧布政使，署江蘇巡撫。初彭齡劾桂生徵賦不力，奪職；復劾察庫帑不實，上命大學士托津、戶部尚書景安按治，疏言：「桂生察庫帑無弊，徵賦亦逾十之七。」召詣京師，旋授甘肅布政使。再轉，復遷江蘇巡撫。上六十萬壽，蠲各行省民間逋賦。桂生疏言：「曠典殊施，當令澤及於民。請自嘉慶元年起至二十二年，詳察民間逋賦，毋令官吏因緣爲姦。二十二年漕項，例至二十四年奏銷，民逋請併蠲除。」又言：「民間逋賦有由州縣移他款代納者，今旣蠲逋，當令現任州縣期十年償所移款。」皆議行。命署蘇州織造，兼領滸墅關，兼署兩江總督。宣宗卽位，召詣京師，以三品京堂待缺，旋命休致。道光二十年，卒。桂生子憲曾，進士，官至詹事。

董邦達，字孚存，浙江富陽人。雍正元年，選拔貢生。以尙書勵廷儀薦，命在戶部七品小京官上行走。十一年，成進士，改庶吉士，授編修。乾隆三年，充陝西鄉試考官，疏言官卷數少，以民卷補中，報聞。授右中允，再遷侍讀學士。十二年，命直南書房，擢內閣學士，以母憂歸。逾年，召詣京師，命視梁詩正例，入直食俸。十五年，補原官，遷侍郎，歷戶、工、吏諸部。二十七年，遷左都御史，擢工部尙書。二十九年，調禮部。三十一年，調還工部。三十二年，仍調還禮部。三十四年，以老病乞解任，上諭曰：「邦達年逾七十，衰病乞休，自合引年之例。惟邦達移家京師，不能卽還里。禮部事不繁，給假安心調治，不必解任。」尋卒。賜祭葬，諡文恪。

邦達工山水，蒼逸古厚。論者謂三董相承，爲畫家正軌，目源、其昌與邦達也。子誥，自有傳。

錢維城，字宗盤，江南武進人。乾隆十年一甲一名進士，授修撰。功令，初入翰林，分習清、漢文。維城習清文，散館列三等。上不懌，曰：「維城豈謂清文不足習耶？」傅恆爲之解。命再試漢文，上謂詩有疵，賦尚通順，仍留修撰。是歲即遷右中允，命南書房行走。三遷，再轉爲刑部侍郎。疏請申明律例：「事主殺盜賊移尸，有司輒置勿論。本律科移尸罪，反至流徒。請凡殺人律得勿論者，雖移尸仍用本律。殺姦之獄，姦夫拒捕，有司輒用鬬殺律定讞。殺姦殺拒捕者，反重於殺不拒捕者。請用殺拒捕罪人律勿論。」下部議行。三十四年，命偕內閣學士富察善如貴州會湖廣總督吳達善按治威寧州知州劉標虧帑，巡撫良卿、前巡撫方世儁等皆坐譴。三十五年，古州苗香要爲亂，復命偕吳達善及巡撫宮兆麟督剿。香要多力而狡，苗女迫根爲羽翼，煽旁寨出掠。維城如古州，督總兵程國相破烏牛、佳居諸寨，獲迫根。維城乃自烏牛如佳居宣諭，解脅從。督兵破朋論大箐，香要獨身跳去。乃令先撤兵，遣詗香要，卒擒而殲之。亂定，諭議敍。三十六年，雲南龍陵戍卒四十去伍走，既就獲，大吏請悉誅之。維城入對，言：「伊犁戍卒荷校一月，今用法過重。且戮於獲所，邊兵何由知？不如械至龍陵，倍其罰，荷校三月，足以儆衆。」上從之。三十七年，丁父憂，歸，以毀卒。謚文敏。

維城工文翰，畫山水幽深沈厚。錢陳羣謂維城通籍後畫益工，蓋得益於邦達云。

鄒一桂，字原褒，江南武進人。祖忠倚，順治九年一甲一名進士，官修撰。一桂，雍正五年二甲一名進士，改庶吉士，授編修。十年，授雲南道監察御史，疏禁官媒蓄婦女爲姦利。乾隆七年，轉禮科給事中，疏言：「刑部諸囚已結入北監，未結羈南所。今察視監所，已未結雜收，請如例分禁。」又言：「奉命下部議諸事，科道輒於部議未上之先，攙越瀆陳，請申飭。」上韙其言。湖南巡撫許容坐誣劾糧道謝濟世罷，復命署湖北巡撫。一桂與給事中陳大玠具疏論列，謂：「容狡詐欺公，僅予奪職，已邀寬典；今復任封疆，何以訓天下？乞降旨宣示臣民，俾曉然於黜陟之所以然，斯國法昭而吏治有所率循。」上爲罷容。十年，遷太常寺少卿，疏言：「律載獄具全圖，鐵索鈕鐐，俱有定式。獄官以防範爲辭，匣牀以束其身，鐵簫以直其項，觀音圈以攣其手足。部議禁非刑，日久復創新制，令諸囚排頭仰臥，橫穿長木，壓其手足，與匣牀無異，請敕嚴禁。」從之。四遷爲禮部侍郎。同部侍郎張泰開舉一桂子志伊爲國子監學正，又坐徇尚書王安國、左都御史楊錫紱祀其父鄉賢，屢下部議，二十一年，左授內閣學士。二十三年，乞致仕。三十六年，詣京師祝上壽，加禮部侍郎銜，在籍食俸。三十七年，歸，卒於東昌道中。加尚書銜。

一桂畫工花卉，承惲格後爲專家。嘗作百花卷，花題一詩，進上，上深賞之，爲題百絕句。晚被薄譴，歸猶賦詩餞之云。

謝墉，字崑城，浙江嘉善人。乾隆十六年，上南巡，墉以優貢生召試，賜舉人，授內閣中書。十七年，成進士，改庶吉士，授編修。坐撰閩浙總督喀爾吉善碑文語失當，下部議，降調。二十四年，回部平，墉擬鐃歌上，上命復官，直上書房。五遷工部侍郎，督江蘇學政。四十三年，調禮部。四十五年，調吏部。廣西全州知州彭曰龍坐縱革役復充，奪官，詣部請捐復。大學士阿桂領吏部，將許之，墉以爲不可。時有山東商河教諭侯華捐復，方議駁，墉援以例曰龍。阿桂疑墉爲華地，奏聞。上命訊，華力言無囑託，乃用墉議，不許曰龍捐復。四十八年，復督江蘇學政。五十一年，任滿，還京師。上問洪澤湖運河水勢，墉奏：「洪澤湖漸高，民間傳說『昔如釜，今如盤』，請加疏濬。」五十二年，上以總督李世傑奏洪澤湖水注清口暢流，命墉往與世傑勘湖水淺深。尋奏湖水深至十丈，淺亦在一二丈間，墉自請議處。上以湖水前年較淺，墉得自傳聞，據以入告，茲旣已勘明，免其議處。

墉兩任江蘇學政，士有不得志者，以偶語譏誚。阿桂偶以聞，上命巡撫閔鶚元訪察。鶚元言墉初任聲名平常，後任頗爲謹飭。上命降授內閣學士。五十四年，上察直上書房諸臣多曠班，墉七日未入直，復降編修，在修書處効力。五十六年，復命直上書房。六十年，休致。尋卒。

墉在上書房久，仁宗方典學，肄習詩文，高宗命墉講授。嘉慶五年，加恩舊學，贈三品卿銜，賜祭葬。子恭銘，進士，改庶吉士，散館歸班，是歲授內閣中書。墉以督學蒙謗，然江南稱其得士，尤賞江都汪中，嘗字之曰：「予上容甫，爵也；若以學，予於容甫北面矣！」乾隆中直上書房諸臣以學行稱者，又有金甡、莊存與、劉星煒。

甡，字雨叔，浙江錢塘人。初以舉人授國子監學正。乾隆七年，舉禮部試第一，廷試復第一，授修撰。三遷侍講學士。二十二年，直上書房，攝詹事，再遷禮部侍郎。三十八年，上幸熱河，從，方入直，遘疾遽仆。大學士劉統勳以聞，命予假。甡乞休，允之。明年秋，疾間，乃得歸。四十七年，卒，年八十有一。

甡在上書房十七年，直諒誠敬，所陳說必正義法言，諸皇子皇孫皆愛重之。

存與，字方耕，江南武進人。乾隆十年一甲二名進士，授編修。四遷內閣學士。二十一年，督直隸學政。按試滿洲、蒙古童生，嚴，不得傳遞，羣鬨。御史湯世昌論劾，命奪存與官。上惡滿洲、蒙古童生縱恣，親覆試，搜得懷挾文字。臨鞫，童生海成最狡黠，言：「何不殺之？」上怒，立命誅之。鬨堂附和者三人，發拉林種地；四十人令在旗披甲；不得更赴試。並以存與督試嚴密，仍命留任。擢禮部侍郎。遭父喪。服除，補內閣學士，仍授原官，直上書房。遭母喪。服除，補原官。五十一年，以衰老休致。五十三年，卒。

存與廉鯁。典浙江試，巡撫餽金不受，遺以二品冠，受之。及塗，從者以告曰：「冠頂眞珊瑚，直千金！」存與使千餘里返之。爲講官，上御文華殿，進講禮畢，存與奏：「講章有舛誤，臣意不謂爾。」奉書進，復講，盡其旨，上爲留聽之。

弟培因，字本淳，乾隆十五年一甲一名進士，官至內閣學士。

劉星煒，字映榆，江南武進人。乾隆十三年進士，改庶吉士，授編修。遷侍講，督廣東學政。疏言：「鶴山立縣初，有廣州民一百五戶請修城入籍，緣是開冒考之弊，請以有廬墓、田糧在縣者爲限。」丁母喪，去。服闋，補原官。督安徽學政，請童生兼試五言六韻詩。童試有詩自此始。累遷侍讀學士。二十九年，直上書房，再遷禮部侍郎。卒。

王昶，字德甫，江蘇青浦人。乾隆十九年進士。南巡，召試，授內閣中書，充軍機章京。三遷刑部郎中。三十二年，察治兩淮運鹽提引，前鹽運使盧見曾坐得罪，昶嘗客授見曾所，至是坐漏言奪職。雲貴總督阿桂帥師討緬甸，疏請發軍前自効。上命大學士傅恆出視師，嗣以理藩院尙書溫福代阿桂，皆以昶佐幕府。溫福移師討金川，昶實從，疏請敍昶勞，授吏部主事。既，復從阿桂定兩金川，再遷郎中。刑部侍郎袁守侗按事四川，上命察軍中事，還奏言昶治軍書有勞。四十一年，師凱還，擢昶鴻臚寺卿，仍充軍機章京。三遷左副都御史，外授江西按察使。數月，以憂歸。起直隸按察使，未上，移陝西按察使。

在陝西凡十年，值回田五爲亂，軍興，昶繕守具，佐治軍需，疏請淸釐保甲，禁民間蓄軍器。遷雲南布政使。河南伊陽民戕知縣，竄匿陝西境未獲，昶如商州督捕，上命俟得賊詣京師覲見。昶旣得賊，入謁上，自陳疲憊，乞改京職，上溫旨慰遣，乃上官。以雲南銅政事重，撰銅政全書，求調劑補救之法。旋調江西布政使。五十四年，內遷刑部侍郎。屢命如江南、湖北讞獄。五十八年，以老乞罷，上許之，方歲暮，諭俟來歲春融歸里。昶歸，遂以「春融」名其堂。嘉慶元年，詣京師賀內禪，與千叟宴。四年，復詣京師謁高宗梓宮。十一年，卒。

昶工詩古文辭，通經。讀朱子書，兼及薛瑄、王守仁諸家之學。蒐采金石，平選詩文詞，著述傳於世。

論曰：國家全盛日，文學侍從之臣，雍容揄揚，潤色鴻業。人主以其閒暇，偶與賡和，一時稱盛事。未有彌歲經時，往復酬答，君臣若師友，如高宗之於陳羣、德潛。嗚呼，懿矣！當時以儒臣被知遇，或以文辭，或以書畫，錄其尤著者。視陳羣、德潛恩禮雖未逮，文采要足與相映，不其盛歟！

清史稿卷三百六

列傳九十三

曹一士　李愼修 李元直 陳法　胡定　仲永檀
柴潮生　儲麟趾

曹一士，字諤廷，江蘇上海人。雍正七年進士，改庶吉士，散館授編修。十三年，考選雲南道監察御史。高宗卽位，諭羣臣更番入對。一士疏言：「敬讀諭旨，曰『百姓安則朕躬安』，大哉王言，聞者皆感涕。臣愚以爲欲百姓之安，其要莫先於愼擇督撫。督撫者守令之倡。顧其中皆有賢者、有能者，賢能兼者上也，賢而不足於能者次之，能有餘而賢不足者又其次也。督撫之爲賢爲能，視其所舉而瞭如。今督撫舉守令，約有數端：曰年力富强，曰治事勤愼，曰不避嫌怨。徵其實蹟，則錢糧無欠，開墾多方，善捕盜賊。果如所言，洵所謂能吏也。乃未幾而或以贓汙著，或以殘刻聞，舉所謂貪吏、酷吏者，無一不出於能吏之中，彼誠有才以濟其惡耳。夫吏之賢者，悃愊無華，惻怛愛人，事上不爲詭隨，吏民同聲謂之不煩。度今世亦不少其人，而督撫薦剡曾未及此，毋亦輕視賢而重視能之故耶？抑以能吏卽賢吏耶？臣恐所謂能者非眞能也，以趨走便利而謂之能，則老成者爲遲鈍矣；以應對捷給而謂之能，則木訥者爲迂疏矣；以逞才喜事而謂之能，則鎭靜者爲怠緩矣；以武健嚴酷、不恤人言而謂之能，則勞於撫字、拙於鍛鍊者謂之沽名釣譽、才力不及，而摭拾細故以罷黜之矣。至於所取者潰敗決裂，則曰臣不合誤舉，聽部議而已。夫有誤舉必有誤劾，誤舉如此，則誤劾者何如？誤舉者猶可議其罪，誤劾者將何從問乎？臣以爲今之督撫，明作有功之意多，而惇大成裕之道少；損下益上之事多，而損上益下之義少：此治體所關也。皇上於凡丈量開墾、割裂州縣、改調牧令，一切紛更煩擾，皆行罷革。爲督撫者，度無不承流宣化，所慮者，彼或執其成心，飾非自護；意爲迎合，姑息偷安。臣敢請皇上特頒諭旨，剖析開導，俾於精明嚴肅之中，布優游寬大之政。所屬守令，敕於保題薦舉時，分列賢員、能員，然後條疏實事於下。能員有敗行，許自行檢舉；賢員著劣跡，則從重處分。倘所舉皆能而無賢，則非大吏乏正己率屬之方，卽賢者有壅於上聞之患。督撫之賢否，視所舉而瞭如矣。」疏入，上爲通諭諸督撫。

一士又請寬比附妖言之獄，並禁挾仇誣告，疏言：「古者太史采詩以觀民風，藉以知列邦政治之得失、風俗之美惡，卽虞書在治忽以出納五言之意，使下情之上達也。降及周季，子產猶不禁鄉校之議。惟是行僻而堅，言僞而辨，雖屬聞人，聖人亦必有兩觀之誅，誠恐其惑衆也。往者造作語言，顯有悖逆之迹，如罪人戴名世、汪景祺等，聖祖、世宗因其自蹈大逆而誅之，非得已也。若夫賦詩作文，語涉疑似，如陳鵬年任蘇州知府，游虎丘作詩，有密奏其大逆不道者，聖祖明示九卿，以爲『古來誣陷善類，大率如此』。如神之哲，洞察隱微，可爲萬世法。比年以來，小人不識兩朝所以誅殛大憝之故，往往挾睚眦之怨，借影響之詞，攻訐詩文，指摘字句。有司見事風生，多方窮鞫，或致波累師生，株連親故，破家亡命，甚可憫也。臣愚以爲井田封建，不過迂儒之常談，不可以爲生今反古；述懷咏史，不過詞人之習態，不可以爲援古刺今。卽有序跋偶遺紀年，亦或草茅一時失檢，非必果懷悖逆，敢於明布篇章。使以此類悉皆比附妖言，罪當不赦，將使天下告訐不休，士子以文爲戒，殊非國家義以正法、仁以包蒙之意。伏讀皇上諭旨，凡奏疏中從前避忌，一概掃除。仰見聖明廓然大度，卽古敷奏采風之盛。臣竊謂大廷之章奏尙捐忌諱，則在野之筆札焉用吹求？請敕下直省大吏，察從前有無此等獄案、現在不準援赦者，條列上請，以俟明旨欽定。嗣後凡有舉首文字者，苟無的確蹤跡，以所告之罪依律反坐，以爲挾仇誣告者戒。庶文字之累可蠲，告訐之風可息矣。」上亦如其議。

雍正間督各省開墾，督撫以是爲州縣課最，頗用以厲民。一士疏言：「開墾者所以愼重曠土，勸相農夫，本非爲國家益賦起見也。臣聞各省開墾，奉行未善，其流弊有二：一曰以熟作荒。州縣承上司意旨，並未勘實荒地若干，預報畝數，邀急公之名。逮明知荒地不足，卽責之現在熟田，以符報額。小民畏官，俯首而從之，咸曰：此卽新墾之荒地而已。一曰以荒作熟。荒地在河壖者，地低水溢，卽成沮洳；在山麓者，上土下石，堅不可掘：州縣悉入報墾之數。民貧乏食，止貪官給牛種草舍，餬旦夕之口，不顧地之不可墾也。十年之後，民不得不報熟，官不得不陞科。幸而薄收，完官不足。稍遇歲歉，卒歲無資，逃亡失業之患從此起矣。然且賦額一定，州縣不敢懸欠，督撫不敢開除，飛灑均攤諸弊，又將以熟田當之。是名爲開墾，有墾之名無墾之實也。茲二弊者，緣有司但求地利，罔惜貽害；大吏惟知慮始，不暇圖終：是以仁民之政，反啓累民之階。臣請敕下直省督撫，凡開墾地畝，無論已未陞科，俱令州縣官覆勘，內有熟田混報開墾，舉首除額，免其處分；如實爲新墾，具印結存案，少有虛僞，發覺從重治罪：則以熟作荒之弊可免矣。新墾應陞科，督撫遴員覆勘，磽确瘠薄，卽與免賦；倘因報墾在先，必令起賦，以貽民累，發覺從重治罪：則以荒作熟之弊亦可免矣。」

乾隆元年，遷工科給事中。故事，御史遷給事中，較資俸深淺。一士入臺僅六月，出上特擢。尋疏劾原任河東河道總督王士俊，疏未下，語聞於外。上疑一士自洩之，召對詰責，下吏議，當左遷，仍命寬之。一士復疏請復六科舊職，專司封駁，巡視城倉、漕鹽等差，皆不當與。又疏論各省工程報銷諸弊，請敕凡有營造開濬，以所須物料工匠遵例估定，榜示工作地方。又疏論州縣官讞獄，胥吏上下其手，竄改獄詞，請飭申禁。又疏論鹽政諸弊，請毋令商人公捐，禁司鹽官吏與商人交結；小民肩挑背負，戒毋苛捕；大商以便鹽船阻通行水道，戒毋堵截。皆下部議行。一士病哽噎，卽以是年卒。

一士晚達，在言官未一歲，而所建白皆有益於民生世道，朝野傳誦。聞其卒，皆重惜之。

李愼修，字思永，山東章丘人。康熙五十一年進士，授內閣中書。遷主事，出爲浙江杭州知府。雍正五年，入爲刑部郎中，歷十餘年，治獄多所平反。有侵帑獄，初議以挪移從末減，愼修執不可；或諷以上意，亦不爲動。乾隆初，出爲河南南汝光道，移湖北武漢黃德道，以憂去。服除，授江南驛鹽道。引見，高宗曰：「李愼修老成直爽，宜言官。」特除江西道監察御史。疏論戶部變亂錢法，苛急煩碎。歷舉前代利害，並言錢值將騰貴，窮極其弊。上元夜，賜諸王大臣觀煙火，愼修上疏諫，以爲玩物喪志。上喜爲詩，嘗召對，問能詩否，因進言：「皇上一日萬幾，恐以文翰妨政治，祈不以此勞聖慮。」上韙之，載其言於詩。嘗謂慎修曰：「是何眇小丈夫，乃能直言若此？」慎修對曰：「臣面陋而心善。」上爲大笑。復出爲湖南衡郴永道。十二年，乞病歸，卒。

高密李元直爲御史在其前，以剛直著。慎修與齊名，爲「山東二李」。京師稱元直「戇李」，慎修「短李」。

元直，字象山。康熙五十二年進士，改庶吉士，散館授編修。雍正七年，考選四川道監察御史，八閱月，章數十上。嘗歷詆用事諸大臣，謂：「朝廷都俞多，吁咈少，有堯、舜，無皋、夔。」上不懌，召所論列諸大臣大學士朱軾、張廷玉輩並及元直，詰之曰：「有是君必有是臣。果如汝所言無皋、夔，朕又安得爲堯、舜乎？」元直抗論不撓，上謂諸大臣曰：「彼言雖野，心乃無他。」次日，復召入，奬其敢言。會廣東貢荔枝至，以數枚賜之。未幾，命巡視臺灣，疏請增養廉、絕餽遺，並條上番民利病數十事。臺灣居海外，巡視御史至，每自視如客，事一聽於道府。元直悉反所爲，時下所屬問民疾苦。欲有所施措，督撫刻其侵官，遂鐫級去。家居二十餘年，卒。世宗嘗曰：「元直可保其不愛錢，但慮任事過急。」又嘗諭諸大臣曰：「甚矣才之難得！元直豈非眞任事人？乃剛氣逼人太甚。」元直晚年言及知遇，輒泣下。初在翰林，與孫嘉淦、謝濟世、陳法交，以古義相勗，時稱四君子。及嘉淦總督湖廣，治濟世獄，徇巡撫許容意，爲時論所不直，元直遂與疏焉。

法，字定齋，貴州安平人。康熙五十二年進士，自檢討官至直隸大名道。講學宗朱子，著明辨錄，辨陸、王之失。蒞政以教養爲先，手治文告，辭意懇摯。既久，人猶誦之。

胡定，字登賢，廣東保昌人。雍正十一年進士，改庶吉士，授檢討。乾隆五年，考選陝西道監察御史。七年，湖南巡撫許容劾糧道謝濟世，下湖廣總督孫嘉淦按治，將坐濟世罪，八年二月，定疏陳容陷濟世，嘉淦祖容狀，錄湖南民揭帖，謂布政使張璨、按察使王玠、長沙知府張琳、衡州通判方國寶、善化知縣樊德貽承容指，朋謀傾陷；並述京師民諺，目容爲媼，謂其妬賢嫉能如婦人之陰毒。疏入，上命戶部侍郎阿里衮如湖南會嘉淦覆勘，並令定從往。會湖南岳常道倉德密揭都察院，發璨請託私改文牘狀，阿里衮至湖南，雪濟世枉。上奪嘉淦、容等職，諭謂：「定爲言官，言事不實，自有應得之罪譴。今既實矣，若止爲濟世白寃抑，其事尚小；因此察出督撫等挾私誣陷，徇隱扶同，使人人知所儆戒，此則有裨於政治，爲益良多。至諸行省督撫舉劾必悉秉公心，方爲不負委任，若以愛憎爲舉劾，如嘉淦、容居心行事，豈不抱媿大廷，負慚夙夜？諸督撫當深自儆省，以嘉淦、容爲戒。」定於是負敢言名。

轉兵科給事中，巡視西城。求居民善惡著稱者，皆榜姓名於衢。民有訟者，卽時傳訊判結。西山臥佛寺被竊，同官誤以僧自盜奏，定廉得眞盜，僧得雪。旋以母老乞歸養。服除，復授福建道御史。疏論內務府郎中某朘民爲私利，按治事不實，奪職下刑部，久之讞定，罷歸。二十二年，上南巡，定迎駕杭州，復原銜。卒，年七十九。著有雙柏廬文集。

仲永檀，字襄西，山東濟寧人。乾隆元年進士，改庶吉士，授檢討。五年，考選陝西道監察御史。疏請酌減上元燈火聲樂，略言：「人君一日萬幾，一有暇逸之心，卽啓怠荒之漸。每歲上元前後，燈火聲樂，日有進御。願酌量裁減，豫養淸明之體。」上降旨，謂：「書云『不役耳目』，詩云『好樂無荒』，古聖賢垂訓，朕所夙夜兢兢而不敢忽者。惟是歲時讌賞，慶典自古有之，況元正獻歲，外藩蒙古朝覲有不可缺之典禮。朕踵舊制而行之，未嘗有所增益。至於國家政事，朕仍如常綜理，並未略有稽遲。永檀胸有所見，直陳無隱，是其可嘉處，朕亦知之。」

京師民俞君弼者，爲工部鑿匠，富無子。旣死，其戚許秉義謀爭產。內閣學士許王猷與同族，囑招九卿會其喪，示聲氣，且首君弼有藏鏹。步軍統領鄂善以聞，詔嚴鞫，秉義論罪如律，並奪王猷職，旨戒飭九卿。六年，永檀奏：「風聞鄂善受俞氏賄萬金，禮部侍郎吳家駒赴弔得其貲；又聞赴弔不僅九卿，大學士張廷玉以柬往，徐本、趙國麟俱親會，詹事陳浩爲奔走，謹據實密奏，備訪查。」又言：「密奏留中事，外間旋得消息，此必有私通左右暗爲宣洩者。權要有耳目，朝廷將不復有耳目矣。」疏入，上疑永檀妄言，命怡親王，和親王，大學士鄂爾泰、張廷玉、徐本，尚書訥親、來保按治，摘永檀奏宣洩密奏留中果何事，又謂權要私通左右，此時無可私通之左右，亦無能私通左右之權要，詰何所見，命直陳。鄂善僕及居間納賕者，皆承鄂善得兪氏賄，和親王等以聞。上召和親王、鄂爾泰、訥親、來保同鄂善入見，上溫諭導其言，鄂善乃承得白金千。上諭鄂善曰：「汝罪於律當絞。汝嘗爲大臣，不忍棄諸市。然汝亦何顏復立於人世乎？汝宜有以自處。」既又下和親王等會大學士張廷玉、福敏、徐本，尚書海望，侍郎舒赫德詳議，如上諭。乃命訥親、來保持王大臣奏示鄂善，鄂善乃言未嘗受賕。上因怒責鄂善欺罔，奪職下刑部，又命福敏、海望、舒赫德會鞫，論絞，上仍令賜死。家駒、浩並奪職。永檀答上詢宣洩留中事，舉吳士功密劾史貽直以對。和親王等諮察大學士趙國麟等赴兪氏會喪雖無其事，然語有所自來。上乃奬永檀摘奸發伏，直陳無隱，擢僉都御史。

國麟獨奏辨，言：「永檀風聞言事，以蒙恩坐論之崇班，而被以跪拜細人之醜行。事有流弊，宜防其漸。數有往復，當保其終。明季言路與政府各分門戶，互相擠排，綱紀寖以大壞。在今日權無旁撓，言無偏聽，寧爲未然之慮，不弛將至之防。乞特降諭旨，明示天下，以超擢永檀爲獎其果敢，宥其冒昧。嗣後凡詆斥大臣按之無實者，別有處分。則功過不相掩，而賞罰無偏曲。如以臣言過戇，乞賜罷斥，或容解退，以全初心。」上手詔謂：「超擢永檀，亦善善欲長、惡惡欲短之意，大學士所云，老成遠慮，朕甚嘉納。其入閣視事，毋違朕意。」而國麟求去益力，給事中盧秉純劾國麟，謂：「上詢國麟嘗會俞氏喪否，出以告其戚休致光祿寺卿劉藩長，語無狀。」上召藩長，令鄂爾泰、張廷玉、徐本、訥親、來保按其事，因謂藩長市井小人，國麟與論姻，又嘗奏薦，事非是。遣鄂爾泰等諭意，令請退。居數日，國麟疏不至，乃特詔左遷，留京師待缺。秉純語過當，藩長刺探何緣被譴，不謹，皆奪職。

又擢永檀左副都御史。貴州甕安民羅尙珍詣都察院訴家居原任四川巡撫王士俊侵其墓地，命永檀如貴州會總督張廣泗按治，士俊論罪如律。河南巡撫雅爾圖劾永檀自貴州還京師，道南陽，縱其僕撻村民，下部議罰俸。七年十二月，命如江南會巡撫周學健治賑，未行，永檀以密奏留中事告大學士鄂爾泰子鄂容安。上命奪職，下內務府愼刑司，令莊親王、履親王、和親王、平郡王，大學士張廷玉、徐本，尙書訥親、來保、哈達哈按其事。鄂容安、永檀自承未奏前商謀，旣奏後照會。王大臣等用洩漏機密事務律論罪，上責其結黨營私，用律不合，令會三法司覆讞。王大臣等因請刑訊，並奪大學士鄂爾泰職逮問，上謂鄂爾泰受遺大臣，不忍深究，下吏議，示薄罰。永檀、鄂容安亦不必刑訊，永檀受恩特擢，乃依附師門，有所論劾，無不豫先商酌，暗結黨援，排擠異己，罪重大；鄂容安罪亦無可逭，但較永檀當末減。命定擬具奏，奏未上，永檀卒於獄。鄂容安論戍，上寬之，語在鄂容安傳。

柴潮生，字禹門，浙江仁和人。雍正二年舉人，授內閣中書，充軍機處章京。累遷工部主事。乾隆七年，考選山西道監察御史。是歲旱，上降詔求言。潮生疏言：「君咨臣儆，治世之休風；益謙虧盈，檢身之至理。臣伏讀上諭有云：『爾九卿中能責難於君者何人？陳善閉邪者何事？』此誠我皇上虛懷若谷、從諫弗咈之盛心也。今歲入春以來，近京雨澤未經霑足，宵旰焦勞，無時或釋。惟是天時雨暘，難以窺測；而人事修省，不妨過爲責難。修省於事爲者，一動一言，純雜易見；修省於隱微者，不聞不見，朕兆難窺。君心爲萬化之源，普天率土，百司萬姓，皆於此託命焉。皇上萬幾餘暇，豈無陶情適興之時？但恐一念偶動，其端甚微，而自便自恕之機，或乘於不及覺，遂致潛滋暗長而莫可遏。則俄頃間之出入，卽爲皇功疏密所關。伏乞皇上於百爾臣工所不及見，左右近習所不及窺，朝夕愈加劼毖，豈特隨時修省致感召之休徵已哉？」

八年，天津、河間二府大旱。九年，潮生復疏言：「河間、天津二府經流之大河三：曰衞河，曰滹沱河，曰漳河。其餘河間分水之支河十有一，瀦水之淀泊十有七，蓄水之渠三；天津分水之支河十有三，瀦水之淀泊十有四，受水之沽六：水道至多。向若河渠深廣，蓄洩有方，旱歲不能全收灌溉之功，亦可得半。卽不然，而平日之蓄積，亦可支持數月，以需大澤之至。何至拋田棄宅，挈子攜妻，流離道路哉？水利之廢，卽此可知矣。甘霖一日不足，則賑費固不可已。臣竊以爲徒費之於賑恤，不如大發帑金，遴遣大臣經理畿輔水利，俾以濟饑民，消旱潦，且轉貧乏之區爲富饒。救時之急務，籌國之遠謨，莫以易此。臣考漢張堪爲漁陽太守，於狐奴開稻田八千頃，狐奴今昌平也。北齊裴延儁爲幽州刺史，修古督亢坡，溉田萬餘畝，督亢今涿州也。宋何承矩爲河北制置使，於雄、鄚、霸州興堰六百里灌田。明汪應蛟爲天津巡撫，捐俸開二千畝，畝收四五石。今東西二淀，卽承矩之塘濼，天津十字圍，卽應蛟水田之遺址。國朝李光地爲巡撫，請興河間水田，言涿州水佔之地，每畝售錢二百，開成水田畝易銀十兩。上年總督高斌請開永定河灌田，亦云查勘所至，衆情欣悅。臣聞石景山有莊頭修姓，自引渾河灌田，比常農畝收數倍。蠡縣亦有富戶自行鑿井，旱歲能收其利。霸州知州朱一蜚勸民開井二十餘口，民頗賴之。證之近事，復確有據，則水利之可興也決矣。今請特遣大臣齎帑金數十萬兩，往河間、天津二府，督同道府牧令，分委佐貳雜職，除運道所關，及滹沱正流水性暴急，愼勿輕動，其餘河渠淀泊，凡有故蹟可尋者，皆重加疏浚。又於河渠淀泊之旁，各開小河；小河之旁，各開大溝：皆務深廣，度水力不及則止。節次建立水門，遞相灌注。旱則引水入溝以溉田，潦則放閘歸河以洩水。其離水遼遠之處，每田一頃，掘井一口，十頃掘大塘一口，亦足供用。其中有侵及民田，並古陂廢堰爲民業已久者，皆計畝均分撥還，卽將現在受賑饑民及外來流民，停其賑給，按地分段，就工給值，酌予口糧，寧厚無減。一人在役，停其家賑糧二口；二人在役，停其家賑糧四口。其餘口及一戶皆不能執役者，仍如例給賑。其疏浚之處，有可耕種，卽借予工本，分年徵還。更請別簡大臣，齎帑金分巡直隸各府，一如河間、天津二府，次第舉行。或曰：『北土高燥，不宜稻種，土性沙鹻，水入卽滲，挖掘民地，易起怨聲。前朝徐貞明行之而立敗，怡賢親王與大學士朱軾之經理亦垂成而坐廢，可爲明鑒。』臣按九土之種異宜，未聞稻非冀州之產，玉田、豐潤秔稻油油。且今第爲之興水利耳，固不必强之爲水田也。或疏或浚，則用官資，可稻可禾，聽從民便。此不疑者一也。土性沙鹻，是誠有之，不過數處耳，豈偏地皆沙鹻乎？且卽使沙鹻，而多一行水之道，比聽其沖溢者不猶愈於已乎？此不疑者二也。若以溝渠爲捐地，尤非知農事者。凡力田者，務盡力而不貴多墾。今使十畝之地，捐一畝以蓄水，而九畝倍收，較十畝皆薄入孰利？況捐者又予撥還。此不疑者三也。至前人屢行屢罷，此亦有由，貞明所言百世之利，其時御史王之棟參劾，出於奄人勳戚之意。其疏亦第言滹沱不可開，未嘗言水田不可行也。但其募南人開墾，卽以地予之，又許占籍。左光斗之屯學亦然。是奪北人之田，又塞其功名之路，其致人言也宜矣。至營田四局，成績具在。當日効力差員，不無舉行未善，所以賢王一沒，遂過而廢之，非深識長算者之所出也。非常之原，黎民所懼，所貴持久，乃可有功。秦開鄭、白之渠，利及百世，而當時至欲殺水工鄭國。漢河東太守番係引汾水灌田，河渠數徙，田者不能償種。至唐長孫恕復鑿之，畝收十石。凡始事難，成事易。賡續以終之則是，中道而棄之則非。此不疑者四也。至水利既興，招募農師，造作水器，逐年作何經理，俾永無湮塞，應聽在事大臣詳加籌畫。皇上視民如子，凡有賑恤，千萬帑金亦無可惜。卽如開通京師溝道，估費二十餘萬，以視興修一省水利，輕重較然。況此舉乃以阜財，非以費財。天災國家代有，荒政未有百全，何如擲百萬於水濱，而立收國富民安之效？縱有堯災湯旱，亦可挹彼注茲，是謂無弊之賑恤。連年米價屢厪聖懷，盡停採買，豈可久行？捐監輸倉，亦非上策。若小民收穫素裕，自然二𥫔有資。臣訪問直隸士民，皆云：『有水之田較無水之田，相去不啻再倍。』是謂不竭之常平。近畿多八旗莊地，直隸亦京兆股肱，皆宜致之富饒，始可居重馭輕。漢武帝徙豪民於關中，明成祖遷富家於帝里，固非王政，不失深謀。若水利既興，自然軍民兩利，是謂無形之帑藏。且雨者水土之氣所上騰而下澤也，土氣太甚，則水氣受制。直隸近年以來，閔雨者屢矣。但使水土均調，自可雨暘時若，是謂有驗之調燮。且水性分之則利，合之則害；用之則利，棄之則害。故周用有言：『人人皆治田之人，卽人人皆治水之人。』張伯行亦主此論。陸隴其爲靈壽令，督民濬衞河。其始頗有怨言，謂開無水之河以病民；旣而水潦大至，獨靈壽有宣導，歲竟有秋。貨殖者旱則資舟，爲國者備斯無患，是謂隱寓之河防。今生齒日繁，民食漸絀。臣愚以爲盡興西北之水田，闢東南之荒地，則米價自然平減。但事體至大，請先以直隸爲端，行之有效，次第舉行。樂利萬年，庶其在此！」

十年，疏陳理財三策，言：「治天下要務，惟用人、理財兩大事。承平日久，供億浩繁，損上益下，日廑宸衷；而量入爲出，似尙未籌至計。禮曰：『財用足故百志成。』若少有窘乏，則蠲徵平賦、恤災厚下之大政俱不得施。遲之又久，則一切苟且之法隨之以起。此非天下之小故也。頃見臺臣請定會計疏，言每年所入三千六百萬，出亦三千六百萬。就今日計之，所入僅供所出。就異日計之，所入殆不足供所出。以皇上之仁明，國家之閒暇，而不籌一開源節流之法，爲萬世無弊之方，是爲失時。臣等荷恩，備官臺省，不能少竭涓埃，協贊遠謨，是爲負國。以臣之計，一曰開邊外之屯田以養閒散，一曰給數年之俸餉散遣漢軍，一曰改捐監之欵項以充公費，三者行而後良法美意可得而舉也。滿洲、蒙古、漢軍各有八旗，丁口蕃昌，視順治時蓋一衍爲十；而生計艱難，視康熙時已十不及五，而且仰給於官而不已。

局於五百里之內而不使出，則將來上之弊必如北宋之養兵，下之弊亦必如有明之宗室，此不可不籌通變者也。臣聞奉天沿邊諸地，水泉肥美，請遣幹略大臣，分道經理。視可屯之處，發帑建堡墩，起屋廬，置耕牛農具，令各旗滿洲除正身披甲在京當差，其次丁、餘丁力能耕者前往居住。所耕之田，卽付爲永業，分年扣完工本，更不陞科。惟令農隙操演，數年之後皆成勁卒。逐年發往軍臺之人，令其分地捐貲効力，此後有願往者，令其陸續前往。此安頓滿洲閒散之法也。漢軍八旗已奉聽其出旗之旨，以定例太拘，故散遣寥寥。今請不論出仕與否，概許出旗。其家現任居官者給三年俸餉，無居官者給六年俸餉。其家產許之隨帶，任其自便。則貧富各不失所，而五年以後國帑節省無窮。卽一時不能盡給，分作數年以次散遣，都統以下、章京以上各官，改補綠旗提鎭將弁。此安頓漢軍之法也。臣又按耗羨歸公，天下之大利，亦天下之大弊也。康熙間，法制寬略，州縣於地丁外私徵火耗，其陋規匿稅亦未盡釐剔。自耗羨歸公，一切弊竇悉滌而清之，是爲大利。然向者本出私徵，非同經費，其端介有司，不肯妄取，上司亦不敢强，賢且能者則以地方之財治地方之事，故康熙間循吏多實績可紀，而財用亦得流通。自耗羨歸公，輸納比於正供，出入操於內部，地丁公費，除官吏養廉無餘剩；官吏養廉，除分給幕客家丁修脯工資，及事上接下之應酬，輿馬蔬薪之繁費，亦無餘剩。地方有應行之事、應興之役，一絲一忽悉取公帑，有司上畏戶、工二部之駁詰，下畏身家之賠累，但取其事之美觀而無實濟者，日奔走之以爲勤。故曰天下之大弊也。夫生民之利有窮，故聖人之法必改。今耗羨歸公之法勢無可改，惟有爲地方別立一公項，俾任事者無財用窘乏之患，而後可課以治效之成。臣請將常平倉儲仍照舊例辦理，捐監一項留充各省公用，除官俸兵餉動用正項，餘若災傷當拯恤，孤貧當養贍，河渠水利當興修，貧民開墾當借給工本，壇廟、祠宇、橋梁、公廨當修治，採買倉穀價值不敷，皆於此動給，以地方之財，治地方之事。如有大役大費，則督撫合全省而通融之；又有不足，則移鄰省而協濟之。稽察屬司道，核減屬督撫，內部不必重加切核，則經費充裕，節目疏闊，而地方之實政皆可舉行。設官分職，付以人民，只可立法以懲貪，不可因噎而廢食。唐人減劉晏之船料，而漕運不繼；明人以周忱之耗米歸爲正項，致逋負百出，路多饑殍。大國不可以小道治，善理財者，固不如此。此捐監之宜充公費也。三法既行，則度支有定，經費有資，當今要務，無急於此者。伏乞皇上深留睿慮，敕公忠有識大臣，詳議施行。」

尋遷兵科給事中，巡視北城。乞歸侍母，孝養肫至。貧，以醫自給。久之，卒。

儲麟趾，字履醇，江南荊溪人。乾隆四年進士，改庶吉士，授編修。進諸經講義，援據儒先，責難陳善，辭旨醇美。十四年，考選貴州道監察御史。編修朱荃與大學士張廷玉有連，督四川學政，母死發喪綏。麟趾疏劾，語不避廷玉，高宗以是知其伉直。

嘗大旱，麟趾應詔上疏，略言：「臣聞天道若持衡然。故雨暘寒燠，無時不得其平；而氣化偶偏，必於亢陽伏陰示其象。然往來推行，久而必復其常者，天道之無私也。君道法天，亦若持衡然。故喜怒刑賞，無事不得其平；而意見偶偏，必於用人行政露其機。然斟酌損益，終必歸於大中至正者，君德之極盛也。漢臣董仲舒曰：『善言天者，必有驗於人，天人相應，捷於桴鼓。春秋所以詳書災異也。』皇上至聖極明，豈復有纖芥之事足以召祲而致災者？但愚臣蠡測管窺，以爲自古人主患不明，惟皇上患明之太過；自古人主患不斷，惟皇上患斷之太速。即如擢一官、黜一差，往往出人意表，爲擬議所不及。此則皇上意見之稍偏，而愚臣所謂聖明英斷之太過者也。史臣之贊堯曰：『乃聖乃神。』宋儒朱子曰：『聖人，神明不測之號。』夫所貴乎不測者，錯綜參伍，與時偕行，而非於彼於此不可思議之謂也。此雖不足上累聖德萬分之一，然臣尤願皇上開誠布公，太和翔洽，要使天下服皇上用人之至當，不必徒使天下驚皇上用人之甚奇。若云防微杜漸，不得不爾，則國法具在，試問諸臣行事邪正，又誰能欺皇上之洞鑒者？抑臣又聞之，唐臣韓愈曰：『獨陽爲旱，獨陰爲水。君陽臣陰，有君無臣，是以久旱。』今皇上宵衣旰食，焦勞於法宮之中，而王公大臣拱手備位，不聞出其謀畫，上贊主德，輔宣聖化。是君勞於上，臣逸於下，天道下濟而地道不能上行。其於致旱，理或宜然。臣區區之忱，願皇上虛中無我，一切用人行政，不改鑑空衡平之體。又於一二純誠憂國之大臣，時賜召對，清宴之餘，資其輔益。必能時雨時風，消殄旱災矣。」

麟趾累遷太僕寺卿，移宗人府府丞。引疾歸，家居十餘年。卒，年八十二。

論曰：諫臣之益人國，最上匡君德，次則綢繆軍國，洞百年之利害。若夫擊邪嶷患，嶽嶽不避權要，固亦有不易言者。高宗嗣服，虛己納諫。一士、愼修、潮生、麟趾，其所獻替，合陳善責難之誼。潮生所論理財三策尤閎遠，惜不能用也。定教許容，永檀彈鄂善，皆能舉其職者。永檀乃以漏言敗，異哉！

清史稿卷三百七

列傳九十四

尹繼善　劉於義　陳大受　張允隨　陳宏謀

尹繼善，字元長，章佳氏，滿洲鑲黃旗人，大學士尹泰子。雍正元年進士，改庶吉士，授編修。五年，遷侍講，尋署戶部郎中。上遣通政使留保等如廣東按布政使官達、按察使方願瑛受賕狀，以尹繼善偕。鞫實，卽以尹繼善署按察使。六年，授內閣侍讀學士，協理江南河務。是秋，署江蘇巡撫，七年，眞除。疏禁收漕規費，定石米費六分，半給旗丁，半給州縣，使無不足，然後裁以法。平糶盈餘，非公家之利，應存縣庫，常平倉捐穀聽民樂輸，不得隨漕勒徵。命如議行。又疏請崇明增設巡道，兼轄太倉、通州。並釐定永興、牛羊、大安諸沙分防將吏。福山增隸沙船，與京口、狼山諸汛會哨。又請移按察使駐蘇州，蘇松道駐上海。皆從之。旋署河道總督。九年，署兩江總督。十年，協辦江寧將軍，兼理兩淮鹽政。疏言：「鎮江水兵駐高資港，江寧水兵駐省會，各增置將吏。狼山復設趕繒大船，與鎮江、江寧水兵每月出巡察，庶長江數千里聲勢聯絡。」上嘉之。尹繼善請清察江蘇積欠田賦，上遣侍郎彭維新等助爲料理，又命浙江總督李衞與其事。察出康熙五十一年至雍正四年都計積虧一千十一萬，上命分別吏蝕、民欠，逐年帶徵。尹繼善等並議敍。又請改三江營同知爲鹽務道，並增設緝私將吏。

十一年，調雲貴廣西總督。思茅土酋刁興國爲亂，總督高其倬發兵討之，擒興國，餘黨未解。尹繼善至，諮於其倬，得竅要，檄總兵楊國華、董芳督兵深入，斬其酋三，及從亂者百餘。元江、臨安悉定。分兵進攻攸樂、思茅，東道撫定攸樂三十六寨，西道攻六困，破十五寨，降八十餘寨。疏聞，上諭曰：「勦撫名雖二事，恩威用豈兩端？當撫者不妨明示優容，當勦者亦宜顯施斬馘，俾知順則利，逆則害。今此攻心之師，卽寓將來善後之舉，是乃仁術也。識之！」十二年，奏定新闢苗疆諸事，請移清江鎮總兵於台拱，並移設同知以下官，增兵設汛，從之。又奏雲南濬土黃河，自土黃至百色，袤七百四十餘里。得旨嘉奬。尋詔廣西仍隸廣東總督。十三年，奏定貴州安籠等營制。貴州苗復亂，尹繼善發雲南兵，並徵湖廣、廣西兵策應。遣副將紀龍勦清平，參將哈尙德收新舊黃平二城，合兵徇重安。副將周儀等復餘慶，獲苗酋羅萬象等。總兵王無黨、韓勳勦八寨，總兵譚行義勦鎮遠。又令無黨合廣西、湖南兵與行義會，破苗寨，斬千餘級，獲苗酋阿九清等，苗亂乃定。乾隆元年，貴州別設總督，命尹繼善專督雲南。二年，奏豁雲南軍丁銀萬二千二百有奇。入覲，以父尹泰老，乞留京侍養。授刑部尚書，兼管兵部。三年，丁父憂。四年，加太子少保。五年，授川陝總督。郭羅克部番復爲亂，尹繼善檄諭番酋執爲盜者以獻，事旋定。六年，奏陳郭羅克善後諸事，請設土目，打牲予號片，寬積案，撤戍兵，上皆許之。七年，丁母憂。

八年，署兩江總督，協理河務。疏言：「毛城鋪天然壩，高郵三壩，皆宜仍舊。」上諭令斟酌，因時制宜。九年，衞入覲，還，上命傳旨開天然壩，且曰：「衞奏河水小，壩宜開。」尹繼善覆奏，略言：「衞不問河身深淺，但問河水大小，非知河者也。河淺壩開，宣流太過。湖弱不敵黃强，爲害滋甚。」上卒用尹繼善議。十年，實授兩江總督。十二年，疏言：「阜寧、高、寶諸地圩岸分年修治，務令圩外取土，挑濬成溝，量留涵洞，使旱澇有備。鳳、潁、泗三屬頻遭水患，河渠次第開濬，而田間圩塍實與爲表裏，亦陸續興修。俟有成效，推行遠近。」上諭曰：「此誠務本之圖，實力爲之。」

十三年，入覲，調兩廣，未行，授戶部尚書、協辦大學士、軍機處行走，兼正藍旗滿洲都統。未幾，復出署川陝總督。嗣以四川別設總督，命專督陝、甘。大學士傅恆經略金川，師經陝西，上獎尹繼善料理臺站、馬匹諸事，調度得宜。十四年，命參贊軍務，加太子太保。

十五年，西藏不靖，四川總督策楞統兵入藏，命兼管川陝總督。十六年，復調兩江。十七年，尹繼善以上江頻被水，疏請濬宿州睢河、彭家溝，泗州謝家溝，虹縣汴河上游，築宿州符離橋、靈壁新馬橋、砂疆河尾黃疃橋、翟家橋，詔如所請。羅田民馬朝柱爲亂，檄總兵牧光宗捕治，並親赴天堂寨，獲朝柱家屬、徒黨，得旨嘉獎，召詣京師。十八年，復調署陝甘總督。雍正間，開哈密蔡伯什湖屯田，乾隆初，以畀回民。貝子玉素富以屢歉收請罷。尹繼善奏言：「從前開渠引水，幾費經營。回民不諳耕作，頻歲歉收。萬畝屯田，棄之可惜。請選西安兵丁子弟，或招各衞民承種。」上韙其言。

調江南河道總督。十九年，疏言：「河水挾沙而行，停滯成灘。有灘則水射對岸，卽成險工。銅、沛、邳、睢、宿、虹諸地河道多灘，宜遵聖祖諭，於曲處取直，開引河，導溜歸中央，借水刷沙。河隄歲令加高，務使穩固，而青黃不接，亦寓賑於工。」詔如議行。命署兩江總督，兼江蘇巡撫。二十一年，疏請濬洪澤湖入江道，開石羊溝，引東西灣兩壩所減之水，芒稻閘達董家溝引河，引金灣閘壩所減之水，加寬廖家溝河口，引壁虎、鳳凰兩橋所減之水，並濬各河道上游，修天妃、靑龍、白駒諸閘，從之。實授兩江總督。二十二年，疏言：「沛縣地最卑，昭陽、微山諸湖環之，濟、泗、汶、滕諸水奔注。請於荆山橋外增建閘壩，使湖水暢流入運。又沂水自山東南入駱馬湖，出盧口入運，阻荆山橋出水。當相度堵修。」上以所言中形勢，嘉之。旋與侍郎夢麟等會督疏治淮、揚、徐、海支幹各河暨高、寶各工，是冬事竟，議敍。二十五年，上命增設布政使，尹繼善請分設江寧、蘇州二布政使，而移安徽布政使駐安慶。二十七年，上南巡，命爲御前大臣。二十九年，授文華殿大學士，仍留總督任。三十年，上南巡，尹繼善年七十，御書牓以賜。召入閣，兼領兵部事，充上書房總師傅。三十四年，兼翰林院掌院學士。三十六年，上東巡，命留京治事。四月，卒，贈太保，發帑五千治喪。令皇八子永璇奠醊，永璇，尹繼善壻也。賜祭葬，謚文端。

尹繼善釋褐五年，卽任封疆，年纔三十餘。涖政明敏，遇糾紛盤錯，紆徐料量，靡不妥貼。一督雲、貴，三督川、陝，四督兩江。在江南前後三十年，最久，民德之亦最深。世宗最賞李衞、鄂爾泰、田文鏡，嘗諭尹繼善，謂當學此三人。尹繼善奏曰：「李衞，臣學其勇，不學其粗。田文鏡，臣學其勤，不學其刻。鄂爾泰，宜學處多，然臣亦不學其愎。」世宗不以爲忤。高宗嘗謂：「我朝百餘年來，滿洲科目中惟鄂爾泰與尹繼善爲眞知學者。」御製懷舊詩復及之。子慶桂，自有傳。

劉於義，字喻旃，江蘇武進人。康熙五十一年進士，改庶吉士，授編修。在翰林文譽甚著，凡有撰擬，輒稱旨。雍正元年，命直南書房，遷中允。再遷侍講，督山西學政。三年，遷庶子，上諭以留心民事。歲飢，無積貯，奏請歲以耗羨四萬於太原、平陽、潞安、大同買米貯倉，春糶秋補，上命巡撫伊都立酌量舉行。四年，一歲四遷，擢倉場侍郎。倉吏積習，糶正米以購篩颺耗米抵額。於義嚴出入，稽餘米定數，宿弊一清。七年，命察覈西寧軍需。八年，遷吏部侍郎。命與侍郎牧可登如山東察賑，並按按察史唐綏祖劾濟南知府金允彝祖鄒平知縣袁舜裔虧空，論如律。

九年，授直隸河道總督。奏天津截留漕糧，省津貼諸費，但給地方官耗米百之一。又奏青龍灣諸地，侍郎何國宗議建鷄心閘十四阻水，當停。並請展壩面，使無礙水道。均如議行。擢刑部尚書，仍理河務。尋署直隸總督。直隸盜犯，依律不分首從皆斬。大名刦盜十餘案，每案數十人。於義以凶器祗田具，贓物僅米穀，乃饑民借糧爭奪，非盜，奏請得末減。直隸盜案視各省分首從自此始。

十年，署陝西總督。十一年，授吏部尚書，仍署總督。累疏言甘、涼爲軍需總匯，糧草價昂，兵餉不敷養贍。請酌借籽糧農器，於瓜州諸地開墾屯種，耕犁以馬代牛，並募耕夫二百，教回民農事。又於赤金、靖逆之北湃帶湖及塔兒灣築臺堡爲保障，安家窩鋪口別開渠供灌漑。又疏請甘、涼設馬廠，牧長、牧副，視太僕寺條例，歲十一月，察馬匹孳生多寡，爲弁兵升降賞罰。均如所請行。十三年，命大學士查郎阿代於義領陝西總督，予於義欽差大臣關防，留肅州專筦軍儲。乾隆元年，奏言：「蘭州浮橋始于前明，用二十四艘，兩埠鐵纜百二十丈。自有司遞減四舟，纜僅七十丈，於是埠基砌入河心，水益湍急，衝潰屢見。請動用公帑改復原式。庶河寬水緩，以便行旅。」得旨允行。

查郎阿入覲，於義仍署陝西總督。二年，召還京。三年，查郎阿劾承辦軍需道沈青崖等私運侵帑，辭連於義。上遣侍郎馬爾泰會查郎阿按治，於義坐奪官，並責償麥稞價銀三萬餘兩。甘肅自康熙末至雍正初，虧帑金一百六十餘萬，文書散缺。於義奉命察覈，逮任總督，部署西師往返，凡四年，屯田築堡，安集流移，輸送軍糧戰馬，其勞最多。以簿領過繁，得過亦由此。

五年，起署直隸布政使。七年，授福建巡撫，疏請裁減閩鹽課外加派。漳州民陳作謀、臺灣民王永興等謀爲亂，遣將吏捕治。八年，調山西，召補戶部尙書。九年，調吏部尙書、協辦大學士。御史柴潮生請修治直隸水利，命同直隸總督高斌勘察。議濬牤牛河，開白溝河支流，西淀亦開支河，東淀河道裁灣取直，子牙河疏河口，築隄界，別淸渾；疏鳳河，濬𣵽河淀，引唐河入保定河；濬正定諸泉，引以溉田；並修復營田舊渠閘。是爲初次應舉各工。十年，署直隸總督，加太子太保。是冬，報初次工竟。復議還鄉河裁灣取直，築運薊河西隄；挑張靑口支河、新安新河；拓廣利渠，望都至安肅開溝；並裁永定河兜灣。是爲二次應舉各工。引塌河淀漲水入薊運河；疏天津賈家口、靜海蘆北口諸河；及慶雲馬頰河、鹽山宣惠河。是爲三次應舉各工。又令署直隸河道總督，疏請減慶雲賦額。上命減地丁十之三，著爲令。十二年夏，報二、三次工竟。召還。

十三年二月，奏事養心殿，跪久致仆，遽卒。賜祭葬，謚文恪。

陳大受，字占咸，湖南祁陽人。幼沉敏，初授內則，卽退習其儀。既長，家貧，躬耕山麓。同舍漁者夜出捕魚，爲候門，讀書不輟。雍正十一年，成進士，選庶吉士。乾隆元年，授編修。二年，大考翰詹諸臣，日午，上御座以待。大受卷先奏，列第一，超擢侍讀。五遷吏部侍郎。四年，授安徽巡撫。初視事，決疑獄，老吏駭其精敏。廬、鳳、潁諸府時多盜，有司多諱匿，大受定限嚴緝，月獲盜五十輩，得旨褒美。淮南、北洊饑，發倉穀賑之。穀且盡，繼以麥。又告糴江南、廣東，且發且儲。時頻歲饑民掠米麥以食，有司以盜論。哀其情，奏原六十餘人。麥熟，禁躧麴造酒及大商囤積。又以高阜斜陂不宜稻麥。福建安溪有旱稻名畬粟，不須溉灌，前總督郝玉麟得其種，教民試藝有獲。因令有司多購，分給各州縣，俾民因地種植。事聞，上諭曰：「諸凡如此留心，甚慰朕懷。」

是年，調江蘇，疏請飭糧道較定各州縣漕斛，及先冬令民搜蝻子。屢諭嘉奬，並以搜蝻子法令直隸總督高斌仿行。常州、鎭江、太倉三府州被水災，發倉治賑。江南舊多借堰圩塘，或有久廢者，被水後尤多潰敗，工鉅費重，民力不能勝。大受出官粟借之，召民興築，計時而成。於江浦繕三合、永豐、北城諸圩，於句容復郭西塘黃堰，蘇州、太倉疏劉家河，灌漑瀦洩，諸工畢舉。七年秋，黃河決古溝、石林，高、寶、興、泰、徐諸州縣罹其患，大受馳視以聞。上命截漕米協濟，大受乃命多具舟，候水至分載四出，舳艫數百里，一日而徧。丹陽運河口藉湖水灌輸，淤沙需疏濬，大受奏定六年大修，每年小修。後高宗南巡，御製反李白丁都護歌曰：「豈無疏濬方，天工在人補。輪年大小修，往來通商賈。」蓋嘉其奏定歲修法利於漕運也。

十年，有旨蠲明年天下錢糧，大受疏請核准漕項科則，曉諭周知；彙覈地丁耗羨，同漕項並完；酌定業戶減租分數，通飭遵行。得旨嘉奬。戶部議禁商人貯米，大受謂：「商人貯米，得少利卽散，貯不過一歲，民且利焉。請弛禁便。」又言：「城工核減，意在節用。用省而工惡，再修且倍之。」上皆韙其言。常州俗好佛，家設靜堂，自立名教。江寧、松江、太倉漸染其習。大受疏請飭有司防禁，移佛入廟；堂內人田屋產，量爲處置。上諭曰：「此等事須實力，不可欲速。不然，則所謂好事不如無也。」

十一年，加太子少保，調福建。十二年，疏言：「近海商民，例許往暹羅造船販米。內渡時若有船無米，應倍稅示罰。」部議從之。疏言：「巡臺御史巡南北二路，臺灣、鳳山、諸羅、彰化四縣具廚傳犒賞，往往濫准詞訟。又於額設胥役外，俾奸民注籍，恃符生事。」上命自乾隆五年起，巡臺御史均下部嚴議。又疏言：「臺灣番民生業艱難，向漢民重息稱貸。子女田產，每被盤折。請撥臺穀二萬石分貯諸羅、彰化、淡水諸縣，視鳳山例接濟。其不願借者聽。」報可。臺灣民、番雜處，土音非譯不通。有奸民殺人賄通事，移坐番罪，疑之，再鞫，竟得白。或言海上有島十四，爲田萬餘畝，可開墾，前政以入告。大受以島地久在禁令，一旦開禁，聚人既多，生奸尤易。設兵彈壓，爲費彌甚，利不敵害，輒奏罷之。召授兵部尚書。十三年，調吏部，協辦大學士、軍機處行走。十四年，金川平，晉太子太傅。秋，署直隸總督。十五年，授兩廣總督。陛辭請訓，上曰：「汝直軍機處兩年，萬幾之事，皆所目擊，卽朕訓也。何贅辭？惟中外一心足矣。」尋命協理粵海關。兩粵去京師遠，吏媮民哤，大受以猛治之，舉劾不法吏，政令大行。十六年，以病乞解任，溫詔慰留。未幾，卒，賜祭葬，謚文肅，祀賢良祠。

大受眉目皆上起，豐髯有威。淸節推海內。以微時極貧，祿不逮親養，自奉如布衣時。子輝祖，自有傳。

張允隨，字觀臣，漢軍鑲黃旗人。祖一魁，福建邵武知府，有政績，祀名宦。允隨入貲爲光祿寺典簿，遷江南寧國同知，擢雲南楚雄知府。雍正元年，調廣南。丁母憂，總督鄂爾泰等請留司銅廠。二年，授曲靖知府，擢糧儲道。鄂爾泰復薦可大任，上召入見。五年，擢按察使。未幾，遷布政使。雲南產銅供鑄錢，寶源、寶泉二局需銅急，責委員領帑採洋銅，洋銅不時至。允隨綜銅廠事，察知舊廠產尚富，增其值。民樂於開採，舊廠復盛。又開大龍、湯丹諸新廠，歲得銅八九百萬斤供用。乃停採洋銅，國帑省，官累亦除。八年，調貴州。未幾，授雲南巡撫。允隨宦雲南久，熟知郡國利病，山川險要，苗、夷情狀。十一年，思茅土酋刁興國糾徼外苦蔥蠻等爲亂，蔓延數州縣。允隨與總督高其倬遣兵討之，思茅圍解。亂苗遁攸樂，知縣章綸以事詣會城，至蠻蜂村，遇寇死。允隨趣兵進，擒興國。餘衆走臨安，復擊破之。允隨疏以鎭沅、思樂府縣皆新改土爲流，請立學，設教職，定學額。又疏以雲南各府州或兵少米多，請以額徵秋米石折銀一兩；或兵多米少，請以額徵條銀兩收米一石。十二年，疏請於廣西府開爐鼓鑄。皆下部議行。十三年，疏報蒙化墾田二十六頃有奇。

乾隆二年，署雲南總督。疏言：「雲南水利與他省不同，水自山出，勢若建瓴。大率水高田低，自上而下，當濬溝渠，使盤旋曲折，承以木梘、石槽，引使溉田。偶有田高水低，則宜車戽。又或雨後水急，則宜塘蓄。低道小港水阻恐傍溢，則宜疏水口使得暢流。山多沙磧，水發嫌迅激，則宜築隄埝，俾護田畝。臣令有司勘修，工小，令於農隙按田出夫，督率興作；工稍大者，出夫外，應需工料，令集士民公議需費多寡。有田用水者，按田定銀數，借庫帑興工。工畢，分年還款。工大非民力能勝，詳情覆勘，以官莊變價，留充工費。」報聞。

三年，請停鑄錢運京。是冬，入覲。四年，正歲，上宴廷臣，賦柏梁體詩，允隨與焉。五年，疏言：「雲南鹽不敷民食，安寧得洪源井，試煎，年獲二十一萬餘斤。麗江得老姆井，試煎，年獲十八萬餘斤。分地行銷，定爲年額。」上獎爲有益之事。署貴州總督。六年，廣東妖民黃順等遁匿貴州境，有司捕得奏聞。上諭曰：「汝不以五日京兆自居，盡心治事可嘉。」

復署雲南總督。兵部議各省有增設兵額，量加裁減。允隨奏：「雲南昭通、普洱二鎮有增設兵額，地處邊要，未可裁減。惟有通覈合省標、鎮、營、協，按額均減，分計則兵裁無幾，合計則餉省已多。標、鎮、營、協應裁兵一千一百六十，先裁餘丁四百四十八。餘俟缺出停補。」從之。允隨請濬金沙江，上命都統新柱、四川總督尹繼善會勘。疏言：「金沙江發源西域，入雲南，經麗江、鶴慶、永北、姚安、武定、東川、昭通七府，至敍州入川江。東川府以下，南岸隸雲南，北岸隸四川。營汛分布，田廬相望。至大井壩以上，南岸尙有田廬，北岸皆高山。山後沙馬、阿都兩土司地，從前舟楫所不至。自烏蒙改流設鎮，雲南兵米，每歲糴自四川，皆自敍州新開灘至永嘉黃草坪五百八十里，泝流而上。更上自黃草坪至金沙廠六十里，商舶往來。臣等相度，內有大漢漕、凹崖、三腔、鑼鍋耳諸灘險惡，應行修理。更上自金沙廠至溜田壩二百二十七里，十二灘，溜田壩最險，次則小溜筒。臣等相度開鑿子河。更上自雙佛灘至蜈蚣嶺，十五灘相接，石巨工艱。臣等令改修陸路，以避其險。雲南地處極邊，民無蓋藏，設遇水旱，米價增昂。今開通川道，有備無患。」上諭曰：「旣可開通，妥協爲之，以成此善舉。」允隨主辦其役，計程千三百餘里，費帑十餘萬，經年而工成。

八年，疏言：「大理洱海發源鶴慶瀰沮河，至大理，合蒼山十八溪，匯而成海。下自波羅甸出天生橋，趨瀾滄江。海袤百二十里，廣二十餘里；而天生橋海口寬不及丈，每致倒流，淹浸濱海民田。臣飭將海口疏治寬深，自波羅甸下達天生橋，分段開濬，疊石爲隄，外栽茨柳，爲近水州縣袪漫溢之患。海口涸出田萬餘畝，令附近居民承墾，卽責墾戶五年一大修，按田出夫，合力疏濬。」授雲南總督，兼管巡撫。九年，疏報東川阿壩租得銅礦，試煎，月得銅四萬餘斤。十年，加太子少保。

十二年，授雲貴總督。疏言：「苗、倮種類雖殊，皆具人心。如果撫馭得宜，自不至激成事變。臣嚴飭苗疆文武，毋許私收濫派，並禁胥役滋擾。至苗民爲亂，往往由漢奸勾結。臣飭有司稽察捕治。」又疏言：「貴州思州諸府與湖南相接，今有辰、沅饑民百餘入貴州境採蕨而食。臣已飭貴州布政使、糧驛道以公使銀賑濟。如有續至，一體散給安置。」諸疏上，並嘉奬。十五年，入覲，授東閣大學士，兼禮部尙書，加太子太保。十六年，卒，賜祭葬，謚文和。

陳宏謀，字汝咨，廣西臨桂人。爲諸生，卽留心時事，聞有邸報至，必借觀之。自題座右，謂「必爲世上不可少之人，爲世人不能作之事」。雍正元年恩科，世所謂春鄉秋會。宏謀舉鄉試第一，成進士，改庶吉士，授檢討。四年，授吏部郎中。七年，考選浙江道御史，仍兼郎中。監生舊有考職，多以人代。世宗知其弊，令自首，而州縣吏藉察訪爲民擾。宏謀疏請禁將來，寬既往。召見，徵詰再三，申論甚晰，乃允其奏，以是知其能。授揚州知府，仍帶御史銜，得便宜奏事。丁父憂，上官留之，辭，不許。遷江南驛鹽道，仍帶御史銜，攝安徽布政使。又丁母憂，命留任，因乞假歸葬。

十一年，擢雲南布政使。初，廣西巡撫金鉷奏令廢員墾田報部，以額稅抵銀得復官，報墾三十餘萬畝。宏謀奏言：「此曹急於復官，止就各州縣求有餘熟田，量給工本，卽作新墾。田不增而賦日重，民甚病之，請罷前例。」上命雲南廣西總督尹繼善察實，尹繼善請將虛墾地畝冒領工本覈實追繳。乾隆元年，部議再敕兩廣總督鄂彌達會鉷詳勘。宏謀劾鉷欺公累民，開捐報墾不下二十餘萬畝，實未墾成一畝，請盡數豁除。時鉷內遷刑部侍郎，具疏辨。

上命鄂彌達會巡撫楊超曾確勘。二年，宏謀復密疏極論其事。高宗責「宏謀不待議覆，又爲是瀆奏。粵人屢陳粵事，恐啓鄉紳挾持朝議之漸」。交部議，降調。尋鄂彌達等會奏，報墾田畝多不實，請分別減豁。鉄以下降黜有差。

三年，授宏謀直隸天津道。五年，遷江蘇按察使。六年，遷江寧布政使，甫到官，擢甘肅巡撫，未行，調江西。九年，調陝西。十一年，復調回江西。尋又調湖北。十二年，川陝總督慶復劾宏謀在陝西愛憎任情，好自作聰明，不持政體。部議奪官，上命留任。未幾，復調陝西。上諭曰：「此汝駕輕就熟之地，當秉公持重，毋立異，毋沽名。能去此結習，尚可造就也。」署陝甘總督。十五年，加兵部侍郎。其冬，河決陽武。調河南巡撫。十七年，調福建。十九年，復調陝西。二十年，調甘肅。再調湖南，疏劾布政使楊灝侵扣穀價。上嘉其不瞻徇，論灝罪如律。二十一年，又調陝西。

二十二年，調江蘇。入覲，上詢及各省水災，奏言皆因上游爲衆水所匯，而下游無所歸宿，當通局籌辦。上以所言中肯綮，命自河南赴江蘇循途察勘。十二月，遷兩廣總督，諭曰：「宏謀籍廣西，但久任封疆，朕所深信。且總督節制兩省，專駐廣東，不必廻避。」二十三年，命以總督銜仍管江蘇巡撫，加太子少傅。二十四年，坐督兩廣時請增撥鹽商帑本，上責「宏謀市恩沽名，痼習未改」。下部議奪官，命仍留任。又以督屬捕蝗不力，奪總督銜，仍留巡撫任。二十六年，又以失察濟墅關侵漁舞弊，議罷任，詔原之，諭責「宏謀模棱之習，一成不變」。調撫湖南。二十八年，遷兵部尚書，署湖廣總督，仍兼巡撫。召入京，授吏部尚書，加太子太保。

宏謀外任三十餘年，歷行省十有二，歷任二十有一。蒞官無久暫，必究人心風俗之得失，及民間利病當興革者，分條鉤考，次第舉行。諸州縣村莊河道，繪圖懸於壁，環復審視，興作皆就理。察吏甚嚴，然所劾必擇其尤不肖者一二人，使足怵衆而止。學以不欺爲本，與人言政，輒引之於學，謂：「仕卽學也，盡吾心焉而已。」故所施各當，人咸安之。

在揚州值水災，奏請遣送飢民回籍，官給口糧，得補入賑册，報可。鹽政令淮商於稅額外歲輸銀助國用，自雍正元年始，積數千萬，率以空數報部。及部檄移取，始追徵，實陰虧正課，宏謀奏停之。

在雲南，方用兵倮夷，運糧苦道遠，改轉搬遞運，民便之。增銅廠工本，聽民得鬻餘銅，民爭趨之。更鑿新鑛，銅日盛，遂罷購洋銅。立義學七百餘所，令苗民得就學，教之書。刻孝經、小學及所輯綱鑑、大學衍義，分布各屬。其後邊人及苗民多能讀書取科第，宏謀之教也。

在天津，屢乘小舟咨訪水利，得放淤法，水漲挾沙行，導之從隄左入、隄右出。如是者數四，沙沉土高，滄、景諸州悉成沃壤。按察江蘇，設弭盜之法，重誣良之令，嚴禁淹親柩及火葬者。

在江西，歲饑，告糴於湖廣。發帑繕城垣，築堰埭，修圩隄閘壩，以工代賑。南昌城南羅絲港爲贛水所趨，善衝突，建石隄捍之。左蠡朱磯當衆水之衝，亦築隄百丈，水患以平。又以錢貴，奏請俟雲南銅解京過九江，留五十五萬五千斤，開爐鼓鑄；並以舊設爐六，請增爐四：詔並許之。又以倉儲多虧缺，請令民捐監，於本省收穀，以一年爲限。限滿，上命再收一年。又以民俗尚氣好訐訟，請令各道按行所屬州縣，察有司，自理詞訟，毋使延閣滋累。上命實力督率，毋徒爲具文。

在陝西，募江、浙善育蠶者導民蠶，久之利漸著。高原恆苦旱，勸民種山薯及雜樹，鑿井二萬八千有奇，造水車，敎民用以灌溉。陝西無水道，惟商州龍駒寨通漢江，灘險僅行小舟。宏謀令疏鑿，行旅便之。又以陝西各屬常平倉多空廒，亦令以捐監納穀。並請開爐鑄錢，如江西例。戶部撥運洋銅，鑄罄，採雲南銅應用，錢價以平。請修文、武、成、康四王及周公、太公陵墓，卽以陵墓外餘地召租得息，歲葺治。皆下部議行。

在河南，請修太行隄。又以歸德地窪下，議疏商丘豐樂河、古宋河，夏邑響河，永城巴溝河，民力不勝，請發帑濬治。

既至福建，歲歉米貴，內地仰食臺灣，而商船載米有定額，奏弛其禁以便民。又疏言福建民嚚競多訟，立限月爲稽覈，以已未結案件多寡，課州縣吏勤惰。又言福建地狹民稠，多出海爲商，年久例不准回籍。請令察實內地良民或已死而妻妾子女願還里者，不論年例，許其回籍，從之。

在湖南，禁洞庭濱湖民壅水爲田，以寬湖流，使水不爲患，歲大熟。江南災，奏運倉穀二十萬石濟之，仍買民穀還倉。

再至陝西，聞甘肅軍需缺錢，撥局錢二百萬貫濟餉，上嘉其得大臣任事體。疏請興關外水利，濬赤金、靖逆、柳溝、安西、沙州諸地泉源，上命後政議行。又以準噶爾既內附，請定互市地，以茶易馬充軍用，詔從之。

其治南河，大要因其故道，開通淤淺，俾暢流入海。督民治溝洫，引水由支達幹，時其蓄洩。徐、海諸州多棄地，遇雨輒淫溢，課民開溝，卽以土築圩，多設涵洞爲旱潦備；低地則令種蘆葦，薄其賦。其在江蘇，尤專意水利，疏丁家溝，展金灣壩，濬徐六涇白茆口，洩太湖水，築崇明土塘禦海潮，開各屬城河。又疏言：「蘇州向設普濟、育嬰、廣仁、錫類諸堂，收養煢獨老病，並及棄嬰。請將通州、崇明濱海淤灘，除附近民業著聽升科，餘撥入堂。又通州、崇明界新漲玉心洲，兩地民互爭，請併撥入，以息爭競。」上諭曰：「不但一舉而數善備，汝亦因此得名也。」

及督湖廣，疏言：「洞庭湖濱居民多築圍墾田，與水爭地，請多掘水口，使私圍盡成廢壤，自不敢再築。」上諭曰：「宏謀此舉，不爲煦嫗小惠，得封疆之體。」

逮入長吏部，疏言：「文武官弁，均有捕盜之責。乃州縣捕役，平時豢盜，營兵捕得，就讞時任其狡展，或且爲之開脫。嗣後應令原獲營員會訊。」上嘉其所見切中事理。又疏言：「河工辦料，應令管河各道親驗加結。失事例應文武分償，而參游例不及，應酌改畫一。」下河督議行。又言：「匿名揭帖，循例當抵罪，所告款內有無虛實，仍應按治。則宵小不得逞奸，有司亦知所警。」上亦韙之。

二十九年，命協辦大學士。三十二年，授東閣大學士，兼工部尚書。三十四年，以病請告，迭諭慰留。三十六年春，病甚，允致仕，加太子太傅，食俸如故。賜御用冠服，命其孫刑部主事蘭森侍歸。詔所經處有司在二十里內料理護行。上東巡，覲天津行在，賜詩寵其行。六月，行至兗州韓莊，卒於舟次，年七十六。命祀賢良祠，賜祭葬，謚文恭。

宏謀早歲刻苦自勵，治宋五子之學，宗薛瑄、高攀龍，內行修飭。及入仕，本所學以爲設施。蒞政必計久遠，規模宏大，措置審詳。嘗言：「是非度之於己，毀譽聽之於人，得失安之於數。」輯古今嘉言懿行，爲五種遺規，尙名教，厚風俗，親切而詳備。奏疏文檄，亦多爲世所誦。曾孫繼昌，字蓮史。嘉慶二十四年鄉試，二十五年會試、廷試，俱第一，授修撰。歷官至江西布政使。

論曰：乾隆間論疆吏之賢者，尹繼善與陳宏謀其最也。尹繼善寬和敏達，臨事恆若有餘；宏謀勞心焦思，不遑夙夜，而民感之則同。宏謀學尤醇，所至惓惓民生風俗，古所謂大儒之效也。於義督軍儲、策水利，皆秩秩有條理。大受剛正，屬吏憚之若神明，然論政重大體，非苟爲苛察者比。允隨鎭南疆久，澤民之尤大者，航金沙江障洱海，去後民思，與江南之懷尹繼善、陳宏謀略相等，懿哉！

淸史稿卷三百八

列傳九十五

那蘇圖 楊超曾 徐士林 邵基 王師 尹會一 王恕 方顯 子桂 馮光裕 楊錫紱 潘思榘 胡寶瑔

那蘇圖，戴佳氏，字羲文，滿洲鑲黃旗人。康熙五十年，襲拖沙喇哈番世職，授藍翎侍衞。雍正初，四遷兵部侍郎。八年，調奉天將軍。乾隆元年，擢兵部尚書。二年，調刑部，授兩江總督。四年，出爲黑龍江將軍。協辦吏部尚書顧琮請江、浙沿海設塘堡，復衞所，下督撫詳議。三年，那蘇圖奏：「明沿海衞、所武事廢弛，我朝裁衞改營，江南有金山、柘林、青村、南匯、川沙、吳淞、劉河諸營，提督駐松江控制。崇明、狼山二鎭對峙海口，塘汛聲勢連絡，無庸復設衞、所。瀕海礮臺，應改建者一，華亭漴缺墩；應增建者二：柘林南門，福山挑山嘴；應移建者一，吳淞王家嘴；應修者一，劉河北七丫口。」並請改舊制，撤牆設垛，置木蓋，留貯藥之屋；並請城茜涇，設兵崇明西南二條監河、顧四房溝、堂沙頭港諸地。下部議行。江南旱，上命撥福建倉穀三十萬石治賑。那蘇圖奏言：「江、廣諸省買米，次第運至，無災州縣，本年漕糧全數截留，兩江不患無米。福建海疆重地，且不產米，請留十萬石分撥災區，以二十萬石運還福建。」上嘉其得封疆大臣之度。四年，詔免兩江地丁錢糧。奏言：「向例蠲免不分貧富，但富戶遇歉，未傷元氣；貧民素乏蓋藏，多免一分，卽受一分之惠。請以各州縣實徵册爲據，額根五錢以下者全蠲，五錢以上者酌量蠲免，五兩以上者無庸議蠲。」上諭曰：「卿能如此酌議，如此擔當，誠爲可嘉。古人云『有治人無治法』，當訪察胥役，毋令因事擾民，則全美矣。」以憂去。

五年，授刑部尚書。旋出署湖廣總督。六年，調兩江。七年，調閩浙。疏裁閩省鹽場浮費，場員受年節規禮，以不枉法贓論罪。八年，疏言：「溫、台二洋，漁船汛兵，向有陋規。總督李衞奏改塗稅，嵇曾筠又請減半徵收。漁船出洋，海關徵樑頭稅，有司徵漁課，不當復加塗稅。」命永遠革除。九年，疏言：「臺灣孤懸海外，漳、泉、潮、惠流民聚居，巡臺御史熊學鵬議令開荒。臣思曠土久封，遽行召墾，恐匪徒滋事，已令中止。」報聞。

旋調兩廣。十年，條奏：「兩廣鹽政，請以商欠鹽價羨餘分年帶徵。商已承替，令承替者償；官或侵漁，令侵漁者償。埠商占引地，逋成本，斥逐另募。鹽課外加二五加一，並屬私派，悉行禁革。」又調直隸。十一年，條奏八旗屯田章程。十二年，上東巡，那蘇圖從至通州，賚白金萬。條奏稽察山海關諸事，並如所奏議行。加太子少傅。十三年，加太子太保，授領侍衞內大臣，仍留總督任。那蘇圖請赴金川軍前佐班第治事，上不許。十四年，命暫署河道總督。卒，賜祭葬，諡恪勤。

楊超曾，字孟班，湖南武陵人。康熙五十四年進士，改庶吉士，授編修。雍正四年，直南書房。時湖南北甫分闈，命充湖北鄉試考官。旋督陝西學政。再遷左庶子。六年，疏陳：「鎭安、山陽、商南、平利、紫陽、石泉、白河諸縣士風衰落，西安、漢中各屬冒考，號爲寄籍，諸弊叢生。請就本籍量取，寧缺無濫。並改寄籍者歸本籍，廩增俱作附生。」議行。調順天學政。遷侍讀學士。九年，擢奉天府尹。疏言：「奉天各屬科派多於正供，造册有費，考試有費，修廨宇、治保甲有費。長官取之州縣，州縣取之民間，衙蠹里胥，指一派十，嬰害尤劇。已嚴檄所屬檄鑴石禁。」上韙之，下其奏永爲例。十年，疏言：「秋收稍歉，明春米穀勢必騰貴，請停商運。」下部議行。十一年，疏言：「州縣所收加一耗羨，自錦州、寧遠外，俱留充州縣養廉。府尹以下養廉，以中江等稅羨支給。」部議卽以是年始，著爲令。內務府准御史八十條奏，增錦州莊頭百戶撥民種退圈地畝。超曾奏：「地給民種，立業已久。今增莊頭百戶，戶給六百五十晌，晌六畝，都計三十九萬畝。民間萬戶，無地可耕，一時斷難安輯。且正值春耕，清丈動需時日，舊戶新莊俱不能播種，本年賦必兩懸。請緩俟秋收查丈。」事遂寢。遷倉場侍郎。十二年，擢刑部額外侍郎，仍督倉場如故。旋授刑部侍郎。

乾隆元年，署廣西巡撫，二年，實授。疏請豁除桂林等府縣各墟及賀縣花廨地租雜稅。初，巡撫金鉷奏令廢員官生墾荒報捐，有司因以爲利，搜民間有餘熟田，量給工本，即作新墾。雲南布政使陳宏謀疏陳其弊，下總督鄂彌達及超曾覈覆。會疏陳捐墾不實田畝，應減應豁及官生短給工本諸事，上命豁加賦虛田凡數萬畝，鉷及布政使張鉞皆奪官。三年，召授兵部尚書。

五年夏，署兩江總督。秋，授吏部尚書，仍署總督。疏劾江西巡撫岳濬及知府董文偉、劉永錫徇情納賄，遣侍郎阿里衮會江南河道總督高斌按治，濬等坐譴。六年，疏請裁太通道、揚州鹽務道，以通州隸常鎮道轄，餘如舊，可其奏。兼署安徽巡撫。秋，大風雨，濱江、海諸州縣皆被水。超曾令先以本州縣所存銀米撫卹，並發司庫銀八萬、未被水諸州縣倉米十萬，賑上江各州縣；又發司庫銀十萬、各縣穀百餘萬，賑下江各州縣。疏入，上諭曰：「料理賑卹，頗爲得宜。當以至誠惻怛爲之，庶可稍救災黎也。」通州鹽河亦以水發輟工，督治水利大理寺卿汪漋、副都御史德爾敏令開唐家閘洩水。民慮淹及麥田，紛集欲罷市。侍郎楊嗣璟疏劾，命超曾按其事。超曾奏：「民無挾制阻撓情狀，似可無事深究。」上從之。復疏薦江蘇巡撫徐士林處己儉約，安徽巡撫陳大受虛中無滯，江西巡撫包括性情和平，惟吏玩民刁，鮮所整頓。上諭曰：「此至當至公之論，與朕見同也。」尋內召視部事，以父憂歸，籍槀喪次。病作，七年，卒，賜祭葬，謚文敏。

徐士林，字式儒，山東文登人。父農也，士林幼聞鄰塾讀書聲，慕之，跪母前曰：「願送兒入塾。」乃奮志勵學。康熙五十二年，成進士，授內閣中書。再遷禮部員外郎。雍正五年，授江南安慶知府。十年，擢江蘇按察使。坐在安慶失察私鑄，左遷福建汀漳道。漳州俗好鬬，殺人，捕之，輒聚衆據山拒。或請用兵，士林不可。命壯丁分扼要隘，三日，度其食且盡，遣人深入，好語曰：「垂手出山者免！」如其言，果逐隊出。伏其仇於旁，仇舉爲首者，擒以徇，衆驚散。自此捕殺人者，無敢據山拒。

乾隆元年，遷河南布政使。以父病乞歸侍，旋居父喪。命署江蘇布政使，士林以母病、父未葬，辭。四年，命以布政使護江蘇巡撫，復奏母病篤不能行。是年夏，詣京師，高宗召對，問：「道所經山東、直隸，麥收若何？」曰：「旱且萎。」問：「得雨如何？」曰：「雖雨無益。」問：「何以用人？」曰：「工獻納者，雖敏非才；昧是非者，雖廉實蠹。」上深然之。眞除江蘇布政使。五年，湖廣遣山東流民還里，道經江南，恃其衆擾民。士林疏言：「眞確災民，或有田可耕，或無田而佃，素皆力穡。時值春融，自當資送復業。至若游惰無業，漂泊日久，彼固非能耕之人，亦不盡被災之民，應請停資送。或謂無籍窮民，恐流而爲匪，終年搜查遞送不得休。臣未聞不爲匪於本籍，獨爲匪於鄰封者；亦未聞眞爲匪者遞回本籍，卽能務本力田而不復潛至鄰封者也。安分則撫之，犯法則懲之，在地方官處置得宜而已。」上是其言，下九卿議行。

秋，授江蘇巡撫。湖北巡撫崔紀以湖廣食淮鹽，自雍正元年定值，遞年加增，爲民累，疏請核減，命士林會鹽政準泰核議。士林奏：「鹽爲民食所資，貴固累民，賤亦累商。今確核成本，每引賤價以五兩三錢餘爲率，貴價以五兩七錢餘爲率。商人計子母，若令按本出售，恐商力日絀，轉運不前，民亦所未便。請每引酌給餘息二三錢。」疏下戶部議，成本如所定，至餘息已在成本內，無庸酌給。士林奏：「商人牟利，運鹽不時至，市值卽因之而長。鹽政三保原議每引賤至六兩三錢餘，貴至六兩五錢餘，是實有餘息。今臣所議已將餘息減除，僅加息二三錢。計售於民，每斤增不過以毫計，利已至薄。祇以商本饒裕，常年通算，積少成多。今不給餘息，商情必生退阻。倘漢口運鹽不繼，恐淮商困而楚民亦病也。」上特從之。是歲徐、海水災，士林疏請治賑。六年春，復疏請酌借貧民穀麥。沛縣災最重，請發藩庫餘平銀糴米續賑。別疏言：「江蘇社穀積貯無多，去年秋成，惟徐、海被災，餘俱豐稔。臣飭諸州縣勸捐十餘萬石，仍戒勿强派，勿限數，勿差役滋擾。」上深嘉之。尋以病請告，溫旨慰留，遣醫診視。又疏言：「淮北被水，二麥無收，急宜撫卹。臣不敢泥成例，已先飭發庫帑賑濟，俟察實成災分數具題。」上諭曰：「如此料理，甚副朕視民如傷之念。」

及秋，病益甚，疏請乞假，且言：「母年八十三，未能迎養，睽違兩載，寢食靡寧。」上允之。行至淮安，卒。遺疏入，上諭曰：「士林忠孝性成，以母老遠離，不受妻孥之養，鞠躬盡瘁，遂致沉痾。及得假後，力疾旋里，以圖侍母。臨終無一語及私，勸朕以憂盛危明之心爲長治久安之計。此等良臣，方資倚任。乃今溘逝，朕實切切含悲不能自已者也！」命祀京師賢良祠，賜祭葬。遺疏言：「故父之淮，母鞠氏，孝養祖父母，侍病二十餘年，歷久不懈。懇賜表揚。」命予旌如例。

士林善治獄。爲巡撫，守令來謁，輒具獄命擬判，每誡之曰：「深文傷和，姑息養奸。夫律例猶本草，其情事萬端，如病者之經絡虛實，不善用藥者殺人，不善用律者亦如之。」凡讞定必先摘大略牌示，始發繕文册，吏不得因緣爲奸。日治官文書，至夜坐白木榻，一燈熒然，手批目覽，雖除夕、元辰弗輟。愛民憂國，惟日不足。江南民尤德之。九年，請祀蘇州名宦祠。鄞縣邵基、臨汾王師與士林先後撫江蘇，有淸名。

基，字學阯。康熙六十年進士，改庶吉士。雍正三年，授編修。考選福建道御史。巡中城，止司坊官饋遺商市月樁錢，釐積案，奸宄惕息。巡直隸順德、大名、廣平三府，以廉勤飭使事。遷戶科給事中，命在上書房行走。四遷國子監祭酒，立教術五條，勉生徒以正學。歷右通政、左僉都御史，並仍兼祭酒。十二年，遷右副都御史，擢吏部侍郎。疏言：「彊梗屬員，以上官將予參劾，輒先發制人。往往參本未到，揭帖已至。質訊虛誣，按律治罪，上官已被其累。請嗣後上官恃勢，屬員受屈，仍許直揭部科；其有誣揭者，於本罪外加重科斷。」議行。尋兼翰林院掌院學士。

乾隆元年，充博學鴻詞閱卷官。出爲江蘇巡撫。二年，疏言：「江蘇各屬，江、海交錯，全資水利。運道、官河及湖海鉅工，自當發帑官修。其支河汊港，蓄水灌田，向皆民力疏濬。近悉請官帑，似非執中無弊。請將運河及江、河、湖、海專資通洩之處，仍發庫帑估修；其餘河港圩岸，令有司勸民以時疏濬修築，庶公私兩益。」下部議，從之。時以治賑收捐，基疏爭，略言：「天下傳皇上新政，首罷捐例。今爲樂善好施之例，是開捐而巧更其名也。周官荒政十二，未聞乞靈于貲郎。」上命停止，戶部持不可，卒行之。上以基題補按察使戴永椿，知府王喬林、石杰皆同鄉，道員李梅賓、盧見曾皆同年，不知避嫌，嚴旨詰責。基旋卒。子鐸，官檢討，早卒。孫洪，賜舉人，官至禮部侍郎，亦有淸名。

師，字貞甫。雍正八年進士，以知縣發直隸。十一年，授元城知縣。王勝疃蕪田數百畝，歲有徵，請除其累。導民樹藝，沙壤成沃，歲祲不待請而賑。調清苑，遷冀州知州。州民被誣爲殺人，已定讞，民所聘女誓同死。廉得實，覆鞫，雪其枉，俾完娶。累遷清河道，從大學士高斌等規畫直隸水利，周歷保定、河間、天津、正定諸地，所擘畫多被采用。擢直隸按察使。乾隆十一年，遷浙江布政使，調江蘇，巡撫安寧劾，解任。又以按察使任內失察邪教，降補天津道。再授浙江布政使。十五年，擢江蘇巡撫，免沛縣昭陽湖淹地老荒廠地徵課。尋卒。子亶望，自有傳。

尹會一，字元孚，直隸博野人。雍正二年進士，分工部學習，授主事，遷員外郎。五年，出爲襄陽知府。漢水暴漲，壞護城石堤。會一督修建，分植巡功，民忘其勞。創八蜡廟，表諸葛亮所居山，復爲茅廬其上。署荊州，石首饑民聚衆，揚言將劫倉穀。會一單騎往諭，繫其强悍者，發倉穀次第散予之，衆悅服。九年，調江南揚州知府，濬新舊城市河通舟楫，濬城西蜀岡下河灌田疇。十一年，遷兩淮鹽運使。新安定書院，士興於學。高宗即位，就加僉都御史銜，擢兩淮鹽政。

乾隆二年，入覲，命署廣東巡撫，以母老辭。調署河南巡撫。河南方閔雨，疏請緩徵，並發倉平糶，不拘存七糶三舊例，視緩急爲多寡，上從之。尋疏言：「力田貴乘天時。河南民時宜播種，尙未舉耜；時宜耘耔，始行播種。臣擬分析種植先後，刊諭老農，督率勸勉。如工本不敷，許借倉穀，秋後補還。北方地闊，一夫所耕，自七八十畝至百餘畝，力散工薄。臣勸諭田主，授田以三十畝爲率。分多種之田給無田之人，則游民亦少。河南多鹹鹺沙地，犂去三尺，則鹹少而潤澤。臣責成鄉保就隙地植所宜木，則地無曠土。河南產木棉，而商賈販於江南，民家有機杼者百不得一。擬動公項製造給領。廣勸婦女，互相仿傚。」上諭之曰：「酌量而行，不可欲速，不可終怠。若民不樂從，尤不可繩以法也。」旋命實授。三年，上以河南歲稔，敕籌備倉穀。會一疏言：「河南歲豐，直隸、江南歲歉，商販紛集，米價日昂。臣飭有司，本地價高，於鄰縣買補；鄰縣價高，報明不敷銀，在各屬盈餘款內均撥。河南民食麥爲上，高粱、蕎麥、豆次之。臣並令參酌糴貯，來春先儘糶借。」上嘉之。

四年，黃河、沁水共漲，瀕河四十七州縣成災。會一定賑恤規條十六，無食者予一月之糧，無居者予葺屋之資，緩徵減糶，留漕運貸倉米，米不足，移他郡之粟助之，富民周濟；並假餘屋以棲貧窶，建棚舍，安流亡，免米稅，興工代賑，種蕎菁助民食，助耔種，施藥餌，延諸生稽察；又令離鄉求食者，有司隨在廩給，開以作業，俟改歲東作資送還鄉。御史宮煥文劾會一本年報盜百六十餘案，秋審招冊駁改至三十餘案，疲玩貽誤，上以會一忠厚謹愼，非有心誤公，召授左副都御史。疏陳：「人主一言，天下屬耳目。今方甄別年老不勝任之員，而饒州知府張鍾以年老改部屬，旬日間前後頓殊，羣下無所法守。」上嘉納之。

會一母年七十餘，疏請終養。上知會一孝母，母李先以節孝旌，有賢名，賜詩褒之。會一在官有善政，必歸美於母。家居設義倉，置義田，興義學，謂皆出母意。母卒，會一年已逾五十，居喪一遵古禮。十一年，服闋，召授工部侍郎，督江蘇學政。

十二年，上敕各省學政按試時，以御纂四經取與舊說別異處發問，答不失指者，童入學，生補廩。會一請令生童册報考試經解，別期發問，不在册報者，不概補經解。下部議行。會一以江南文勝，風以質行。嘗謁東林道南祠，刻小學頒示士子。處士是鏡廬墓隱舜山，親訪之，薦於朝。侍郎方苞屏居清涼山，徒步造訪，執弟子禮。校文詳愼，士林悅服。十三年，轉吏部，仍留學政任。力疾按試，至松江，卒。遺疏請任賢納諫。巡撫雅爾哈善奏准入名宦祠。

子嘉銓，自舉人授刑部主事，再遷郎中。授山東濟東道，再遷甘肅布政使。改大理寺卿，休致。乾隆四十六年，上巡幸保定，嘉銓遣其子齎奏，爲會一乞謚；又請以湯斌、范文程、李光地、顧八代、張伯行及會一從祀孔子廟。上責其謬妄，逮至京師親鞫之，坐極刑，改絞死。上以嘉銓自著年譜，載與刑部簽商緩決，並稱大學士爲「相國」，又編本朝名臣言行錄，屢降旨深斥之。

王恕，字中安，四川銅梁人。康熙六十年進士，改庶吉士。雍正元年，吏部以員外郎缺員，請以庶吉士揀補，恕與焉。旋自員外郎遷郎中。考選廣西道御史。轉兵科給事中。出爲江南江安糧道，再遷廣東布政使。乾隆五年，署福建巡撫。上諭之曰：「勉力務實，勿粉飾外觀。封疆大吏不可徒自立無過之地，遂謂可保祿全身也。」旋奏：「臣到任數月，官方民俗，積儲兵防，已得其大略。漳、泉素刁悍，已嚴諭有司勤爲聽斷，力行整刷。民俗尚華靡，督臣德沛以儉樸化民，臣更當倡導爲助。合省常平倉穀，至四年歲終，共存一百三十四萬，又收捐監穀十五萬，委道府切實察覈。」報聞。六年，奏言：「臺灣各縣最稱難治。於繁缺知縣內揀選調補，多以處分被駁。請嗣後調臺官員，雖有經徵承追各案，準予題調。」上諭曰：「用此定例則不可，隨本奏請則可。」又奏：「各鄉社穀向俱借存寺廟，請於四鄉村鎭適中處分建倉房，工費卽以社穀撥充，俟將來續收補項。」又奏免崇安無田浮賦一千二百五十一頃，及閩縣加徵無著學租。又奏：「福建多山田，零星合計成畝。嗣後民間開墾不及一畝，與雖及一畝而地角山頭不相毗連者，免其升科。」均從之。實授巡撫。

江蘇布政使安凝條奏賑務，上發各督撫察閱。恕疏言：「救災之法有三：曰賑，曰糶，曰借。此三者，實心辦理則益民，奉行不善則害政。以賑而論，地方有司於倉猝查報時，分極貧、次貧。一有差等，便啓弊端。里甲於此酬恩怨，胥役於此得上下，而民之冀幸而生觖望者，更不待言。蓋貧富易辨，極次難分。如以有田爲次貧，無田爲極貧，一遇旱澇，顆粒皆無，有田與無田等也。如以有家爲次貧，無家爲極貧，則無從得食，相忍守飢，完聚與煢獨同也。與其倉猝分別開爭競之門，莫如一視同仁絕覬覦之望。臣愚以爲初賑似應一律散給，加賑再行分別，庶杜爭端。以糶而論，定例石減時價一錢，俾小民升斗易求，牙商居奇無望，誠接濟良法。乃有司每多請過減，倘輕聽準行，勢必希圖多糶，規利者雲集喧囂。且米價太賤，商販不前。臣請嗣後平糶，仍照定例斟酌辦理，使災民實沾升斗之惠，而棍徒囤戶難行冒濫之奸。以借而論，動公家之銀，爲百姓謀有無、通匱乏，此周官恤貧遺法也。然使辦理未協，則官民交累。假如荒年田土無力耕種，有司借給耔種，猶可穫時即償。若告貸銀米以給口食，則必計其能還而後與之，狡黠之流遂謂官有偏私，不免造謗生事。有司不得已略爲變通，而無力還官，差拘徵比，民無安息。是始則借不能遍，因爭鬨而被刑；繼則還不能清，迫追呼而更困。名爲利民，實爲病民。且年久不清，蒙恩豁免，帑項終歸無著。臣以爲與其借而無償，莫如賑而不借。此皆當先事而熟籌者也。」報聞。旋以官按察使時刪改囚供，下吏部，召詣京師。上以恕居官賢否詢閩浙總督策楞，又命新任巡撫劉於義考察。策楞言「恕操守廉潔，老成持重，惟識力不能堅定」；於義亦言「恕廉潔，百姓俱稱安靜和平，絕無擾累。惟不能振作」。上謂兩奏皆至公之論。尋補浙江布政使。旋卒。

恕治事不苟。初授湖北糧道，押運赴淮，以船戶挾私鹽，自請總督糾劾。任江安糧道，整飭漕務尤有聲。充福建鄉試監臨，武生邱鵬飛以五經舉第一，士論不平，奏請覆試。尋察出實使其弟代作，吏議降調，上特寬之。

子汝璧，字鎮之。乾隆三十一年進士，授吏部主事。累遷郎中。出爲直隸順德知府，調保定。因承審建昌盜馬十未親鞫，奪官戍軍臺。尋准贖罪，降授同知，署直隸宣化府同知。累擢大名道。嘉慶四年，擢山東按察使。五年，遷江蘇布政使。六年，護理巡撫。旋授安徽巡撫。七年，請增設潁州督捕同知。湖廣總督吳熊光等奏湖廣需兵米，請於安徽糴十萬石。上以安徽方缺雨，令酌量。汝璧奏：「湖廣軍需事要，當如數撥運。請視嘉慶二年例，先運六萬石。」如所請。尋奏太湖續報成災，請緩徵，並劾府縣勘報遲延。上以督撫查辦災賑，於奏報後續行查出災區，往往迴護屬吏，將小民疾苦置之不問。汝璧獨據實參奏，因深嘉之。八年，召授內閣學士，擢禮部侍郎。旋復授安徽巡撫。九年，召授兵部侍郎，調刑部。因病，請解任。十一年，卒。

汝璧兄汝嘉，後汝璧六年成進士，官檢討。

方顯，字周謨，湖南巴陵人。自歲貢生授湘鄉教諭，稍遷廣西恭城知縣。雍正四年，詔諸行省舉賢能吏，布政使黃叔琬以顯應，超擢貴州鎭遠知府。値歲饑，捐俸賫粥食饑民，民頌之。總督鄂爾泰議開苗疆，改土歸流，雲南東川、烏蒙、鎭雄諸土府旣內屬，貴州苗未服。貴州苗大者，南曰古州、曰八寨，西南曰丹江，東北曰九股、曰淸水江。九股、淸水江界鎭遠，丹江界凱里，八寨界都勻，古州界黎平，參錯萬山中，地方三千里，衆數十萬，恆出剽掠。鄂爾泰召顯問狀，顯力言宜如雲南例改土歸流。問勦與撫宜孰施，對曰：「二者宜並施。第先撫後勦，旣勦則仍歸於撫耳。」因條上十六事，曰：別良頑，審先後，禁騷擾，耐繁難，防邀截，戒姑息，宥脅從，除漢奸，繳軍器，編戶口，輕錢糧，簡條約，設重兵，建城垣，分塘汛，疏河道，各爲之說甚備，鄂爾泰韙之。檄按察使張廣泗招撫古州、丹江、八寨諸苗，而以九股、淸水江諸苗屬顯。

六年，顯自梁上進次挨磨、者磨，再進次柏枝坪，宣諭諸苗，撫定淸水江生苗十六寨、九股屬台拱生苗數寨。冬，廣泗已戡定丹江，顯續招淸水江生苗七寨、九股屬陶賴生苗十三寨。施秉有盜匿台拱農二寨，副將張尙謨捕不得，欲屠之。苗懼，逃林谷，將爲變。顯聞之，曰：「如此則諸苗人人自危。」獨馳入苗寨，寨空無人，顯則宿寨中。翌旦，張蓋出，令從者繞林谷呼苗出，撫諭之曰：「汝曹速歸寨卽良民，天子必不殺良民。」苗感泣，相率歸寨。顯益宿寨中三日，苗縛施秉盜以獻。七年三月，廣泗以清水江南岸諸寨尚懷觀望，檄顯與尚謨率兵循北岸徼巡。次柳羅，南岸公鵝、柳利、雞擺尾諸寨苗渡江來攻，顯督兵禦之，殺數十人。苗衆師寡，尚謨欲引退，顯不可，固守待援。廣泗師至，圍乃解。廣泗用顯議，散諸寨，專攻公鵝，破之，諸寨皆聽命。鄂爾泰奏置貴東道，卽以命顯，仍駐兵清江。顯申軍令，誓將士毋掠，毋淫，毋踐田穀，苗民有來愬者，爲處其曲直；乃益築城郭，建官廨，治礮臺營房，苗民競來助役。九年，諸工竟。顯巡行視塘汛，黔、楚商船上下相接，苗民皆悅服。事粗定，尋授顯按察使。

台拱者，苗中扼要地也，鄂爾泰議置營於此。十年，巡撫張廣泗奏請顯董其事。秋，羊翁、烏羅、桃賴諸寨苗爲亂，九股諸苗附之，攻台拱。顯與總兵趙文英嚴爲備，擊走之。進破羊翁寨。苗夜至，顯以兵少，令人爇兩炷香手之爲火繩狀以怖苗，苗走，退踞排略。排略者台拱隘，我師餉道所必經。台拱師僅二千五百人，苗數萬，援兵再敗。自賊始攻，或欲棄之走，顯拒之。及圍久糧盡，宰馬以食，迫冬寒，衆洶洶不自保，議潰圍退保下秉。顯曰：「台拱失，古州、清江諸寨皆煽動。苟免，失臣節；撓敗，損國威。事急，死此耳。」衆感奮，會總兵霍昇援至。苗奪我後山，樵路絕，顯夜出兵奪以還。苗攻益急，顯怒馬擊之，衆殊死戰，苗敗走。乘勝拔烏盂、井底二寨，取米穀餉軍。昇兵亦克大關入，顯率兵出夾擊，苗大潰。凡堅守六十九日而圍解。提督哈元生師繼至，破蓮花寨悍苗。九股苗復定。自鄂爾泰議開貴州苗疆，事發於廣泗，而策決於顯，卒終始其事，崎嶇前後七年而事集。

乾隆元年，丁母憂，去官。三年，服除，授四川布政使。四年，署巡撫。大小金川、雜谷、梭磨、沃日、革布什咱諸土司相仇殺，顯遣人諭之，事稍解。議者欲乘此視雲南、貴州例，令改土歸流。顯疏言：「雜谷、梭磨，吐番後裔，其巢穴在唐爲維州，戶口十餘萬。金川與接壤，戶口不過數萬。雜谷憚金川之强，金川則畏雜谷之衆，彼此鉗制，邊境乂安。固不可任其爭競，亦不可强其和協。沿邊生番，留之可爲內地捍衞。從前川省調用土兵，亦供徵發。至其同類操戈，原未擾及內地。前經化誨，亦尙凜遵。設欲改土歸流，非惟彈丸土司無裨尺寸，且所給印信號紙，一經追取，卽成無統屬之生番。稍有違抗，又費經營。」奏入，上以所見甚是，褒之，寢前議未行。旋與總督鄂彌達、提督鄭文煥疏言小金川與雜谷、梭磨畫界，以所侵必色多六寨歸雜谷、梭磨；又與沃日畫界，以隴堡等三寨隸沃日，美因等二寨隸小金川。大金川與革布什咱二土司搆爭，檄建昌道李學裕開諭，革布什咱建轉經樓詛大金川，令卽燬除，大金川亦歸所侵蓋古地。邊外諸土司亂悉平。

郭羅克番爲亂，走匿色利溝，遣兵圍捕，土酋蒙柯縱使走。顯令總兵潘紹周按治，奏聞，上諭曰：「此等事汝固應就近料理，亦當與總督熟商。」總督，黃廷桂也。四川亂民號嘓嚕子，爲民害。顯疏言：「四川自明末兵燹，屠戮殆盡。我朝戡定後，各省移民來者多失業之民，奸頑叢集。有所謂嘓嚕子，結連黨羽，暗藏刀斧，晝夜盜劫。臣嚴諭捕治，並令編保甲，整塘汛，以清其源。」得旨：「實力奉行，毋視爲虛文。」

五年，授廣西巡撫。時顯方病目，聞命赴新任，上嘉其急公。旋請回籍調理，上慰留之。六年，顯病目未愈，命太醫院選眼科馳往醫治。尋以疾亟，請告回里。卒。

顯蒞政明而恕。文煥嘗奏顯「爽直坦白，政治勤敏，遇事彼此悉心商榷，推誠共濟」。上嘉文煥論甚正。顯嘗奏薦學裕，因及夔州知府崔景儁「賦性巧滑，以其悛改，姑從寬恕」。上諭曰：「似此考察屬吏，且宥過錄長，得用人之要矣。」

桂，顯子，字友蘭。從顯平貴州苗有功，議敍。父喪終，以知縣發廣東，補英德，調潮陽。以善折獄名。舉卓異，擢雲南昆陽知州，署安寧。乾隆二十年，擢臨安知府，署澂江。調東川，丁母憂。服除，授甘肅鞏昌知府。鞏昌及平涼、慶陽三府饑，詔發西安藩庫銀六十萬治賑，大吏檄桂任其事。至平涼，饑民待食急，適部撥城工銀三十萬先至，桂以便宜留治賑，饑民賴以全。三十三年，遷浙江寧紹台道。故事，定海戰艦九歲更造，則移致寧波船廠，取其值輸之官，名曰「折變」。奉檄裁戰艦，桂請視時值倍之，部駁坐短估，戍伊犂。三十七年，放還。卒。

馮光裕，字叔益，山西代州人。康熙五十年舉人。雍正元年，以薦授雲南大姚知縣。大姚賦少而耗重，積逋數萬。光裕不取耗，視負尤多者薄責之，逋賦悉淸。民以耗重故，輒寄大戶造僞券占田，吏毁其籍。光裕檢毁未盡者藏之，按牒辨其僞，歸田故主，民尤頌之。遷貴州銅仁同知，赴闕引見。時古州苗方亂，世宗詢及之，光裕對苗不可盡殺，宜隨機化導，令歸版圖，上韙其言。既行，擢思州知府，未任，改雲南永北。永北介金沙江外，與四川連界，苗、倮竄其中，有事則兩界相諉。總督鄂爾泰命往勘，光裕輕騎往，倮從谷中出，挺刃相向。光裕策馬前，諭以利害，倮羅拜聽命，各散去。鄂爾泰疏請改知麗江，仍兼理永北事。未幾，擢驛鹽道。八年，東川、烏蒙倮叛，鄂爾泰檄光裕會鎭將討平之，擢按察使。烏蒙俘七千人，語不可通，譯者面謾莫能詰。光裕集羣譯於使院，分室居之，訊一人，經數譯乃得其情。倮姓名多同，爲編次年貌，驗決無誤，省釋者甚衆。廣西州民李天保以邪教聚衆殆千人，檄光裕按治。光裕曰：「愚民茹蔬奉佛，非有異志。」薄其罪，焚籍，置不問。

十一年，擢貴州布政使。十三年，古州苗叛，都江、淸江、八寨、丹江、台拱諸新附苗皆應。師討之，光裕督餉，令民應役，厚與直，行得持械自衞。募熟苗爲助，畀以木符，戒官兵無妄殺，皆踴躍應募。師集十餘萬，皆得宿飽。軍罷，民被兵者無所棲止，給草舍居之，賦以衣食，復業者二十餘萬戶。貴州賦銀八萬八千、米十五萬五千，光裕奏請蠲免。高宗卽位，命被兵地停徵三年。又奏：「古州、丹江諸苗剿除殆盡，荒田空寨，遠近相望。當募民居苗寨，墾苗田，設屯置衞，行保甲法，授降苗所納軍器，俾農隙講肄，以壯聲援、省餽餉。」得旨允行。

乾隆四年，擢湖南巡撫。鎭筸紅苗叛，光裕督兵捕治，不三月而平。疾，乞假，聞城步、綏寧苗復勾結粵瑤爲亂，密咨兩廣總督籌協捕。尋卒。遺疏猶言：「二縣困於兵，請免今年租。」上從其請。

子祁，乾隆二年進士，官編修。孫廷丞，舉人，以廕生授光祿寺署正，官至湖北按察使。

楊錫紱，字方來，江西清江人。雍正五年進士，授吏部主事。累遷郎中。考選貴州道御史。十年，授廣東肇羅道。肇慶瀕海，藉圍基衞田。歲親涖修築，終任無水患。乾隆元年，署廣西布政使，尋實授。請禁州縣以土產餽上官。六年，授廣西巡撫。貴州土苗石金元爲亂，焚永從縣治。會貴州、湖廣兵剿擒之。旣而遷江土苗復爲亂，謀犯思恩府。檄兵往捕，得其渠李尙彩及其黨八十餘。七年，奏言：「廣西未行保甲。苗、僮雖殊種，多聚族而居，原有頭人，略諳事體。請因其舊制，寓以稽覈。苗、瑤、伶、僮各就其俗爲變通。」詔嘉之。尋又奏言：「設兵以衞民，乃反以累民：城守兵欺凌負販，攫取薪蔬；塘汛兵驅役村莊，恣爲飲博。臣於撫標訪察懲治，請敕封疆大臣共相釐剔。」得旨允行。八年，梧州知府戴肇名餽人葠，詭其名曰「長生果」，卻之，具以聞，上諭曰：「汝可謂不愧四知矣。」廣西民有逃入安南者，捕得下諸獄，疏聞，上命重處，錫紱即杖殺之。上諭曰：「朕前批示，令其具讞明正典刑。乃錫紱誤會，即斃杖下。此皆當死罪人，設使不應死者死，則死者不可復生矣。」下部議處。九年，授禮部侍郎。

十年，授湖南巡撫。奏言：「周禮：遂人治野，百里之間，爲澮者一，爲洫者百，爲溝者萬，捐膏腴之地以爲溝洫。誠以蓄洩有時，則旱潦不爲患，所棄小、所利大也。後世阡陌既開，溝洫雖廢，然陂澤池塘尙與田畝相依，近水則腴，遠水則瘠。湖南濱臨洞庭，愚民昧于遠計，往往廢水利而圖田工。甚至數畝之塘，培土改田；一灣之澗，絕流種蓺。彼徒狃於雨暘時若，以爲無害；不知偶值旱潦，得不償失。且溪澗之水，遠近所資，若截墾爲田，則上溢下漫，無不受累。官吏以改則陞科爲勸墾之功，亦復貪利忘害，溝洫遂致盡廢。臣以爲關係水利，當以地予水而後水不爲害，田亦受益。請敕各省督撫，凡有池塘陂澤處所，嚴禁改墾。」上以各省米價騰貴，諭各督撫體察陳奏，錫紱疏言：「米貴由於積漸。上諭謂處處積貯，年年採買，民間所出，半入倉庾，此爲米貴之一端。臣生長鄉村，世勤耕作，見康熙間石不過二三錢，雍正間需四五錢，今則五六錢。戶口多則需穀多，價亦逐漸加增。國初人經離亂，俗尚樸醇。數十年後，漸習奢靡，揭借爲常，力田不給。甫屆冬春，農糴於市，穀乃愈乏。承平既久，地值日高，貧民賣田。既賣無力復買，田歸富戶十之五六。富戶穀不輕售，市者多而售者寡，其值安得不增？臣以爲生齒滋繁，無可議者。田歸富戶，非均田不可，今難以施行。風俗奢靡，止可徐徐化導，不能遽收其效。至常平積貯，當以足敷賑濟而止，不必過多。目今養民之政，尤宜專意講求水利，使蓄洩有備，偏災不能爲患。以期產穀之多，未必非補救米貴之一道也。」疏入，上均嘉納焉。丁父憂，服闋，十五年，授刑部侍郎，仍授湖南巡撫。丁母憂，服闋，十八年，仍授湖南巡撫。擢左都御史。十九年，署吏部尚書。禮部侍郎張泰開保同部侍郎鄒一桂子志伊爲國子監學錄，下吏部議處，議未當，責錫紱曲庇，下都察院，議奪官，命留任。二十年，復署湖南巡撫，授禮部尚書。二十一年，署山東巡撫。

二十二年，授漕運總督，疏請豁興武、江淮二衞旗丁欠繳漕項，上責其沽名，命以養廉代償。二十三年，疏言：「屯田取贖，宜寬年限。價百金以上，許三年交價，價足田卽歸船。旗丁交兌不足，名曰『挂欠』。應由坐糧廳限追懲治，督運官以下有一丁挂欠，卽停其議敍，旗丁改僉。新丁但交篷桅槓索價值；舊丁公私欠項，不得勒新丁接受。水次兌漕，令倉役執斛，旗丁執槩。江淮、興武二衞運丁運糧，快丁駕船。應循例並僉，不得避運就快。」上諭曰：「此奏確有所見。」下部議，從之。二十五年，疏言：「自開中河，漕艘得避黃河之險。獨江北、長淮等幫，以在徐州交兌，不能避險。請令改泊阜河，弁丁詣徐州受兌。州縣代雇剝船轉運過壩。」上從之。尋以錫紱實心治事，命免以養廉代償漕項。二十六年，疏言：「運薊州糧船自寧河轉入寶坻，由白龍港、劉家莊達薊州。水道淤淺，請責成官爲疏濬。」又疏言：「板閘、臨清、天津三關，尚沿明制，漕艘給發限單，應請裁革。州縣收漕如有攙雜潮潤，糧道察出，本管知府視徇庇劣員例議處。軍丁兼充書役，一體句僉。頭舵水手受雇，領費輒復潛逃，請發邊遠充軍。」上諭曰：「所奏俱可行。」從之。加太子少師。二十八年，加太子太保。二十九年，疏言：「軍、民戶籍各分，既隸軍籍，卽應聽僉辦運。乃宦家富戶百計圖避，所僉皆無力窮民，情理未得其平。嗣後如僉報後辨訴審虛，參劾治罪。」上諭曰：「錫紱此奏，破瞻徇之習。如所議行。」並下部議敍。又疏言：「糧艘例禁私鹽。道經揚州，總督、鹽政及臣各專委督察。乃又有淮揚道，揚州游擊、守備，江都、甘泉兩縣，各差兵役搜查，糧艘因之羈阻。如江廣幫爲通漕殿後，過揚州已在冬令，尤爲苦累。臣思事權宜歸於一，請專聽總督、鹽政委員督察，餘悉停止。」上諭曰：「所奏是。」下部議行。三十年，疏言：「駱馬湖蓄水，相傳專濟江廣重運。今歲幫船阻滯，先開柳園隄口，運河水長，江浙幫遂得遄行。次開王家溝口，江廣幫至，湖水未嘗告竭。每歲沂水自湖而下，爲海州、沭陽水患。若於四五月間引湖濟運，亦減海州、沭陽水患，一舉兩利。」從之。三十三年，卒，賜祭葬，謚勤愨。

錫紱官漕督十二年，編輯漕運全書，黃登賢代爲漕督，表上之。自後任漕政者，上輒命遵錫紱舊章。

潘思榘，字絜方，江南陽湖人。雍正二年進士，改庶吉士。三年，分刑部學習。六年，補主事。累遷郎中。八年，授廣東南雄知府。驟雨水溢，郊野成巨浸，露宿於野。督吏卒治筏拯溺，出金瘞死贍生，活民無算。十三年，遷海南道。濬瓊州西湖。深入五指山，安輯黎衆，劾守將之殘黎民者。調糧驛道。乾隆四年，遷按察使。懲貪鉏猾，理冤獄尤多。民以旱糾衆入市掠奪，思榘方被疾，强起坐堂皇，立捕數十人杖以徇，事乃定。疏言：「廣東有俍、猺、黎三種：俍世居茂名，今附民籍，讀書應試如平民。猺亦輸稅歸誠，設猺童義學爲訓課。惟黎僻處海南，崖、儋、萬、陵水、昌化、感恩、定安七州縣爲最多。生黎居深山，熟黎錯居民間相往來，語言相習，請於此七州縣視猺童例設義學，擇師教誨，能通文義者許應試。」部議從之。

七年，遷浙江布政使。八年，疏言：「常平倉穀春發秋斂。但收成有遲早，俗所謂青黃不接。有司不揆緩急，甫春開糶，牙行囤積，吏胥侵漁。民未霑實惠，而穀已出逾額，且減價過多。迨秋成買補，非存價觀望，冀省耗折；卽抑派爭買，致昂市價。請定浙東諸府以四月、浙西諸府以六月發糶，價平卽止。」上以因時制宜，許之。又疏言：「浙江土狹民稠，全資溪湖容蓄灌溉，乃民間占墾甚多。如餘杭南湖，會稽鑑湖，上虞夏蓋湖，餘姚汝仇湖，慈谿慈湖，向稱巨浸，今已彌望田疇，殊妨水利。嗣後報墾田地，當責有司親勘，果非官湖，方准升科；查勘不實，嚴定處分。」下廷臣議行。秋，金、衢、嚴三府被水，旁溢杭、湖、紹三府，漂流人畜無算。思榘出臨江干，處分賑事。蕭山民洶洶欲渡江，思榘曰：「民饑當哺，鬨則亂民耳。」嚴治之，自是無敢譁者。思榘再疏聞，上諭曰：「今歲浙江災，巡撫常安有諱災之意，汝爲其難矣。」

十一年，授安徽巡撫。河決鳳陽，潁、泗諸府州災尤重。思榘請加賑，按行督察，犯風渡洪澤，舟幾覆。十二年，疏請調濟災區，略言：「鳳、潁民習惰窳。臣上年偏歷查勘，方冬水落，二麥已播種，而民不知耰鋤培壅。所過村落，林木甚稀，蔬圃亦少。臣令有司審察桑麻、蔬蓏，凡可佐小民日食之用者，隨宜試種。鳳、潁地分三等，岡地最高，湖地稍低，灣地最下。灣地連大河，水發難施人力。湖地則外仰中低，積潦爲湖，下流疏洩，卽可涸出栽種。岡地水雖不及，而絕少溝池，交秋缺雨，卽患暵乾。間有傍山麓而爲陂塘，如壽州安豐塘、懷遠郭陂塘、鳳陽六塘，均應及時修築。與其因災動帑鉅萬，何如平時酌動數百金陸續培治。民間減荒歉，多收成，朝廷亦省帑金。縱遇偏災，亦可以工代賑。鳳、潁民好轉徙，豐年秋成事畢，二麥已種，輒攜家外出，春熟方歸。遇災留一二人在家領賑，餘又潛往鄰境。俗謂在家領賑爲大糧，在外留養爲小糧，沿途資送爲行糧，至有一家領三糧者。本業拋荒，人無固志。應令有司嚴察，流民過境，實係被災，方准資送；藉端生事者究懲。」奏入，上諭曰：「此乃固本之事，歷來無有言及此者。朕甚嘉悅焉！」

尋調福建巡撫。未行，疏請安徽學田、囚田、義田三項，視江蘇免學租例，予以蠲免。下軍機大臣察議，以江蘇無免學租例，上責思榘沽名干譽，博去後之思，命出資修涿州城工示罰。十三年，疏言：「福建自乾隆元年至十一年積欠錢糧，正設法淸釐。民間田業授受，往往不及推糧過割。糧從田出，旣有賠糧之戶；卽有無糧之田，豈可使得業者任其脫漏，無業者代其追比？當飭有司確察，務使糧歸於田。」十四年，復疏言：「臣淸察積欠，一在屯田戶名不淸，一在寺田租賦不一。自順治間裁併衞所，名雖軍戶，實係民耕，乃糧册仍列故軍姓名，致難催比，應令覈實更正。寺田始自明季，僧、民相雜，輒稱寺廢僧逃，藉詞逋賦，應令分析寺已廢者，官爲經理。」上命實力爲之。別疏言：「福州城外西湖爲東晉郡守嚴高所開，周二十餘里，蓄水溉田，年久淤墊。臣勸導疏濬，並築隄建閘。又福清郎官港、法海埔俱有海灘淤地，臣令築隄招墾，得地二千一百餘畝。」上獎諭之。

思榘蒞政精勤，晝見官屬，夜披案牘。旱潦必撫恤。民獷，以鬬訟相尚，多去爲盜，廉得主名，飭有司捕治。又以農隙巡行海防，周閱戰艦。朔望入書院與諸生講說經藝，如是者以爲常。積勞疾作不少止。十七年，卒。上命用江蘇巡撫徐士林例，祀京師賢良祠。予卹視一品，賜祭葬，諡敏惠。

胡寶瑔，字泰舒，江南歙縣人。父廷對，嘗官婁縣訓導，因居青浦。寶瑔，雍正元年舉人。乾隆二年，考授內閣中書，充軍機處章京。六年，大學士查郎阿、侍郎阿里袞清察黑龍江、吉林烏喇開墾地畝，以寶瑔從。八年，遷侍讀，考選福建道御史。是歲直隸旱，上命治賑。寶瑔疏言：「直隸被旱，民多流亡，請敕總督宣示上意，使民靜以待賑。流民願歸耕而無力得歸者，資送還里，俾及時藝麥，於來歲民食有益。」九年，上命大學士訥親閱河南、山東、江南諸省營伍，寶瑔疏言：「營伍積玩，器械堅脆，糧馬盈虧，各處不一。勢必聞風修整買補，不肖營員或藉端苛派，或坐扣月糧，請敕督撫提鎮嚴飭查察。」十年，山東、江南水災，寶瑔疏言：「方冬水涸，應勸諭農民引流赴壑，俾田不久浸，以便春耕，尤當預防蝻子。」諸疏皆議行。十一年，轉戶科給事中，遷順天府府丞。大學士傅恆視師金川，以寶琭從。授府尹，歷宗人府丞、左副都御史。擢兵部侍郎，兼府尹如故。河南民傅毓俊告張天重謀逆，遣寶琭按治，毓俊服誣，論如律。

十七年，署山西巡撫，十八年，實授。撫饑民，理寃獄，劾貪吏，整關隘隄防，諸政並舉。尋調湖南。十九年，奏言：「郴、桂二州銅鉛礦委員董理，一年而代。礦爲弊藪，代者必數月乃能明察。此數月中，欺蒙隱漏，已自不少。請倣臺灣、瓊州例，令新舊協辦數月。」得旨允行。

二十年，調江西。二十一年，疏言：「廣信銅塘山勘明無可墾之地，無可用之材，無可煎之礦，請永行封禁。」二十二年，疏言：「豐城隄工最要，石隄官修，土隄民修，向設里夫，行之已久。黠者避役，貧者誤工，復改爲折徵。請按田均隄，附漕糧徵收。有田始有糧，有糧始有夫。圩長無從侵冒，工程乃可永固。」均如所請行。

復調河南。河屢決，山東、河南、安徽諸州縣多積水。上遣侍郎裘曰修會諸省督撫疏治。寶琭與曰修會勘，疏言：「河南幹河有四：賈魯、惠濟、渦河、巴溝。巴溝在商丘爲豐樂河，在夏邑爲響河，在永城爲巴河。今擬疏濬加寬深，以最低處爲率。惠濟上游在中牟、祥符諸縣，下游在柘城、鹿邑諸縣，今亦擬加寬深，以六七丈爲率。賈魯自中牟以下有惠濟分流，自朱仙鎮以下，截沙灣，塞決口，拓舊隄。渦河自通許青岡爲燕城河，上游應加寬，下游應加深。鹿邑以下本已寬深，當增築月隄。支河應濬者，商丘北沙、洪溝二河爲支中之幹，餘大小支河，分要工、次工、緩工，次第興修。」二十三年，上諭曰：「河南災區積困，寶琭不辭勞瘁，能體朕意，盡力調劑，以蘇窮民，甚可嘉也！」尋加太子少傅。諸工皆竟，上御製中州治河碑，褒寶琭、田修，語並見田修傳。

二十五年，疏言：「河北諸水，衞河爲大。雍正間，河督嵇曾筠於汲、淇、濬、湯陰、內黃諸縣建草壩二十六，今已漸次淤墊。臣相度疏築，俾一律深通。請定爲三年一小修、五年一大修。」上可其奏。是冬，調江西。二十六年，河決楊橋。復調還河南。疏言：「賈魯、惠濟二河在中牟境內，逼近楊橋。賈魯受黃水南徙，至祥符時家岡仍入故道，今已成河。當將分者截之使合，淺者疏之使深，兩岸多挑渠港，增築隄堰，自成河道。惠濟自兩閘至岡頭橋已淤斷，而岡頭橋至十里坡賈魯河不過四五里。卽於十里坡建滾水壩，導由岡頭橋入惠濟，以分賈魯之勢，而惠濟亦復故道。」上褒爲事半功倍。

二十七年，寶琭疾作，請解任。上諭曰：「此奏甚非朕之所望，安心靜攝，以慰廑念。」遣醫馳驛診視。疏言：「溝渠與河道相爲表裏，臣於二十三年河工告竣，卽督令州縣經理溝洫，每一州縣中開溝自十數道至百數十道，長自里許至數十里，寬自數尺至數丈，皆以足資蓄洩爲度。驛路通衢，並就道傍開濬，雖道里緜亙，而分戶承挑，民易爲力。自是每歲或春融，或農隙，隨時加濬寬深。」上深嘉之，並令直隸總督方觀承仿行。二十八年，卒，加太子太保、兵部尙書，賜祭葬，諡恪靖。遺疏請入籍青浦，許之。

論曰：那蘇圖、士林、恕、思榘皆以淸節著，而超曾、寶琜又濟之以勤敏。恕論救災，寶琜善行水，皆以民事爲急。顯佐定苗疆，有拊循之績。錫紱督漕運，所修舉似若瑣細，然皆當官之急務也。會一澤以道學，但微近名，遂貽後嗣之禍，恫哉！

清史稿卷三百九

列傳九十六

崔紀　喀爾吉善子定長　孫鄂雲布　雅爾圖　晏斯盛　瑚寶
衞哲治　蘇昌　鶴年　吳達善　崔應階　王檢　吳士功

崔紀，初名珺，字南有，山西永濟人。年幼喪母，哀毀如成人。事父及後母孝。康熙五十七年，成進士，改庶吉士，授編修。遷國子監司業，以母憂歸。服闋，補故官。三遷祭酒。乾隆元年，提督順天學政。雍正間，採安徽學政李鳳翥、河南學政習寯、浙江學政王蘭生條議：每歲令諸生五人互結，無抗糧攬訟；諸生有事告州縣，當先以呈詞赴學挂號；爲人作證及冒認命盜案，先革後審；諸生毆殺人及代寫詞狀，加常罪一等；已斥諸生不許出境；諸生欠糧，必全完乃收考。紀疏請罷之。又定諸生月課三次不到，詳革，紀請改一年；諸生完糧，上戶限十月，中、下戶限八月，紀請改歲底。下部議行。遷詹事，再遷倉場侍郎，署甘肅巡撫。

二年，移署陝西巡撫。疏言：「陝屬平原八百餘里，農率待澤於天，旱則束手。惟鑿井灌田，實可補雨澤之缺。臣居蒲州，習見其利。陝屬延安、榆林、邠、鄜、綏德各府州，地高土厚，不能鑿井。此外西安、同州、鳳翔、漢中四府並渭南九州縣最低，渭北二十餘州縣地較高，掘地一二丈至六七丈，皆可得水。勸諭鑿井，貧民實難勉强。懇准將地丁羨銀借給充費，分三年繳完。民力況瘁，與河泉自然水利不同。請免以水田升科。」上諭曰：「此極應行之美舉，當徐徐化導，實力奉行，自不能視水田升科也。」擢吏部侍郎，仍留巡撫，尋實授。紀疏言：「陝西水利，莫如龍洞渠，上承涇水，中受諸泉。自雍正間總督岳鍾琪發帑修濬，涇陽、醴泉、三原、高陵諸縣資以灌溉。惟未定歲修法，涇漲入渠，泥沙淤閼，泉泛出渠，石罅滲漏。擬於龍洞高築石隄，以納衆泉，不使入涇。水磨橋、大王橋諸泉亦築壩其旁，收入渠內。並額定水工，司啓閉。」均從之。陝西民憚興作，言紀煩擾。上令詳勘地勢，俯順輿情。三年，命與湖北巡撫張楷互調，時報新開井七萬餘，上令楷察勘。楷言民間食其利者三萬二千餘，遇旱，井效乃見。民益私鑿井，歲歲增廣矣。

紀至湖北，自陳不職，部議降調。上諭曰：「紀在陝西鑿井灌田，料理未善，致反貽民累。惟其本意爲民，命從寬留任。」五年，總督德沛劾紀以公使錢畀護糧道崔乃鏞，上又聞紀以淮鹽到遲，令民間暫食私鹽，論紀自列，紀疏辨，下部議，降調。六年，再授祭酒。九年，督江蘇學政。以父憂歸。十四年，起授山東布政使。以東省貧民借官穀累百萬石，請視部定價石六錢，收折色，紓民力。十五年，命以副都御史銜再督江蘇學政，力疾按試。旋卒。

紀潛心理學，上亦聞之，再任祭酒，召見，命作太極圖說。歷官所至，以教養爲先。遇事有不可，輒艴然曰：「士君子當引君當道，奈何若是？」

喀爾吉善，字澹園，伊爾根覺羅氏，滿洲正黃旗人。先世居瓦爾喀，有赫臣者，當太祖創業時來歸，授牛彔額眞。使葉赫，葉赫部長金台石使人戕之。太祖滅葉赫，令其子克宜福手刃其仇以祭。克宜福從軍有功，世職至三等阿達哈哈番。克宜福子喀齊蘭，官至正黃旗副都統；孫凱里布，官至吏部尚書：皆襲世職。

喀爾吉善降襲拜他喇布勒哈番，授上駟院員外郎。歷工部郎中，兼襲世管佐領。雍正六年，命偕通政使留保如廣東按署巡撫阿克敦等被劾狀。八年，擢兵部額外侍郎。九年，授侍郎。十三年，以驗馬不實奪官，令往盛京收糧。乾隆元年，起廢籍，命管圓明園八旗兵丁。復往盛京收糧，奏禁八旗臺站官兵與朝鮮貿易。上諭曰：「官兵不暇貿易，亦不諳貿易。當令商民與互市，務均平交易，毋抑價，毋强索。」三年，擢內閣學士。遷戶部侍郎，協理步軍統領刑名事務。調吏部，四年，命兼管三庫。

五年，授山西巡撫。上聞山西布政使薩哈諒、學政哈爾欽皆貪婪，詢喀爾吉善。喀爾吉善疏劾，命侍郎楊嗣璟會鞫，論如律。上以喀爾吉善不卽劾，下部議，奪官，命寬之。又劾河東鹽政白起圖貪婪，白起圖疏辨，命副都統塞楞額往鞫，論如律。七年，調安徽。

八年，復調山東。疏言：「山東歲饑，民多流亡，而鄰省貧民亦有轉入山東覓食者，請飭官吏勸各回故土以待治賑。」上諭曰：「所見甚得體。各省督撫當於平居無事時委曲開導，使知敦本務實，力田逢年；若輕棄其鄉，本業旣荒，無所依倚。卽國家收養資送，亦不得已之舉，非可恃爲長策也。」又以濟南、武定、東昌三府遇旱，濟南、東昌府倉存穀緩急可相通；武定無倉，請撥登、萊二府倉穀以濟民食。九年，疏言：「方春糧價踊貴，貧民艱食，請酌量減糶。」又言：「山東兵米，本折兼支，春季價昂支折色，秋季價減支本色，請春秋二季本折更換。」又請修德州、海豐、惠民、樂陵城工以代賑。復以濟南、武定諸屬縣麥復不登，令於曹、沂諸府豐收之區採買接濟。上皆允之。直隸藁城知縣高崶請開臨淄、卽墨、平陰、泰安、沂、費、滕、嶧諸縣銀、銅、鉛、鐵各礦，事下喀爾吉善勘奏，奏言：「東省拱衞神京，地跨四府八縣，形勢聯屬。礦洞久經封禁，未便開採。利之所在，衆必共趨。恐濟、武災區，沂、曹盜藪，別生事端，應仍封禁。」上亦如其請。

十一年，遷閩浙總督。臺灣生番爲亂，遣兵討之。奏言：「臺灣流民日多，匪類肆竊，甚或恣行不法，民間謂爲闖棍。請令竊案再犯及闖棍治罪後，並逐回內地。」又請在臺人民迎取眷屬，限一年給照過臺。浙江處州總兵苗國琮請於官山種樹，儲戰船桅木之用，下喀爾吉善勘奏。奏言：「令有司種樹，須先糜帑，且必百十年後始中繩墨，日久稽察非易。不若許民自種，在官不費經營，而巨材可獲實用。」從之。疏劾浙江巡撫常安貪婪，命大學士訥親往鞫得實，論如律。詔嘉其公直，加太子少保。疏言：「寧海東湖舊與海通，宋後失修，飭府縣察形勢土性，導士民輸資築隄，撥爲世業，定限升科。」上諭曰：「勸課農桑，興修水利，務本之圖也。欣悅覽之！」十五年，加兵部尚書銜。

十六年，上南巡，蠲江南積逋二百餘萬，浙省無逋賦，亦特蠲本年正賦三十萬，製詩褒之。十七年，以年老乞休，溫詔慰留。疏言：「閩省產米少，本歲豐稔，宜爲儲備。請現存倉穀不及半者，令購足數；已及半而本地穀賤，亦以原存糶價買補。」上是之。漳州民蔡榮祖謀亂，事泄，捕獲，寘之法，予議敘。十九年，加太子太保。上以八旗生齒日繁，許在京漢軍改入民籍，推行於各省。喀爾吉善與福州將軍新柱疏言：「漢軍願爲民，無問世族、閒散，許入民籍。如別無生計，坐補綠營糧缺。所遺馬、步甲，以滿洲兵坐補。」二十二年秋，病殤，遣醫偕其子定敏馳視，賜人葠。未幾，卒，賜祭葬，謚莊恪。

定長，喀爾吉善子。初授內閣中書，遷侍讀。擢江南徐州知府。四遷至巡撫，歷安徽、廣西、山西、貴州諸省。乾隆十八年，湖廣總督永常奏請於鄰省會哨，定長奏：「貴州與鄰省聯界，苗、夷環處。遽行會哨，苗性多猜，或滋事變。請停止。」從之。二十年，題請原任黔西知州黃秉忠入祀名宦，上以秉忠爲總督廷桂父，瞻徇市恩，降旨嚴斥。二十二年，上南巡，請入覲，命便道省喀爾吉善，賜詩褒寵。尋命與尚書劉統勳按雲貴總督恆文貪婪狀，卽命署雲貴總督。調山西巡撫，未之任，丁父憂。旋授副都統銜，往西路軍營督屯田事。補兵部侍郎，授福建巡撫，遷湖廣總督。三十三年，卒，諭部議卹。尋署總督高晉劾荆州副都統石亮衰庸，上責定長徇庇，罷卹典。

鄂雲布，喀爾吉善孫。初授筆帖式。三遷工科給事中。嘉慶元年，授陝西漢中知府。上以鄂雲布喀爾吉善孫，家風具在，卽擢甘肅西寧道。再遷江蘇布政使，護安徽巡撫。旋以秋審諸案原擬緩決，刑部多改情實，責鄂雲布寬縱，下吏部議降調，命留任。尋遷貴州巡撫，年老召還，鄂雲布聞命卽行。上聞之，不懌，下吏部議，奪官，授筆帖式，賞藍翎侍衞，充葉爾羌辦事大臣。旋卒。

雅爾圖，蒙古鑲黃旗人。雍正四年，自筆帖式入貲授主事，分工部。再遷郎中。十三年，授鑲藍旗滿洲副都統。乾隆元年，疏言：「京員無養廉，請將戶部餘平銀給部院辦事官。八旗參佐等員視步軍營例，予空糧。」如所議。師征準噶爾，授參贊大臣。三年，命暫管定邊副將軍印。四年，召授左副都御史，遷兵部侍郎。

河南新鄉民及伊陽教匪爲亂，命往按治，就授河南巡撫。疏言：「河南多盜，不逞之民陰爲之主，俗謂『窩家』。保甲、甲長等畏窩家甚於官法。大河以南，深山邃谷。民以防鳥獸爲名，皆有刀械。惑於邪教，懷私角鬭，何所不爲。如梁朝鳳、梁周、張位等輩，黨類甚多，愚民易遭煽惑。與其發覺後盡置諸法，何如於未發覺前設法銷散。文武會遣兵役搜查，仍令自首免罪。」又言：「各省提鎭以下官皆有伴擋兵丁及各色工匠，一營有數名虛糧，卽少數名額兵。請照官級核定數目，不得虛佔兵額。」俱下部議行。

五年，奏報捕得女教匪首一枝花，命議敍。尋諭河南止設河北、南陽二鎭，與巡撫不相統屬，視山西例兼提督銜。疏陳整飭營務：足兵額，勤差操，明賞罰，練技藝，整軍械，重兵食，驗馬匹，謹守望，嚴約束；並請以州縣民壯之半交駐防汛弁操練；並戒兵民和衷，不得偏袒，平時試習騎射，期於嫻熟：俱如所請行。三月，疏言：「河南上年霪雨，省城多積水。臣令淺處濬深，窄處開寬。爲合城受水之區通溝建閘，時其蓄洩。養魚植木，以利民用。」又言：「河南上年被水，奉命濬省城乾河涯及淮、潁、汝、蔡各水。目前二麥成熟，農務正殷，餘請概停開浚。」上從之。又奏言：「現獲盜百餘，多係鄰省人，臣迭飭員弁分路訪緝。出省捕盜，例須赴地方官掛號，盜聞而潛逃，請得逕行往捕。」上命勉爲之。

六年，又奏言：「河南界連五省，西南伏牛、嵩山、桐柏等山，支幹交錯，地多林木，易於藏盜。請每歲秋冬，與聯界各省文武訂期巡察。」上命如所請行。七年，奏言開、歸等處積水，無妨田畝，上責其掩飾。尋又奏：「河南地平土鬆，水利誠不如東南之通達。開、歸等處地當下游，夏秋大雨，澗水匯注。積水未消，多係鄰近黃河州縣。歷來豁免錢糧，於民生並無妨礙。且土性鹹鹵，難以種植。未便一律疏洩，以損田廬。」上諭曰：「實難宣洩，朕不怪汝。若避而爲飾辭則不可。」八年，自陳「戇直致被人言」。上諭曰：「汝必欲以豐年爲政效，水旱漠不關心。此奏殊屬客氣。」命來京，改授鑲藍旗滿洲副都統。授刑部侍郎，調吏部。

十二年，命往山西按治安邑、萬泉民亂，中途稱病，上責其逗遛，命解任。尋起授內閣侍讀學士，復擢兵部侍郎。十三年，調倉場侍郎，兼正紅旗滿洲副都統。迭署戶部侍郎、步軍統領。十八年，因疾解任。三十二年，卒。

晏斯盛，字虞際，江西新喻人。康熙五十九年，舉鄉試第一。六十年，成進士，改庶吉士。雍正元年，授檢討。五年，考選山西道御史。鑲紅旗巡役，以斯盛從騎驚突，拘辱之。斯盛以聞，命治罪。疏言：「各州縣立社倉，原以通濟豐歉。貧民借穀，石收息十升。如遇歉，當不取其息。」從之。九年，督貴州學政。遷鴻臚寺少卿。乾隆元年，擢安徽布政使。奏言：「各省水旱災，督撫題報，應即遴員發倉穀治賑，仍於四十五日限內題明應否加賑。其當免錢糧，將丁銀統入地糧覈算，限兩月題報。或分年帶徵，或按分蠲免，請旨遵行。」三年，疏言：「安徽被災州縣，倉儲不敷賑糶，請留未被災州縣漕米備賑。」四年，奏言：「江北向多遊食之人，每遇歉歲，輕去其鄉。惟寓賑於工，人必爭趨。鳳陽、潁州以睢水爲經，廬州以巢湖爲緯，六安、滁、泗舊有隄堰，請援淮、揚水利例，動帑修濬。」皆從之。

七年，擢山東巡撫。山東有老瓜賊，巡撫朱定元令汛兵巡大道。斯盛疏言：「賊情狡獪，大道巡嚴，必潛移僻路；或假僧道技流，伏匿村落。應令州縣督佐雜分地巡察。」又奏：「邪教惑民，莫如創立教會，陽修善事。此倡彼和，日傳日廣，大爲風教之害。盡法深求，株連蔓延，恐生事端。請將創教授徒爲首者如法捕治，被誘者薄懲，出首者免究。」上從其請。尋以萊州被水，請暫禁米出海。上諭曰：「此不過屬吏爲一郡一邑之說，汝等封疆大吏，不可存遏糶之心。若無米可販，百姓自不運，何待汝等禁乎？」又言兗、沂等府州被水，而江南饑民復至，疏請無災州縣留養限五百人，有災州縣限二三百人，上命實力料理。八年，調湖北巡撫。九年，遷戶部侍郎，仍留任。

斯盛究心民事，屢陳救濟民食諸疏，以社倉保甲相爲經緯，因言：「周禮族師、遂人之法，稽其實則井田爲之經。蓋就相生相養之地，而行政教法令於其中。是以習其事而不覺，久於其道而不變。周衰，管子作軌里連鄉，小治而未大效。秦、漢、隋、唐，龐雜無紀。宋熙寧中，編閭里之戶爲保甲，事本近古，然亦第相保相受，而未得其相生相養之經。臣前奏推廣社倉之法，請按堡設倉，使人有所恃，安土重遷，保甲聯比，相爲經緯。顧欲各堡一倉，倉積穀三千，一時既有難行；而入穀之數，則變通於額賦之中，別分本折，稍覺紛更。雖然，社倉保甲，原有相通之理，亦有兼及之勢。求備誠難，試行或易。加意倉儲，既慮貴糴妨民，停止采買，又慮積貯無資。詳加酌劑，擬請停戶部捐銀之例，令各省捐監于本地交納本色，以本地之穀實本地之倉，備本地之用。不采買而倉儲自充，誠爲兼濟之道。竊謂常平之積便於城，未甚便於鄉。城積多，則責之也專，而無能之吏或以爲累；鄉積多，則守之者衆，而當社之民可以分勞。且社倉未有實際，以倉費無所出也。名有社倉，而倉不在社，社實無倉，往往然矣。今捐穀多在於鄉，而例又議有倉費。擬請將此項捐納移入社倉，捐多則倉亦多。取鄉保穀數而約舉之，大州縣八十堡，四堡一倉，倉一千二百五十石，總二萬五千石，中小州縣，以此類推。儲蓄之方，莫便於此。方今治平日久，一甲中不少良善，四堡之倉，輪推甲長遞管，互相稽覈，年淸年款。則社長累弊自除，而官考其成，隱然有上下相維之勢矣。」奏入，上嘉納之。

十年，進喜雨詩四章，用其韻賜答。京師錢貴，上令廷臣議平市値，下各督撫倣行。斯盛疏請視京師例，禁民間銅鋪燬錢；又令州縣每歲秋以平糶錢市穀。時設局令商民以銀平易，又疏請捕私錢，並禁民私剪錢緣，兼限民間用銀二三兩以上、糶米二三石以上，皆不得以錢準銀，下廷臣議行。尋以母老請終養回籍。十七年，卒。

斯盛著楚蒙山房易經解，唐鑑稱其「不廢象數而無技術曲說，不廢義理而無心性空談，在近日易家猶爲篤實近理」云。

瑚寶，伊爾庫勒氏，滿洲鑲白旗人。雍正五年武進士，授三等侍衞。補陝西永興堡守備。八年，準噶爾二萬餘犯科什圖卡倫，從總兵樊廷進勦，遇於尖山，獲駝九十。又進敗之於北山，又遇於烏素達阪，擊之退。翌日，分七隊迎戰，瑚寶督兵奮擊，自辰至申，至科什圖，殪敵無算。敵圍峨崙磯，瑚寶赴援，乘夜來襲，領先鋒轉戰雪中七晝夜，奪波羅軏並白墩、紅山、鏡兒泉諸地，得其渠六，敵潰遁。九年，準噶爾復犯吐魯番，瑚寶從廷進勦，以勞賜白金三百。累遷肅州鎭右營遊擊。

高宗即位，復累遷山西大同總兵，賜孔雀翎。乾隆十二年，遷固原提督。上諭之曰：「固原兵驕縱，犯上不法。瑚寶當加意整飭，使兵知畏法，漸次轉移。」又諭之曰：「固原城內外兵多民少，回民過半，私立掌教等名。應時時體訪，期杜釁端。回人充標兵，應留意分別：豪悍者懲黜，怯弱者淘汰，使營伍肅清。」旋疏請營兵具互結，以弓箭、鳥鎗、技藝三項輪操；冬季借支春餉，次年四季扣除。下部議行。師征金川，調固原步兵二千。瑚寶請馱載軍裝，以二騾代三馬，可省費三分一，從之。

十三年，署甘肅巡撫，兼辦總督。奏言：「陝西歉收，師行采買草料爲難。將甘肅倉貯豆石撥用，俟兵過照買還倉。」上以通融協濟，有益軍需，溫諭嘉勉。召授兵部尚書。尋署陝甘總督，調湖廣。又改授漕運總督。坐失察盧魯生僞造奏稿事，奪官，仍留任。尋卒，謚恭恪。

衞哲治，字我愚，河南濟源人。雍正七年，以拔貢生廷試優等，發江南委用。初署贛渝知縣，調鹽城。值蝗災，設六條拊循：優禮德望，饋餉高年，旌獎孝義，經理煢獨，譏警游惰，約束過犯。縣北有司河，匯上游七縣水入海。夏旱水弱，海潮至，鹹苦不可食，甚乃浸溢民田；秋水盛，又患河寬流緩，入海不速。哲治建閘立斗門，蓄洩有備。斥鹵化膏腴，歲有涸出地，給無業民承耕。田沉沒而糧未除者，悉請豁免。循海築土墩九十餘，潮大，漁者得就墩逃溺，號「救命墩」。乾隆二年，補長洲，兼攝吳縣。八年，遷海州知州。歲歉治賑，全活二十萬人，流民有自山東就食者。擢淮安知府。十年，河決陳家堡，漂溺男女、田廬無算。哲治遣小舟載餅餌救之，躬涉風濤，往來存問。山東復災，流民南下。哲治捐俸，益以勸募，葺草屋，自淸江浦屬魚溝以北，銜接二百餘里，所在給粥糜、衣、藥。十三年，山東又災，兩江總督尹繼善令哲治運賑米至臺莊。上聞哲治善治賑，調山東登萊靑道。居數月，擢布政使。

十四年，授安徽巡撫。奏言：「歙縣馬田地在休寧，請折徵充餉。」又言：「廣德催糧，每圖有單頭，數圖有經催。前巡撫潘思榘改行順莊，轉有未便，請得仍舊。」皆下部議行。旋召詣京師。十五年，令回任，上諭之曰：「汝不滿朕意。以一時無人，故仍留汝。宜奮勉改過。」調廣西。入覲，哲治具言親老不便迎養，命仍留安徽。尋丁憂。十八年，服闋，署兵部侍郎，暫管戶部事。復授安徽巡撫。疏建歙縣惠濟倉。再調廣西。二十年，內擢工部尙書。因病乞回籍。二十一年，卒。

蘇昌，伊爾根覺羅氏，滿洲正藍旗人，滿丕孫。康熙五十九年，自監生考取內閣中書，遷侍讀。考選浙江道御史。乾隆元年，命巡察吉林。奏言：「船廠、寧古塔、三姓、白都訥、阿爾楚喀等處滿官不知律例，訟案稽延累民，請自京師遣官往理。」三年，轉禮科給事中。屢擢至奉天府尹。十一年，奉天被水，蘇昌請設廠四鄉，增辦賑官吏公費；又請禁止游民往來奉天等處。

十四年，擢廣東巡撫。十六年，署兩廣總督。廣西巡撫舒輅請於思陵土州沿邊種竻竹，杜私越；土目因以侵夷地致釁。蘇昌奏：「鎮安、太平、南寧等沿邊二千餘里，無論種竹難徧。料理稍疏，事端轉啓，請更正。」上責舒輅輕率，寢其事。蘇昌奏：「瓊州海外瘠區，貧民生計艱難，有可墾荒地二百五十餘頃，請招民開墾，免其升科。」從之。召來京。十九年，授吏部侍郎。

二十四年，署工部尚書，授湖廣總督。在籍御史孫紹基稱與按察使沈作朋舊爲同官，因以取賕。蘇昌劾奏抵罪，並請定回籍之員與有司交結處分。蘇昌劾湖北巡撫周琬乖張掩飾，上調蘇昌兩廣，命繼任總督愛必達察琬。愛必達發琬匿災徇劣吏狀，奪官，戍巴里坤。蘇昌至廣東，又劾碣石總兵王陳榮貪黷，奪官，論如律。加蘇昌太子太保。二十九年，奏言：「廣東產米不敷民食，宜多貯社穀，以補常平不足。請嗣後息穀統存州縣備賑，免其變價。」從之。

調閩浙總督。在兩廣薦鹽運使王槩，槩以贓敗，下吏議。御史羅暹春因劾蘇昌瞻徇糊塗，不堪節制海疆。上曰：「蘇昌不能辭失察之咎。節制海疆，乃朕所簡用，非御史所宜言。」蘇昌別疏劾知縣劉紹汜，下刑部。上以暹春與紹汜同爲江西人，疑暹春劾蘇昌爲紹汜地，詰責暹春，改主事；命蘇昌留任。三十年，臺灣淡水生番爲亂，焚黨壳莊，民死者五十餘。蘇昌檄按察使余文儀會臺灣總兵督兵討平之。三十三年，入覲。卒，謚恪勤。子富綱，官雲貴總督。

蘇昌在兩廣，有巨室横甏人母，誣其子，獄久具，勾決本已下。蘇昌疑其寃，親鞫之，得實，疏自劾，上奬諭之，寘知縣於法，時論稱焉。

鶴年，字芝仙，伊爾根覺羅氏，滿洲鑲藍旗人。父春山，康熙五十一年進士，選庶吉士，官至盛京兵部侍郎。

鶴年，乾隆元年進士，選庶吉士，授檢討，兼公中佐領。三遷内閣學士。十五年，擢倉場侍郎。以京師米貴，疏請京、通俸餉米先半月支放。十八年，劾坐糧廳郎中綽克托剛愎自用，遲延徇縱，綽克托坐奪官。又奏：「通州南倉建自明天順間，後併入中倉。雍正間，復分爲二，與西倉分貯漕白米。臣見中西倉足敷收貯，請裁南倉歸併中西倉。」從之。

十九年，授廣東巡撫。奏陳平米價，嚴保甲，緝竊盜案，禁私鑄、私雕諸事。上諭曰：「諸凡行之以實，持之以久。勉之！」尋復疏請以化州石城官租穀碾給海安營兵米。又奏海陽蔡家園土堤改築灰牆，出俸倡修。二十一年，奏言：「番禺、花、陽春諸縣徵收兵米，有所謂厨房米、官眷米，相傳起於明代藩府。後爲旗營武職俸米，凡萬二千餘石，必細長潔白，產少價昂，甚爲民累，應請禁革。」上嘉之。

調山東巡撫。奏言濟寧、魚臺、金鄉、滕、嶧諸州縣積水爲災，上命加意賑卹。二十二年，上南巡，迎蹕。奏言：「海豐地處海濱，東北鄉尤低下，易罹水患。積年逋賦請豁免，乾隆十一年至二十年舊欠並改用下則。」復奏濟寧等五州縣積水尚未盡涸。上以江南宿虹、靈璧，河南永城、夏邑，皆有積水，命侍郎裘曰修會諸督撫籌度疏消。

七月，擢兩廣總督。奏：「東省水患頻仍，正與裘曰修商度，擬濬伊家河，洩微山湖水。河自韓莊迤西至江南梁旺城入運河，計程七十里，需銀十三四萬，一切正須經理。又與河臣張師載商濬運河，並及建隄。事不容已，懇留任督辦。」上諭曰：「覽奏，具見良心。然朕以無人，不得不用汝。汝仍遵前命。」

十月，復命以總督銜管山東巡撫事，綜理工程。奏言：「濬運河必先濬伊家河以洩積水，使久淹地畝漸次涸出，然後履勘估修，庶工實費省。請俟春暖鳩工，不致有誤新運。」又偕師載疏言：「運河淤墊日甚，尋常修濬，非經久之策。應自濟寧石佛閘起北至臨清閘，逐一探底，以深八尺爲度，俾河身一體平坦。」上韙其言。十二月，伊家河工竟。又奏言：「運河淤淺處分段築壩，測量緯路，多民居。草土屋願售，給價拆除；瓦屋不願售，量將緯路加寬。被水民田速爲疏消，俾爲種麥；應修橋梁，察有解江餘石應用，不使估報買採。」上以「實心經理，不負任使」嘉之。尋卒，贈太子太保、兵部尙書銜，祀賢良祠，賜祭葬，謚文勤。子桂林，自有傳。

吳達善，字雨民，瓜爾佳氏，滿洲正紅旗人，陝西駐防。乾隆元年進士，授戶部主事。累擢至工部侍郎、鑲紅旗滿洲副都統。二十年，授甘肅巡撫。赴巴里坤督理軍需，以勞賜孔雀翎。二十二年，疏言：「軍糧自肅州運哈密至軍，石需費十二、三兩。凱旋官兵糴口糧製衣履，請改二成本色，八成折價。既得隨時支用，亦可稍省運費。」從之。加太子少保。

二十四年，代黃廷桂爲陝甘總督，尋復以命楊應琚，改總督銜管巡撫事。奏言：「寧夏橫城堡河漲城圮。相度水勢，分別添築草壩，俾大溜北注，化險爲平。」旋以總督銜調河南巡撫。奏改延津、封丘、胙城、滎澤、盧氏、靈寶諸縣營制，議行。

授雲貴總督。二十七年，奏言：「雲南、貴州各鎭協營每兵千設藤牌兵百，少不適用。

請以七成改習鳥鎗，三成改習弓箭。」從之。尋兼署雲南巡撫。二十九年，奏改都勻、銅仁二協營制。調湖廣總督，兼署湖北巡撫。巴陵民熊正朝僞稱縣人巡撫方顯子，居省城與紳士交結，乘間盜竊，捕得寘諸法。

三十一年，調陝甘總督，奏言：「木壘地廣土沃。請將招集戶民編里分甲，里選里長，百戶選渠長，鄉約保正。訟獄，守備審理；命盜案，守備驗訊。巴里坤同知審解。」從之。三十三年，復調湖廣總督，兼署荆州將軍。命赴貴州，偕內閣學士富察善、侍郎錢維城按巡撫良卿、按察使高積營私骫法，論如律。三十五年，兼署湖南巡撫。

三十六年，復調陝甘總督，值土爾扈特部內附，上命分賚羊及皮衣。吳達善料理周妥，上嘉其能。以病乞解任。尋卒，贈太子太保，祀賢良祠，賜祭葬，謚勤毅。

崔應階，字吉升，湖北江夏人。父相國，官浙江處州鎮總兵。應階，廕生。初授順天府通判，遷西路同知。雍正中，擢山西汾州知府。乾隆十五年，授河南驛鹽道。擢安徽按察使。丁母憂，服闋，補貴州按察使。二十一年，擢湖南布政使，署巡撫。總督碩色劾應階子甘肅東樂知縣琇附驛寄家書，應階不檢舉，上特命降調。二十二年，補江南常鎮揚道。再遷山東布政使。

二十八年，遷貴州巡撫，調山東。疏請濬荆山橋舊河，洩積水。二十九年，疏言：「武城運河東岸牛蹄窩、祝官屯，西岸蔡河陂水匯注，俱爲隄隔，浸灌民田，請各建閘啓閉。」均如所議。三十一年，疏言：「各州縣民壯有名無實，飭屬汰老弱，選精壯，改習鳥鎗，與營伍無二。不增糧餉，省得精壯三千三百餘名。」得旨嘉奬。三十二年，疏言：「武定濱海，屢有水患：一在徒駭尾閭不暢，一在鈎盤淤塞未開。徒駭上游寬百餘丈，至霑化入海處僅十餘丈，紆回曲折，歸海遲延。徒駭舊有漫口，徑二十五里，寬至四五十丈，水漲賴以宣洩。若就此開濬，庶歸海得以迅速。又有八方泊爲衆水所匯，伏秋霖雨，下游阻滯，淹及民田。泊東北爲古鈎盤河，經一百三十餘里，久成湮廢。若就此開濬，引水入海，則上游不致停蓄，積水亦可順流而下。」皆如所請。

調福建。三十三年，擢閩浙總督，加太子太保。三十四年，劾興泉永道蔡琛貪鄙，論如律。調漕運總督，奏糧道專司漕務，無地方之責，令親押赴淮，不得轉委丞倅。召授刑部尚書，調左都御史。四十五年，以原品休致。尋卒。

王檢，字思及，山東福山人。父簃，官太常寺卿。檢，雍正十一年進士，改庶吉士。乾隆元年，授編修。大考四等，休致。十三年，上幸闕里，召試，復授編修。十四年，授直隸河間知府，遷甘肅涼莊道。以官河間有政聲，卽調直隸霸昌道。累擢安徽按察使。奏：「外任官員眷屬外，定例州縣家人二十名，府道以上遞加十名，違者降級。定額本寬，近則州縣一署幾至百人，毋論招搖滋弊，卽養廉亦不足供，請申明定例，違數詳參。」又奏：「皖城濱臨大江，歲多刦案，請加重沿江乘危搶奪舊例，邊海有犯視此。」均得旨允行。調直隸，又調山西。二十八年，遷廣西布政使，調甘肅。奏：「各省大計舉劾，例由藩司主稿。請嗣後藩司新任，得援督撫例展限三月，以重考核。」

二十九年，擢湖北巡撫，署湖廣總督。以前巡撫愛必達請於沔陽新隄設文泉縣治，地處低窪，城倉庫獄俱未興工，且於民情未便，奏請裁撤，移沔陽州同駐新隄，下部議行。

調廣東巡撫。秋審，刑部進湖廣招册，檢所定擬，多自緩決改情實，或改可矜。上覈刑部九卿所改皆允，諭檢「秋讞大典，宜詳愼持平，失出失入，厥過維均」，傳旨申飭。三十一年，奏：「凡盜出洋肆劫，夥黨、器械，招買皆自內地。如果保甲嚴查，豈能藏匿？請嗣後洋盜案發，詢明由某地出口，將專管及兼轄、統轄各員，照保甲不實力例議處。」從之。廣東有名竹洲艇者，其製上寬下銳，行駛極速。海盜用以行劫，追捕爲難。檢令凡船皆改平底。瓊州地懸海外，黎人那隆等劫商觔法，爲諸盜最。檢親督剿捕，決遣如律。又以民多聚族而居，置祭田名曰「嘗租」，租穀饒裕，每用以糾衆械鬬。奏請「嘗租自百畝以上者，留供每年祭祀，餘田歸本人。其以租利所置，按支均派，俾貧民有田以資生，凶徒無財以滋事」。上諭曰：「所奏意在懲凶息訟，惟恐有司奉行不善，族戶賢否不齊，難免侵漁攘奪。嗣後因恃祠產豐厚，糾衆械鬭，按律懲治。卽以祠田如檢所請分給族人，俾凶徒知所警懼，而守分善良仍得保其世業。」三十二年，因病請假，有詔慰問。旋卒。

子啓緒，自編修官河南開歸陳許道；燕緒，自編修官侍講；孫慶長，內閣中書，官福建按察使。

吳士功，字惟亮，河南光州人。雍正十一年進士，選庶吉士，改吏部主事。累遷郎中，考選御史。奏言：「部院大臣簡用督撫，調所屬司員以道府題補，恐滋偏聽、交結諸弊，請照雍正舊例停止。」從之。御史仲永檀言密奏留中，近多洩漏。敕王大臣詰問，舉士功劾尚書史貽直疏以對。上出士功疏，戒以不悛改，當重譴。乾隆七年，授山東濟東泰武道，丁憂，服闋，調直隸大名道。改山東兗沂曹道，屬縣饑，上南巡，迎駕，召對，以聞。爲截留糧米六十萬石賑之，命士功董其事。旱蝗爲災，督吏捕治，晝夜巡閱，未及旬，蝗盡。調湖南糧道，巡撫阿克敦疏留，調山東糧道。再遷湖北按察使。二十二年，護巡撫。河南饑，敕湖北發毘連州縣倉米運河南，卽留本年應運漕糧歸倉。士功奏湖北地卑溼，米難久貯，請以一米改收二穀還倉，報聞。

遷陝西布政使，護巡撫。疏言：「宜君、榆林、葭州、懷遠、府谷、神木、靖邊、寧遠諸州縣先旱後潦。撥寧夏米麥五萬石分賑懷遠、靖邊諸縣，中阻黃河，河冰卽難挽運，臣飭先期速運；撥綏德等四州縣米二萬石協濟榆林、葭州，山路崎嶇，臣飭添雇騾駝速運，俾民早霑實惠。」諭令竭力妥爲之。調直隸，奏請：「撫藩離任，將庫項有無虧空奏明。新任撫藩亦於交代限內另摺奏聞，仍照例出結保題，以除挪借積弊。」上以所奏簡而易行，命著爲例。二十三年，復調陝西，護巡撫。疏言：「延安府兵米，各縣運府倉。弁兵赴府支領，路遠費倍，耗損過半。請甘泉、宜川、延川、延長四縣本縣徵收支給。」又奏：「隴州汧陽縣跬步皆山，歲徵屯豆，請改折色解司充餉。」俱從之。

擢福建巡撫。二十四年，奏請捕私鑄，按錢數多寡治罪。又奏獲南洲盜八十餘人，與總督楊廷璋疏請改定南洲塘汛。又奏：「福建九府二州，常平缺額穀三十一萬石有奇；臺灣積年平糶未買穀十五萬石有奇：皆令補足。浙西歉收，請撥臺灣穀十萬石聽浙商販運。風汛不便，先發內地沿海府縣倉穀撥給，俟臺灣穀運到還倉。一轉移間，無妨於閩，有益於浙。」上嘉之。二十五年，奏：「寄居臺灣皆閩、粵濱海之民，乾隆十二年復禁止移眷，民多冒險偷渡，內外人民皆朝廷赤子。向之在臺灣爲匪者，均隻身無賴。若既報墾立業，必顧惜身家，各思保聚。有的屬在內地者，請許報官給照，遷徙完聚。」又條奏稽查濱海漁船，令取船主、澳甲保結，出口逾期不還，責成澳甲、船主查報；稽察攜帶多貨，帆檣編字號，書姓名，免匪舟溷跡：均從之。尋以福建民多械鬬，由大族欺凌小族，疏請大戶恃强糾衆擬情實，小戶被欺抵禦擬緩決。刑部擬駁，上諭曰：「福建械鬬最爲惡俗。士功乃欲以族大族小分立科條，是使械鬬者得以趨避其詞，司讞者因而高下其手。士功夙習沽名，宜刻自提撕，勿自貽伊戚！」

二十六年，廷璋劾提督馬龍圖挪用存營公項，命士功嚴讞。會奏龍圖借用公項，已於盤查時歸補，援自首例減等擬徒。上以龍圖敗露後始行歸補，且將登記數簿焚燬，又增舞文之罪，不得以自首論，因究詰出何人意，尋覆奏士功主政。上奪士功官，發巴里坤効力自贖。二十七年，廷璋奏閩縣民楊魁等假造敕書承襲世職，投撫標効力。上命巴里坤辦事大臣詰責士功，並令自揣應得處分，贖罪自効。士功輸銀贖罪，命釋回。旋卒。

子玉綸，二十六年進士，自檢討累遷兵部侍郎，督福建學政，復降授檢討。

論曰：疆政首重宜民。紀督鑿井，反貽怨讟。喀爾吉善遂阻開礦、種樹之議，興利誠不易言也。雅爾圖、應階治水，斯盛治社倉，哲治治賑，才有洪纖，效有巨細，要皆有益於民。

蘇昌劾大吏，頗見風力，瑚寶等亦各有建樹。自古未有不盡心民事而可以稱善治者也。

清史稿卷三百十

列傳九十七

齊蘇勒　嵇曾筠子璜　高斌從子高晉　完顏偉　顧琮　白鍾山

齊蘇勒，字篤之，納喇氏，滿洲正白旗人。自官學選天文生爲欽天監博士，遷靈臺郎。擢內務府主事，授永定河分司。康熙四十二年，聖祖南巡閱河，齊蘇勒扈蹕。至淮安，上諭黃河險要處應下挑水埽壩，命往煙墩、九里岡、龍窩修築。齊蘇勒於回鑾前畢工，上嘉之。洊擢翰林院侍講、國子監祭酒，仍領永定河分司事。河決武陟，奉命同副都御史牛鈕監修隄工。疏言：「自沁河隄頭至滎澤大隄十八里，擇平衍處築遙隄。使河水趨一道，專力刷深，不致旁溢。」六十一年，世宗卽位，擢山東按察使，兼理運河事。命先往河南籌辦黃河隄工。時河南巡撫楊宗義請於馬營口南舊有河形處濬引河。齊蘇勒同河道總督陳鵬年疏言：「河不兩行，此洩則彼淤。馬營口隄甫成，若開引河，慮旁洩侵隄。」事乃寢。

雍正元年，授河道總督。既上官，疏言：「治河之道，若瀕危而後圖之，則一丈之險頓成百丈，千金之費靡至萬金。惟先時豫防，庶力省而功易就。」又言：「各隄壩歲久多傾圮，弊在河員廢弛，冒銷帑金。宜嚴立定章示懲勸。」並允行。乃周歷黃河、運河，凡隄形高卑闊狹，水勢淺深緩急，皆計里測量。總河私費，舊取給屬官，歲一萬三千餘金，及年節餽遺，行部供張，齊蘇勒裁革殆盡。舉劾必當其能否，人皆懔懔奉法。

陽武、祥符、商丘三縣界黃河，北岸有支流三，逼隄繞行五十餘里；南岸青佛寺有支流一，逼隄繞行四十餘里。齊蘇勒慮刷損大隄，令築壩堵禦，幷接築子隄九千二百八十八丈，隔隄七百八十丈。又以洪澤湖水弱，慮黃水倒灌，奏築清口兩岸大壩，中留水門，束高清水以抵黃流。及淮水暢下，壩在波濤中，又慮壩爲水蝕，遣員弁駐工，湖漲下埽防壩，黃漲則用混江龍、鐵篦子諸器，駕小舟往來疏濬，不使沙停，水患始緩。詔豫籌山東諸湖蓄洩以利漕運，疏言：「兗州、濟寧境內，如南旺、馬踢、蜀山、安山、馬場、昭陽、獨山、微山、稀山等湖，皆運道資以蓄洩，昔人謂之『水櫃』。民乘涸占種，湖身漸狹。宜乘水落，除已墾熟田，丈量立界，禁侵越。謹渟蓄：當運河盛漲，引水使與湖平，卽築堰截堵；如遇水淺，則引之從高下注諸湖。或宜隄，或宜樹，或宜建閘啓閉，令諸州縣量事程功，則湖水深廣，漕艘無阻矣。」

二年，廣西巡撫李紱入對，上諭及淮、揚運河淤墊年久，水高於城，危險可慮。紱請於運河西別濬新河，以其土築西隄；而以舊河身作東隄，東岸當不至潰決。上命與齊蘇勒商度，齊蘇勒奏言：「淮河上接洪澤，下通江口。西岸臨白馬、寶應、界首諸湖，水勢汪洋無際。若別挑新河，築西隄於湖水中，不惟糜費巨金，抑且大工難就。」上是其言。是秋颶風作，海潮騰踊丈餘。黃河入海之路，二水衝激，歷三晝夜，而濱海隄岸屹然。上嘉其修築堅固，賜孔雀翎，并予拜他喇布勒哈番世職。

三年，副總河嵇曾筠奏於祥符縣回回寨濬引河，事將竣，齊蘇勒奉命偕總督田文鏡察視。齊蘇勒奏言：「濬引河必上口正對頂衝，而下口有建瓴之勢，乃能吸大溜入新河，借其水力滌刷寬深。今所濬引河，與現在水向不甚相對。當移上三十餘丈，對衝迎溜。復於對岸建挑水壩，挑溜順行，以對引河之口。俟水漲時相機開放，庶河流東注，而南岸隄根可保無虞。」上命內閣學士何國宗等以儀器測量，命齊蘇勒會勘。齊蘇勒奏：「儀器測度地勢，於河工高下之宜甚有準則。今洪澤湖滾水壩舊立門檻太高，不便於洩水。請敕諸臣繞至湖口，用儀器測定，將門檻改低，庶宣防有賴。」又奏言：「治河物料用葦、柳，而柳尤適宜。今飭屬於空閒地種柳，沮洳地種葦。應請凡種柳八千株、葦二頃者，予紀錄一次，著爲例。」均稱旨。尋又奏言：「供應節禮，並已裁革。河標四營舊有坐糧，歲千餘金，以之修造墩臺，製換衣甲、器械；鹽商陋規歲二千金，爲出操驗兵賞功犒勞之用。每年往來勘估，伏秋兩汛，出駐工次，車馬舟楫，日用所需，拮据實甚。河庫道收額解錢糧，向有隨平餘銀五千餘，除道署日用工食，請恩准支銷。」上允之。四年，以堵築睢寧朱家口決口，加兵部尚書、太子太傅。五年，疏言：「黃河斗岸常患衝激，應改斜坡，俾水隨坡溜，坡上懸密柳抵之。既久溜入中泓，柳枝霑泥，併成沙灘，則易險爲平。」從其請。是年，齊蘇勒有疾，上遣醫往視。尋入覲，命歲支養廉萬金。

六年，兩江總督范時繹、江蘇巡撫陳時夏濬吳淞江，上命齊蘇勒料理。築壩陳家渡，松江知府周中鋐、千總陸章乘舟督工下埽，潮迴壩陷，溺焉。齊蘇勒往視察，下爲土埂，中有停沙，因督令疏濬，壩工乃竟。復偕曾筠會勘河南雷家寺支河，是秋事畢。於是黃河自碭山至海口，運河自邳州至江口，縱横綿亙三千餘里，兩岸隄防崇廣若一，河工益完整。

七年春，疾甚，上復遣醫往視。尋卒，賜銀三千兩爲歸櫬資，進世職三等阿達哈哈番，賜祭葬，謚勤恪。上又以靳輔、齊蘇勒實能爲國宣勞，有功民社，命尹繼善等擇地，令有司春秋致祭。

齊蘇勒久任河督，世宗深器之，嘗諭曰：「爾淸勤不待言，而獨立不倚，從未聞夤緣結交，尤屬可嘉。」又曰：「隆科多、年羹堯作威福，攬權勢。隆科多於朕前謂爾操守難信，年羹堯前歲數詆爾不學無術，朕以此知爾獨立也。」又曰：「齊蘇勒歷練老成，淸愼勤三字均屬無媿。」八年，京師賢良祠成，復命與靳輔同入祀。

嵇曾筠，字松友，江南長洲人。父永仁，諸生，從福建總督范承謨死事；母楊守節，撫曾筠成立：事分見忠義、列女傳中。

曾筠，康熙四十五年進士，選庶吉士，授編修。累遷侍講。雍正元年，直南書房，兼上書房。擢左僉都御史，署河南巡撫，卽充鄉試考官。遷兵部侍郎。河決中牟劉家莊、十里店諸地。詔往督築，逾數月，工竟。二年春，奏言：「黃、沁並漲，漫溢銚期營、秦家廠、馬營口諸隄。循流審視，窮致患之由。見北岸長沙灘，逼水南趨，至倉頭口，繞廣武山根，透迤屈曲而下。官莊峪又有山嘴外伸，河流由西南直注東北，秦家廠諸地頂衝受險。請於倉頭口對面橫灘開引河，俾水勢由西北而東南，毋令激射東北；並培釘船幫大壩，更於上下增築減水壩，秦家廠諸地險勢可減。」又與河督齊蘇勒會奏培兩岸隄，北起滎澤，至山東曹縣；南亦起滎澤，至江南碭山：都計十二萬三千餘丈。皆從之。

授河南副總河，駐武陟。疏言：「鄭州大隄石家橋迤東大溜南趨，應下埽簽樁，復於埽灣建磯嘴壩一。中牟拉牌寨黃流逼射，應下埽護岸，建磯嘴挑水壩二。穆家樓隄工坐衝，亦應下埽加鑲。陽武北岸祥符珠水、牛趙二處隄工，近因中牟迤下，新長淤灘，大溜北趨成衝，應順埽加鑲。」又言：「小丹河自辛句口至河內清化鎮水口二千餘里。昔人建閘開渠，定三日放水濟漕，一日塞口灌田。日久閘夫賣水阻運，請嚴飭。仍用官三民一之法，違治其罪。」又言祥符南岸回回寨對面淤灘直出河心，致河勢南趨逼省城。請於北岸舊河身濬引河，導水直行。上諭齊蘇勒用曾筠議。四年，奏衞河水盛，請於汲、湯陰、內黃、大名諸縣築草壩二十七。又請培鄭州薛家集諸處埽壩。

五年，命兼管山東黃河隄工。尋轉吏部侍郎，仍留副總河任。六年，疏言：「儀封北岸因水勢衝急，雷家寺上首灘崖刷成支河。請將舊隄加幫，接築土壩，跨斷支河，以防掣溜侵隄。青龍岡水勢縈紆，將上灣淘作深兜，與下灣相對。請乘勢開引河，導水東行。」尋擢兵部尚書，調吏部，仍管副總河事。奏請培蘭陽耿家寨北隄，下埽簽樁築壩。

七年，授河南山東河道總督，疏請開荊隆口引河。八年，署江南河道總督，疏言：「山水異漲，匯歸駱馬湖，溢運浮黃，河、湖合一。請於山盱周橋以南開壩洩水，並啓高、寶諸堰，分水入江海。高堰山盱石工察有椿腐石欹，順砌卑矮者，應築月壩，加高培實。其年久傾圮者，全行改築。興工之際，築壩攔水，留舊石工爲障。俟新基築定，再除舊石，仍留舊底二層，以禦風浪。」又奏：「禹王臺壩工爲江南下游保障。沭水源長性猛，壩工受衝。請於現有竹絡壩二十七丈外，依頂衝形勢，建石工六百餘丈。接連岡阜，仍築土隄，並濬沭河口門，使循故道直趨入海。」十年，奏揚州芒稻河閘商工草率，改歸官轄，並增設閘官。十二月，加太子太保。十一年四月，授文華殿大學士，兼吏部尚書，仍總督江南河道，予一品封典。十二月，丁母憂，命在任守制。曾筠奏懇回籍終制，溫詔許之。以高斌暫署，仍諭曾筠本籍距淮安不遠，明歲工程，就近協同經理。十二年四月，同高斌奏增築海口辛家蕩隄閘。同副總河白鍾山奏修清江龍王閘，濬通鳳陽廠引河。十三年，諭曾筠葬母事畢赴工。高宗御極，命總理浙江海塘工程。

乾隆元年，兼浙江巡撫。尋命改爲總督，兼管鹽政。曾筠條奏鹽政，請改商捕爲官役，嚴緝私販，定緝私賞罰。地方有搶鹽奸徒，官吏用盜案例參處。又疏請於海寧築尖山壩，建魚鱗石塘七千四百餘丈。入覲，加太子太傅。二年，疏請築淳安淳河石磡。三年，疏請修樂清濱海隄；又疏請發省城義倉運溫、台諸縣平糶：並從之。尋召入閣治事，以疾請回籍調治。上令其子璜歸省，又遣醫診視。卒，贈少保，賜祭葬，謚文敏，祀浙江賢良祠。又命視靳輔、齊蘇勒例，一體祠祀。

曾筠在官，視國事如家事。知人善任，恭慎廉明，治河尤著績。用引河殺險法，前後省庫帑甚鉅。第三子璜，亦由治河有功，官大學士，繼其武。

璜，字尙佐。幼讀禹貢，曰：「禹治水皆自下而上。蓋下游宣通，水自順流而下。」長老咸驚異。雍正七年，賜舉人。八年，成進士，選庶吉士，年裁二十。授編修，再遷諭德。乾隆元年，命直南書房。三年，丁父憂，服闋，擢庶子。兩歲四遷左僉都御史。九年，奏：「督撫閱兵，祇就趨走應對定將弁能否。請近省命大臣，邊省命將軍、副都統，簡閱行伍。」是歲令大學士訥親閱河南、山東、江南三省行伍，璜此奏發之也。

璜侍曾筠行河，習工事。奏河工疏築諸事：請浚毛城鋪壩下引河，並於順河集諸地開河引溜，修築黃河岸，留新黃河、韓家堂諸地舊口，洩盛漲，議行。授大理寺卿。累遷戶部侍郎。十八年十月，黃、淮並漲。璜疏請濬銅山以下、淸口以上河身，並仿明劉天和製平底方船，用鐵耙疏沙，修補高堰石工、歸仁隄閘，酌復江南境內減水閘壩。尙書舒赫德等被命視河，奏請派熟諳工程大員董理堤防，因令璜偕工部侍郎德爾敏督修。璜奏：「高堰工程有甎石之殊，年分有新舊之異。今當修砌石工，隄外築攔水壩，並將舊有甎工盡改石工。石較甎重，椿木應培增。舊修石隄用石二進，石後用甎二進，甎與土不相融結，久經風浪，根空基圮，令於甎石後加築灰土三尺，以禦衝刷。」又奏：「串場河爲諸水總匯。請自石礎閘南更建閘二，並就舊河道疏濬，直達海口。」十九年，奏：「高堰、高澗、龍門、古溝四處深塘兜灣，請修復草壩。」皆從之。是年隄工竟，議敍，轉吏部。二十年，以母病，乞假歸。

二十二年春，上以璜母病愈，授南河副總河，並諭曰：「璜侍父曾筠久任河工，見聞所及，諳練非難。母雖年近八十，常、淮帶水，儘可輕舟迎養，固無異在家侍奉也。」四月，上南巡，臨視高堰、清口及徐州諸工。以伏汛將至，近河諸地歲頻歉，貧民甚多，諭疏築諸工同時並舉，以工代賑。因璜前奏請於昭關增滾壩，濬支河，南關舊壩改建滾水石壩，卽命璜董其事。璜奏：「運河東隄減水入下河，經劉莊、伍祐、新興諸場，分注鬭龍、新洋二港歸海。但劉莊大團閘至新興石礎閘相距較遠，請於伍祐沿窪口、蔡家港各增建石閘，引水出新洋港。並疏射陽湖港口，使之徑直。濬串場河以西孔家溝、岡溝河、皮家河支流凡三。此皆下河歸海之路也。湖河諸水，歸海紆迴，歸江逕直。多一分入江，卽少一分入海。應挑河築壩，使湖河水勢相平，乃將各壩開放。則湖水既減，可爲容納來水地。伏秋水盛，洩高郵湖引入運河，出車邏、南關二壩，則歸海水少，下河田廬可無慮矣。」上諭曰：「璜此奏分別緩急，因勢利導，會全局而熟籌之。改紆爲直，移遠爲近，濬淺爲深，具有條理。卽令尹繼善、白鍾山等會璜次第興舉。」十一月，高郵運河東隄新建石壩工成，奏請酌定水則，車邏、南關二壩過水至三尺五寸，開五里中閘；至五尺，開新建石壩。又奏：「車邏、南關壩脊高於高郵湖面二尺七寸。芒稻閘爲湖水歸江第一尾閭，請常年啓放，俾江、湖脈絡貫通。」上深嘉之，從所請，並降旨命勒石閘畔。

二十三年正月，擢工部尚書。五月，上下江諸工皆竟。九月，調禮部。二十四年四月，請在籍終養。二十五年，詣京師祝上壽。歸至清江浦，奏言：「歸江之路，尚有應籌。請於金灣壩下開引河，並濬董家溝。又以廖家溝、石羊溝、董家溝三壩改低三尺，使與芒稻閘相準。」上命交尹繼善等勘議。二十九年，丁母憂。三十二年，服闋，署禮部尚書，旋實授。七月，授河東河道總督，奏：「楊橋大壩爲河南第一要工，雖已堵閉，時輒滲漏。而北岸河灘順直，既不能挑引河分溜，大壩迤東又遍地飛沙，不能建越隄。請將壩身裏戧培厚，用資完固。」璜每巡河，不避艱險，身先屬吏。一夕聞虞城工險，馳往。天甫曉，雨雹交下，下埽岌岌欲崩，從者失色，勸璜姑退。璜立隄上叱曰：「埽去我與俱去！」雨雹息，隄卒無恙。

三十三年九月，召授工部尚書，罷直南書房。尋以在河督任未甄別佐雜，左遷左副都御史。三十六年，遷工部侍郎。三十八年，擢尚書，調兵部。四十年，復調工部。四十四年，調吏部，協辦大學士。初，璜議挽黃河北流仍歸山東故道，入對嘗及之。是歲河決青龍岡，大學士阿桂視工。上以璜議諮阿桂及河督李奉翰，僉謂地北高南低，水性就下；欲導河北注，揣時度勢，斷不能行。上復命廷臣集議，仍謂黃河南徙已久，不可輕議改道，寢其事。

四十七年，加太子太保，在上書房總師傅上行走。並以璜年老，諭冬令日出後入朝，賜玄狐端罩。五十年正月，與千叟宴，爲漢大臣領班。五十一年，以老乞休，賜詩慰留。上幸避暑山莊，命留京辦事。五十五年四月，以璜成進士逾六十年，重與恩榮宴。璜年八十，與高宗同歲生，生日在六月，奏改萬壽節後。上嘉其知禮，代定八月十九日，賜詩及聯牓、上方珍玩寵之。五十六年，復賜肩輿入直。五十九年七月，卒，年八十有四，命皇八子奠醊，贈太子太師，賜祭葬，謚文恭。

子八，長承謙，進士，官至侍讀，先璜卒。族子承恩，舉人，累官至河東河道總督。

高斌，字右文，高佳氏，滿洲鑲黃旗人，初隸內務府。雍正元年，授內務府主事。再遷郎中，管蘇州織造。六年，授廣東布政使，調浙江、江蘇、河南諸省。九年，遷河東副總河。十年，調兩淮鹽政，兼署江寧織造。十一年，署江南河道總督。十二年，回鹽政任。復署河道總督，培范公隄六萬四千餘丈。十三年，回鹽政任。旋授江南河道總督。

乾隆元年，疏請河工搶修工段需用土方，令河兵挑運十之四，用民工十之六。又請葦蕩營採柴均歸廠運。又請各州縣河工外解各項悉歸河庫道。河南永城、江南蕭縣頻年被河患，上命高斌會兩江總督趙弘恩、河南巡撫富德籌疏通之策。高斌等奏：「黃河南岸碭山毛城鋪向有減水石壩一，蕭縣王家山有天然減水石閘一，睢寧縣峯山有減水閘四，建自康熙間，誠分黃導淮以水治水之善策。年久淤淺，水發爲患。毛城鋪舊有洪溝、巴河二河，爲減洩黃水故道。閘下地勢，東北偏高，水向南行，漫入祝家口。請俟水涸疏濬二河，並於二河上游開蔣溝河，築祝家口、潘家口二壩。漳水南流，使盡入蔣溝、洪溝、巴河分流下注，永城、碭山諸縣當無水患。王家山天然閘減水會入徐溪口，舊有引河，間有淤淺；峯山減水四閘，歷年既久，引河亦有淤淺：均應疏濬。」又奏：「淮揚運河自清口至瓜洲三百餘里，其源爲分洪澤湖水入天妃閘，建瓴而下，經淮安、寶應、高郵、揚州以達於江，惟借東西漕隄爲障。請於天妃、正越兩閘之下，相距百餘丈，各建草壩三。壩下建正石閘二，越河石閘二。又於所建二閘尾各建草壩三。重重關鎖，層層收蓄，則水平溜緩，可禦洪澤湖異漲，亦可減運河水勢。湖水三分入運，七分會黃。山盱尾閭天然南北二壩，非洪澤湖異漲不可輕開，使清水全力禦黃；而高、寶諸湖所受之水，循軌入口，不至泛溢下河。則高、寶、興、鹽諸縣民田可免洪湖洩水之患。」疏入，均議行。

御史夏之芳等疏言：「毛城鋪引河一開，則高堰危，淮、揚運道民生可慮。」命高斌會大學士嵇曾筠、副總河劉永澄等詳度。安徽布政使晏斯盛、廣東學政王安國復請濬海口，又命高斌與宏恩及江蘇巡撫邵基會勘。二年三月，高斌請入覲。趙弘恩內擢戶部尙書，亦詣京師。上命王大臣集議，並召之芳等皆與。高斌言：「毛城鋪減水壩康熙十七年靳輔所建，減水歸洪澤湖，助淸刷黃。六十年來，河道民生，均受其益。現濬毛城鋪，乃因壩下舊河量加挑濬，使水有所歸，並非開壩。況減下之水，紆迴曲折六百餘里，經徐、蕭、睢、宿、靈、虹諸州縣，有楊疃等五湖為之渟蓄。入湖時卽已澄清，無挾沙入湖之患，亦無湖不能容之慮。」之芳等仍執所見，議未決，御史甄之璜奏：「毛城鋪開河，淮、揚百萬之衆，憂慮惶恐。」鍾衡條奏亦及之。上卒用高斌議，斥之璜、衡、之芳等。

高斌復請別開新運口，堵塞舊運口，以避黃河倒灌。三年正月，淮、揚運河工竟，有旨嘉奬。四年，上聞時論議高斌所改新運口離黃稍遠，而上游水勢遇黃河異漲，仍不見倒灌，命大學士鄂爾泰乘驛往勘。鄂爾泰仍主開新運口，如高斌議。八月，高斌入覲，命便道與直隸總督孫嘉淦、總河顧琮會勘直隸河道。六年，奏言：「黃河自宿遷下至清河，河流湍急，內逼運河，唇齒相依。請培運河南岸縷隄，作為黃河北岸遙隄。」又言：「江都瓜河地勢卑下，請量改口門，別濬越河，以減淮水入瓜河分數。」又言鎭江南岸埽工宜改甎工。均下部議行。

調直隸總督，兼管總河。奏言：「永定河惟在尾閭通暢，請於三角淀旁開引河，下接大清河老河頭，上接鄭家樓水口。挑去積土，卽於北岸圈築坡埝，以防北軼。南岸亦量為接築，以遏南溜。下口河唇，隨時疏通。至上游應籌分洩，請於南岸雙營，北岸胡林店、小惠家莊各增建三合土滾壩一；並減隄高，使卑於壩。南岸郭家隄舊草壩應一律修築如式。」七年，淮、揚水災，上命高斌及侍郎周學健會總督德沛等治賑。事畢，還直隸，復奏言：「永定河上游爲桑乾河，自山西大同至直隸西寧，兩岸可各開渠灌田。自西寧石閘村入山，經宣化黑龍灣、懷來和合堡、宛平沿河口，兩山夾峙，一線中趨。若於山口取巨石錯落堆疊，仿竹絡壩之意，爲玲瓏水壩，以殺其洶湧，則下游河患可減。」疏上，均議行。十年三月，加太子太保。五月，授吏部尚書，仍管直隸水利、河道工程。十二月，命協辦大學士、軍機處行走。

十一年，御史楊開鼎劾南河河道總督白鍾山河決匿災不報，命高斌往江南會總督尹繼善按治，白鍾山坐奪官。疏言：「淮、黃二瀆，每年伏秋水漲，以老壩口水誌爲準則。乾隆七年最大，水誌連底水一丈四尺七寸，當以此較量每年水勢。各處閘壩開閉，應以就近石工水漲尺寸爲度。」運河水漲，又命高斌往勘。疏陳培六塘河謝家莊、龍溝口諸處隄堰，濬中墩河、項家衝東門河；又疏請豁免海州、沭陽、贛榆諸縣逋賦，及板浦、徐瀆、中正、莞瀆、臨洪、興莊諸場折價帶徵銀：並從之。高斌嘗謂黃水宜合不宜分，淸水宜蓄不宜洩，惟規度湖河水勢，視其縮盈以定蓄洩，方不至泛溢阻礙爲民害。諸所籌畫，皆可循守。十二年三月，授文淵閣大學士。四月，命往江南同河道總督周學健督理防汛。五月，直隸水利工竟。

十三年，命偕左都御史劉統勳如山東治賑。又命偕總督顧琮如浙江按巡撫常安婪賄狀，高斌等頗不欲窮治。上又遣大學士訥親往按，責高斌模棱，下吏議，奪官，命留任。閏七月，周學健得罪，命兼管江南河道總督。尋以籍學健家產徇私瞻顧，奪大學士，仍留河道總督。十六年三月，上南巡，命仍以大學士銜管河道總督事。閏五月，暫管兩江總督。八月，盱南陽武漫工未合龍，詔往相度修築，命未下，高斌奏請馳赴協辦。上奬其急公任事，得大臣體。十一月，工竟，命同侍郎汪由敦勘天津諸處河工。十七年，年七十，賜詩。

十八年，洪澤湖溢，邵伯運河二閘衝決，高郵、寶應諸縣被水，下部嚴議。學習河務布政使富勒赫奏劾南河虧帑，命署尚書策楞、尚書劉統勳往按。策楞等疏發外河同知陳克濟、海防同知王德宣虧帑狀；並及洪澤湖水溢，通判周冕未爲備，水至不能禦，不即奏劾狀。上責高斌徇縱，與協辦河務張師載並奪官，留工効力贖罪。九月，黃河決銅山張家路，南注靈、虹諸縣，歸洪澤湖，奪淮而下。上以秋汛已過，何至衝漫河隄，責高斌命往銅山勒限堵塞。策楞尋奏同知李燉、守備張賓侵帑誤工狀，上命斬燉、賓，縶高斌、張師載使視行刑，仍傳旨釋之。二十年三月，卒於工次。予內大臣銜，發內庫銀一千治喪。

二十二年，上南巡，諭曰：「原任大學士、內大臣高斌，任河道總督時頗著勞績。即如毛城鋪所以分洩黃流，高斌設立徐州水誌，至七尺方開。後人不用其法，遂致黃弱沙淤，隱貽河患。其於黃河兩岸汕刷支河，每歲冬季必率廳汛填築。近年工員疏忽，因有孫家集奪溜之事。至三滾壩洩洪湖盛漲，高斌堅持堵閉，下游州縣屢獲豐收。功在民生，自不可沒。癸酉張家路及運河河閘之決，則其果於自信，抑且年邁自滿之失。在本朝河臣中，卽不能如靳輔，較齊蘇勒、嵇曾筠有過無不及。可與靳輔、齊蘇勒、嵇曾筠同祀，使後之司河務者知所激勸。」二十三年，賜謚文定。御製懷舊詩，列五督臣中。命祀賢良祠。

子高恆，高恆子高樸，皆坐事獲譴，自有傳。上復錄高斌孫高杞授內務府郎中。從子高晉。

高晉，字昭德。父述明，涼州總兵。高晉初授山東泗水知縣，累遷安徽布政使，兼江寧織造。乾隆二十年，擢安徽巡撫。二十二年，上南巡視河，命高晉協辦徐州黃河兩岸隄工。高晉奏言：「鳳、潁災區諸工並舉，米價日昂，動工程銀三萬兩購米，尚慮不敷。」上念淮徐海道諸工，截漕二十萬石平糶。請分五萬濟上江各工。」從之。工竟，加太子少傅。

二十六年，遷江南河道總督。奏言：「高、寶、興、泰積年被水，上命封南關、車邏等壩，於金灣壩下濬引河，洩水歸江，使洪澤湖、運河之水不致漫壩東注。下河各縣支河汊港及田間積水，均匯入串場河，北至鹽城石䃮、天妃等閘，出新洋港。又自興化白駒、青龍、八社、大團等閘出鬭龍港，分二道歸海。惟下河形如釜底，積潦驟難消涸。請浚興化迤南丁溪、小梅二閘引河使出王家港，與化迤北上岡、北草堰、陳家衝三閘引河，使匯射陽湖，增二道歸海，俾數州縣積水節節流通，沮洳漸成沃壤。」從之。二十七年，授內大臣，奏言：「運河歸江，邵伯以下舊設六閘。自鹽河分流下注，請將六閘金門量爲展寬。又鹽河舊設中、南、北各二閘，應留北二閘以濟鹽、運。南、中二閘過水遲滯，應添建石壩，接長土隄，酌挑引河，俾高、寶湖水歸江益暢。」二十八年，加太子太傅。二十九年，奏言：「淸口以上桃、宿等廳，專受黃水；淸口東壩以下，淮、黃合流，至雲梯關迤東歸海。北岸五套、南岸陳家浦頂衝入溜，議培築舊隄。臣以雲梯關外近海，與其築隄束水，不若於舊隄上首作斜長子堰，使水匯正河入海。」上均是之。

三十年，遷兩江總督，仍統理南河事務。三十一年，按蘇州同知段成功縱僕擾民，高晉以成功方病，擬寬之，上責其祖庇。三十三年，署湖廣總督，兼攝荊州將軍事。三十四年，回任，兼署江蘇巡撫。上命採洋銅鑄錢，高晉請收小錢，並運雲南銅供鑄，費省於洋銅，上用其議。三十六年，兼署漕運總督，授文華殿大學士，兼禮部尙書，仍任總督如故。尋命同侍郎裘曰修、總督楊廷璋籌勘永定河工。事竟，還江南。

四十年，河東河道總督姚立德奏請以蜀山湖收蓄伏秋汛水，工部以舊例蜀山湖於十月後收蓄汶河淸水議駁，上命高晉會勘。尋奏：「蜀山湖周六十五里，在汶河南、運河東，爲第一水櫃。向定蓄水限九尺七八寸，請改以一丈一尺爲率，兼蓄伏秋汛水。」從之。四十一年，河督吳嗣爵奏黃河淤高，命高晉與總督薩載籌議。請浚清口以內引河停淤，使清水暢出，與黃河匯流東注，並力刷沙，則黃河不濬自深，海口不疏自治。上諭曰：「此奏甚合機宜形勢，爲治淮、黃一大關鍵。屆時妥爲之。」是冬，入覲，上以高晉年七十，書牓以賜。

四十三年，命赴浙江會巡撫王亶望相度海塘，又命赴河南堵築儀封漫口。秋，河決時和驛，高晉請議處，命寬之。冬，時和驛工竟。儀封新修埽工蟄陷，部議奪官，仍命留任。十二月，卒，賜祭葬，謚文端。懷舊詩并列五督臣中。子書麟、廣興，自有傳。

完顏偉，完顏卽其氏，滿洲鑲黃旗人。雍正間，自內務府筆帖式累遷戶部員外郎。命往江南學習河務。乾隆二年，授浙江海防道。調江南河務道，尋擢浙江按察使。方建尖山壩工，巡撫盧焯奏以偉督工，歲賚銀五百。六年，命爲江南副總河，就擢河道總督。高郵南關、五里、車邏三壩，值河、湖盛漲，洩水輒浸下河州縣民田。上命閉洪澤湖天然壩及三壩，不使水入下河。知州沈光曾以上河濱湖灘地被水，議以濟運餘水由三壩減洩，並易芒稻河閘爲壩，疏寶應、高郵、甘泉諸湖南注之路。偉劾其擾亂河工，光曾坐奪官。

初，上以黃河大溜逼清口，命循康熙舊迹，開陶莊引河，導使北注。大學士鄂爾泰與河道總督高斌合勘，甫定議，會暴汛積淤，工遂停。高斌亦去任，復命偉相度。偉議自清口迤西黃河南岸設木龍挑溜，使漸趨而北。七年，疏言：「淮源上游雨多水發，賈魯河盛漲，由渦達淮，匯于洪澤湖。三石滾壩減歸高、寶、邵伯等湖，而古溝、東壩漫刷過水又自白馬湖來會，水勢益大。臣督築子堰捍禦，並開高郵老土壩及南關等三壩，水勢始定。」上嘉之。

是歲黃河亦盛漲，石林口減水過多，沛縣及山東魚臺、滕、嶧諸縣皆被水。偉具疏請罪。御史吳煒劾偉用人不得當，偉疏辨，上不深責，調河東河道總督。九年，奏言：「山東歷年被水，由於上游散漫，下游梗阻。運河東接汶、泗、沂、濟諸水，洩入微山、蜀山、南旺、馬踏諸湖；北接漳、衞二水，洩入鹽河、徒駭、馬頰、鉤盤諸河。遇伏秋異漲，宣洩不及，應於運河內增閘壩以分其勢，疏下河以暢其流。其經由各州縣，凡溝渠淤狹者浚之，隄堰殘缺者修之。」報可。十年，以母老乞回京，有旨慰留。十三年，授左副都御史。旋卒。

顧琮，字用方，伊爾根覺羅氏，滿洲鑲黃旗人，尚書顧八代孫。父顧儼，歷官副都統。顧琮，以監生錄入算學館，修算法諸書，書成議敍。康熙六十一年，授吏部員外郎。雍正三年，授戶部郎中，遷御史。四年，巡視長蘆鹽政。八年，遷太僕寺卿。九年，授霸州營田使。十一年，協理直隸總河，遷太常寺卿，署直隸總督。尋授直隸河道總督。十二年，奏報：「永定河口深通，上流始得暢注入淀。近因淤，議濬引河，自然開刷，不勞民力，號爲天賜引河。」

上令報祀。疏請更定管河廳汛，增設員缺，下部議行。

乾隆元年，署江蘇巡撫。丁父憂回旗。二年，命協辦吏部尚書事。永定河決，命偕總督李衞督修。旋署河道總督。三年正月，改授朱藻，命協同辦理。奏畿輔西南諸水匯於東西兩淀，淤墊漫溢爲患。請設垡船撈泥，以三角淀通判、淸河同知司其事。藻罷去，復授河道總督。五年，濬靑縣興濟、滄州捷地兩減河，疏陳善後諸事，請疏海口，築遙隄，多設涵洞。六年，請改定子牙河管河官制。尋以裁缺回京。是年，授漕運總督。七年，奏言：「淸江以上，運河兩岸，向來只知束水濟運，未知借水灌田，坐聽萬頃源泉，未收涓滴之利。同此田畝，淮南、淮北，腴瘠相懸。或疑運河洩水，於濟運有妨。不知漕艘道經淮、徐，五月上旬卽可過竣。稻田須水，正在夏秋間。若屆時始行宣導，是祗借閉蓄之水爲灌漑之資，於漕運初無所妨。況淸江左右所建涵洞，成效彰彰。推此仿行，萬無疑慮。請特遣大臣總理相度，會同督、撫、河臣詳酌興工。」議未及行。八年，以督運詣京師。入對，請行限田，上斥其擾民。

十年六月，疏請於馬莊集、曹家店各建石閘，束上游之水，並將駱馬湖入運處改在皁河以上乾車頭，建閘挑渠，引水濟運。十字河竹絡壩開放後，黃水湍激，橫截運河，糧艘提溜爲難。當於竹絡壩下東黃壩迤東接堤堵截，別於蘇家閘南濬河越黃入運，從之。十一年，署江南河道總督。十二年，命偕大學士高斌按浙江巡撫常安貪婪狀。坐未窮治，奪官，命留任。尋調河東河道總督。十七年，疏言：「運河隄未設堡房。請視黃河例，每二里建堡房，都計四百餘座。」十九年，坐江南總河任內浮費工銀，奪官。旋卒。

顧琮內行嚴正，嘗入對，值旱多風，世宗以爲憂。顧琮引洪範謂「蒙恆風若，慮臣或蔽君」，上爲之動容。世宗崩，顧琮方喪偶，逾三年乃續娶。方苞以爲合禮。

白鍾山，字毓秀，漢軍正藍旗人。雍正初，自戶部筆帖式遷江南山淸裏河同知。累擢江蘇布政使。奏：「狼山、蘇松二鎭駐地距蘇州俱遠，軍糈輓運維艱，請就所駐及附近州縣配給。崇明孤懸海外，地不產米，請由江、廣採運，撥萬石貯崇明倉，備平糶。海濱漲出沙洲，民人占居，當築土墩以避潮患。」從之。十二年，授南河副總河，旋擢河東河道總督。

乾隆元年，奏：「河標兵駐濟寧，無倉儲，每稱貸貴糴。請以生息銀二千七百有奇買穀四千石，設倉存貯，春借秋收。」又奏：「豫東河防，水落時，當堵塞支河。伏秋水漲，購料募夫，每慮不及。請發河南、山東司庫銀分存鄭州及武陟、封丘、曹、單諸縣，永遠貯備。」皆從之。四年，疏言：「漳水舊自直隸入海，康熙四十五年，引漳入衞濟運，故道漸淤，全歸衞河，勢難容受。嗣於德州哨馬營建滾水壩，開引河洩衞水，由鉤盤河達老黃河入海。然漳、衞二水隨時淤塞，虛糜帑金。漳水舊有正河、支河，應擇易浚者復其故道。於館陶建閘，衞水大，聽漳入海以防漲；衞水小，分漳入衞以濟運。」奏入，命大學士鄂爾泰詳議，議在丘縣東和爾寨村承漳河北折之勢，接開十餘里，至漳洞村入舊河；因於新河東流入衞處建閘，以時啓閉，上從之。時漕運總督補熙請造十丈大船，運河當以水深四尺爲則。白鍾山謂：「牐河無源之水，雨至而後泉旺，泉旺而後河盈。上牐閉、下牐啓，則下牐倍深，上牐倍淺。各牐相距遠近不均，水近者深，則遠者必淺。以人役水，以水送舟，必不能均深四尺。」侍郎趙殿最又請於館陶、臨清各立衞河水則，白鍾山謂：「尺寸不足，將衞輝民田渠牐盡閉，致妨灌溉，事既難行，尺寸既足，將官渠官牐盡閉，來源頓息。下流已逝，運河之水亦立見消涸。二者均屬非計。」議並寢。

八年，調江南河道總督，疏言：「石林口堵築堅固，大溜直趨下流。黃村、韓家塘等處新築子堰，恐不足抵禦，於對岸濬引河，導溜南注，並加厚子堰，派兵駐防。」又奏言：「葦蕩左右兩營，歲輸柴二百二十五萬束。積久生弊，輸運不齊。請禁兵民雜採，定採葦期限，濬運柴溝渠，編柴船幫號。」皆允行。

十一年，御史楊開鼎劾：「白鍾山出納慳吝，任情駁減，用損工僉，縱僕役婪索。陳家浦決七百餘丈，止稱二十餘丈。興築延緩，阜寧、鹽城二縣受其害。」命高斌會尹繼善按治，以開鼎從。尋覆奏駁減、婪索無實據，惟陳家浦漫口衝刷，貽害累民。上召白鍾山詣京師，奪官，效力河工。總河顧琮復論白鍾山措處失當，上命籍其貲逾十萬以償。

十五年，授永定河道。十八年，河決張家路，命從尙書舒赫德往勘。旋命以按察使銜協辦南河事。十九年，復授河東河道總督。二十年，署山東巡撫。請罷孔氏世襲曲阜知縣，上命改授世襲六品官。尋奏濟寧以南積水未消，請緩開汶河大壩，疏濬下游河道。上命白鍾山往勘南河，文武各官聽調遣。

二十二年，調江南河道總督，疏言：「自河決張家路，沙停河淤，下流不暢，南高北窪。迨孫家集復決，河底益高。黃河受病，率由水勢側注北岸，沖刷溝槽。惟有南北分籌，南宜疏，北宜築。築則支河不致奪溜，疏則稍分有餘之水勢，庶徐州得以少安。臣與河臣張師載商榷，以爲南岸長灘較北岸更險，必於橫亙處濬引河，導溜歸中，岸隄益加高厚。北岸無隄，漫水如梁家馬路、徐家莊等處支河數十道，及黃家莊、郭家堂等處漫槽矮灘，宜築土壩。水平則收束以刷正河，水漲則平漫平消，不至沖槽奪溜。並於孫家集培隄增壩，以爲重障。駱馬湖北受蒙陰山水，西受微山湖水，其尾閭在六塘河。上游湖隄在在殘缺，亟應修補捍防。」皆從之。

荆山橋工竟，議敍。奏言：「寧夏上游河水陡漲，急報下游防範。正陽關爲淮水上下關鍵，應仿寧夏水報法，派員專司其事。」又奏：「上江諸水皆歸安河以達洪澤湖。安河間段淤淺，連年水患由此。宜多募漁船，伐蘆撈泥，俾尾閭一通，上游皆有去路。又歸仁隄下舊有涵洞，穿鮑家河以達安河，久經湮塞。擬開浚分林子河一支，則安河進水之地亦有所分，患可漸減。」報聞。二十三年，加太子少保。二十六年，卒，贈太子太保，賜祭葬，謚莊恪。

論曰：自靳輔治河、淮，繼其後者，疏濬修築，守成法惟謹。世宗朝，齊蘇勒最著，嵇曾筠、高斌皆仍世繼業，與靳輔同祠河上，有功德於民，克應祭法。完顏偉、顧琮、白鍾山隨事補苴，不負當官之責。高斌任事二十年，疏毛家鋪引河，排衆議行之，民蒙其利。奪淮之役，縛赴工次待決。雷霆不測之威，赫矣哉！

清史稿卷三百十一

列傳九十八

哈攀龍 子國興　任舉　冶大雄　馬良柱　本進忠　劉順

哈攀龍，直隸河間人，其先出回部。乾隆二年一甲一名武進士，授頭等侍衞。以副將發福建，除興化城守副將。遷總兵，歷河南南陽、福建海壇、漳州諸鎮。以母喪去官。十三年，高宗東巡，攀龍迎鑾，命往金川，隸總督張廣泗軍，署松潘鎮總兵。出美諾溝，取撒臥山、大松林、噶達諸寨。分兵出馬溝右梁，察形勢，得其險要，搜截松林，賊蔽松設卡。毀其二，徑左梁山溝，殲斃賊數十。進克渴足寨，焚碉寨四、水城一，殺賊二十餘。尋與署重慶鎮總兵任舉合兵攻色爾力石城，舉沒於陣。攀龍入林，殪賊三十餘，奪舉尸回。復偕都統班第、署重慶鎮總兵段起賢、侍衞富成分道夜襲色爾力，焚木卡三，殺賊五十餘。進破石梁、雙溝諸壘。經略訥親、總督張廣泗劾攀龍攻色爾力不能下，兵部議左遷。上責攀龍自陳，攀龍言屢克卡殺賊報廣泗，廣泗不以入告。會訥親、廣泗皆得罪去，上知攀龍枉，命罷議。尋從經略大學士傅恆夜攻色爾力，先登，拔石卡，殪賊數十。十四年，金川事定，命署固原提督。十六年，移湖廣提督，陳整飭弁兵諸事，上嘉勉之。尋命眞除。復移貴州提督。入陛見，病留京師，卒。

子國興，乾隆十七年武進士，授三等侍衞。出為雲南督標右營遊擊，遷東川營參將。緬甸頭人召散據孟艮為亂。總督楊應琚檄國興佐軍，戰椤木，進克猛卯，督戰被鎗，創右輔及臂。應琚以聞，賜孔雀翎。尋署騰越營副將。時副將趙宏榜以偏師深入，與緬人戰於新街，師敗績。國興師至蠻暮，詗新街無備，督兵潛入，緬人乃引退。從將軍明瑞進克木邦，戰於蠻暮，大破之。復偕侍衞莽克察擊斬守隘賊六十餘。擢楚姚鎭總兵。入陛見，命在乾清門行走，賚銀幣。還軍，移普洱鎭總兵，遷貴州提督。經略傅恆議用水師，令國興赴銅壁關外野人山督造船。移雲南提督，加太子少保。船成，從傅恆出猛拱、孟養、南豐、猛烈、猛壩，次老官屯。緬人水陸備甚固，攻之不時下。頭人諾爾塔以其酋懵駁命，遣使得魯蘊詣軍乞解兵。傅恆令國興出見，曉以利害，令具約十年一貢，毋更擾邊，歸所掠內地人。緬人誓奉約。時傅恆方病，將軍阿桂召從征諸大臣議，皆言許之便，遂與定約解兵。旣而貢弗至，總督彰寶遣都司蘇爾相諭意，留不遣，揚言國興許以木邦、猛拱、蠻暮三土司予緬人，請如議。彰寶劾國興與緬人議具約不以實，上召國興至京師，詰國興，國興自陳未嘗有此議。上責國興遷就畢事，奪太子少保，左授貴州古州鎮總兵。移雲南臨元鎮。後二年，得魯蘊復至老官屯，請如前誓三事。

時師征金川，上命國興從將軍溫福進討。三十七年，遷西安提督，命盡護陝西、甘肅從征諸軍。尋令偕總兵董天弼自曾頭溝取底木達、布朗郭宗。溫福以國興能軍，令自策卜丹徑取美諾當一面。國興自阿喀木雅山溝紆道徑瑪爾迪克山寨，察策卜丹地勢，林深徑狹，不宜於行師，乃將二千人佐海蘭察攻瑪爾迪克。溫福再疏聞上。金川賊千餘屯貢噶山左，謀劫糧，國興馳擊，賊敗匿。師還，經瑪爾迪克，賊自林中出，復擊敗之，上賚荷包四。進攻貢噶山，設伏，斬賊百餘，搜箐奪碉卡。九月，金川酋索諾木使詣國興，請獻鄂克什地以降。國興令併割南北兩山美美卡、木蘭壩及瑪爾迪克。越日，賊盡撤諸柵。國興以兵入鄂克什舊寨，賊退守路頂宗。十月，使歸墨壟溝師敗時所掠外委臧儒，且言嘗勸僧格桑同降。溫福以聞，上令國興檄諭索諾木聲其罪。時國興及海蘭察將五千人屯貢噶山，謀攻策卜丹，阻冰雪未進。上命還師攻路頂宗。路頂宗山麓有巨溝，溝源出南山。海蘭察紆道出山後，侍衞額森特自小徑爲應，國興前越溝攻碉。師繼進，遂克路頂宗，破卡五十餘、碉三百餘，俘獲甚衆。復自喀木色爾北山攻穆拉斯郭大寨，進據兜烏山巔，與總兵馬彪軍合，奪附近碉卡，克額爾奔木栅。復將千人渡水，自南山鄂爾濟仰攻，克諸寨，與大軍會，進攻明郭宗。別以兵襲擊公雅山，克木爾古魯寨，並奪據嘉巴山麓。廷議既定小金川，分命將帥三道進討金川。上曰：「國興雖綠營漢員，熟軍事；又嘗爲乾淸門侍衞，與滿洲大臣無異。」授參贊大臣，佐副將軍豐昇額。是月克明郭宗，焚念經樓。整兵進取日果爾烏谷山麓，攻美諾。上嘉國興功，官其子文虎守備。攻克布朗郭宗，僧格桑遁金川。我軍直抵底木達，僧格桑父澤旺出降。小金川平。

國興卒於軍，賜白金千，存恤其家，加贈太子太保，諡壯武。祀昭忠祠，圖形紫光閣。文虎授陝西提標右營守備，從軍攻木果木，陣沒，從祀昭忠祠。復官次子文彪千總。

任舉，山西大同人。雍正二年武進士。以守備發陝西。累遷固原提標左營遊擊，署城守營參將。乾隆十一年十二月，固原兵變，夜攻提督許仕盛，毀轅門將入。舉聞亂，單騎詣鼓樓鳴角，招營兵未變者纔五十人，部勒使成列。變兵懼，退掠市廛。舉追及，手刃十餘人，擒四十餘人。變兵出城南門，還攻東西二門。舉守東門，右營遊擊鐵保守西門，禦戰，變兵潰。事定，總督慶復以聞，擢中軍參將。

十二年，命征金川，隸總督張廣泗軍。尋授西鳳協副將。舉至軍，與總兵許應虎、副將高宗瑾、參將買國良攻色底賊碉，擊以礮二百餘發，碉一角圮，垣鑿孔發礮，密如鱗比。舉度我軍礮小不能下，將移軍退守，賊出戰，再設伏敗之。十三年，上諭謂：「在軍諸將狃於瞻對之役，庸懦欺蒙，已成夙習。今別用舉等，皆未從征瞻對，無所掣肘，宜鼓勵勇往。」廣泗亦奏在川鎮將，忠誠勇幹無出舉右者，令率漢、土兵三千取道攻昔嶺。尋又奏令署重慶鎮總兵。

舉與參將王愷自牛廠至素可尼山。時五月，遇大雪，闢道以行。經撒烏山，至昔嶺山梁，山北曰木岡，孤峯當道，賊置城卡守隘。舉督兵攻卡，憑高發礮洞其垣，令土兵緣溝潛進，燬賊碉。師循出山腰，克賊卡，遂陟中峯，以千人駐守，進攻木岡。時總兵哈攀龍師至馬溝右梁，阻松林不得進。廣泗令自納喇溝出昔嶺右，與舉合攻木岡賊所置城卡，力戰未卽下。舉察昔嶺左有道通卡撒，中經得思東、木達溝，賊皆置碉焉。總兵冶大雄方自卡撒進，舉與合軍，焚木達溝諸碉，圍得思東，斷其汲道，督兵挾斧斫賊，賊墮巖遁，得大小碉三。進攻色爾力石城，分兵爲三道：舉督兵直攻石城，攀龍出其右，副將唐開中及國良出其左。越溝度林，攻賊所置木城，國良戰死。六月己巳，舉與攀龍、開中合攻石城，城堅甚。我師方力攻，賊三百餘自西南林內出，舉督兵與戰，被創；戰益力，槍復中要害，遂卒。攀龍入林殺賊，以其尸還。

時上方命舉眞除，經略大學士訥親以舉死事聞，上閱疏爲泣下，並諭：「舉忠憤激發，甘死如飴，而朕以小醜跳梁，用良臣於危地，思之深惻！」命視提督例賜卹，加都督同知，謚勇烈，祀昭忠祠，官其子承恩都司，承緒千總。承恩喪終入謝，上以尚幼，命傳諭其母善教之。二十四年，授三等侍衞。累遷福建陸路提督。五十二年，臺灣林爽文爲亂，承恩請往討之，師無功，逮詣京師，罪當死，上寬之。五十三年，赦出獄。五十五年，復授巡捕營參將，遷副將。卒。承緒官巡捕營遊擊，市中火，赴救被創，卒。上之赦承恩，謂其未有子，承緒又死勤事，不可使舉無嗣也。

冶大雄，四川成都人。康熙季年入伍，從征西藏，克裏塘、巴塘，降結敦落籠宗、說板多打籠宗諸寨，獲爲亂喇嘛五。雍正初，從軍出松潘黃勝關，勦撫熱當十二部落。攻郭隆寺，攻嶺三，破寨十五，追斬康布喇嘛於西海。又從征桌子山、碁子山，戮頭人。追勦羅卜藏丹津，擒丹津琿台吉。川陜總督岳鍾琪疏薦，引見，特授藍翎侍衞。累遷陝西莊浪營參將。加副將銜，賜孔雀翎，命赴巴里坤軍，檄署川陝督標中軍副將。

準噶爾犯克什圖、峨崙磯諸卡倫。大雄偕總兵樊廷以二千人當賊二萬，轉戰七晝夜，拔守卡倫兵以出。與總兵張元佐等師會，力戰殺賊。賜拜他喇布勒哈番世職，賚白金五千。尋授直隸山永協副將。命署湖北彝陵鎭總兵。上言：「彝陵距省千餘里，兵餉歲以四季支給，請改夏秋、冬春二次彙支。」下督撫議行。尋調署山西大同鎭總兵。與前任總兵李如栢互劾，均奪職。乾隆元年，以副將發湖廣，尋授衡州協副將。城綏苗、瑤爲亂，大雄駐長安堡，焚賊寨，戮其渠，餘相率就撫。擢鎭筸鎭總兵。總督孫嘉淦劾大雄貪縱，奪職。湖南巡撫蔣溥言讞無貪縱迹，引見，復授雲南昭通鎭總兵。敍剿苗功，加都督僉事銜。

十三年，從征金川，至卡撒，統雲南、貴州諸軍進攻色底、光多諸寨。引兵出昔嶺中峯之西，與署總兵哈攀龍，任舉師會，克大小碉十、石城一，隳碉百三十。同攻克昔嶺溝底石城水卡。經略大學士傅恆奏大雄歷經戰陣，令總理營壘，措置妥協，賜孔雀翎。金川頭人莎羅奔等乞降，師還。授雲南提督，加左都督銜。入覲，官其子繼鈞藍翎侍衛，命送大雄上官。疏言：「西藏喀拉烏蘇諸地與準噶爾連界，盜竊紛擾，是其故習。今藏北鄙卽我邊地，防邊自可弭盜。請駐藏大臣仍設重兵，循大道置臺站，以資防守。」上嘉其留心。

繼鈞至常德迎家，中途假回民金，大雄以聞。上以大雄知事不可揜乃始奏劾，左授哈密總兵。命署安西提督，赴巴里坤驗馬駝，疏報四千餘。會總督方觀承核參將鍾世傑等至巴里坤領馬千九百餘，途中馬多死，論罪。上以大雄疏不實，下部議；總督黃廷桂復劾大雄，命奪官，逮京師治罪。二十一年四月，行至西安，卒。三十二年，上以綠營世職不得世襲罔替，下兵部察諸將有功者，俟襲次畢，賜恩騎尉世襲罔替，大雄與焉。

馬良柱，甘肅張掖人，其先本回部。康熙季年，從軍征吐魯蕃；雍正初，將軍阿爾那檄赴插漢麥里干討賊：皆有功。復從安西鎮總兵孫繼宗攻羅卜藏丹津，降台吉三十三。戰於哈馬兒打布罕噶斯，擒其渠，授藍翎侍衞，賜白金百，遷三等侍衞。外授四川提標遊擊，賜貂皮、數珠。命將兵屯西藏。旋以兵擾民，左降，聽四川巡撫、提督調遣。

八年，瞻對土司爲亂，提督黃廷桂檄良柱討之。賊堅守石碉，督兵仰攻，槍殪所乘馬，易馬進，再殪，乃步行督戰。碉上投石如雨，傷面，搏賊益奮，火其碉，並焚擦馬、擦牙諸寨，殲賊無算。側冷邦諸頭人皆降。復授松潘鎮左營遊擊。三遷夔州協副將。

乾隆十年，師復征瞻對，破直達、松多諸寨，奪碉七十餘。進攻下密左山梁，獲頭人噶籠丹坪。再進克下密等百餘寨，獲頭人塔巴四交。渡丫魯河，遂破瞻對，焚其寨。其渠姜錯太死於火。十二年，大金川酋莎羅奔攻革布什咱土司，並掠明正土司所屬魯密、章谷諸地。巡撫紀山移良柱威茂協副將，督兵防禦。莎羅奔糾小金川土司澤旺侵沃日各寨，都司馬光祖赴援，賊大至，光祖困於熱籠。良柱率輕騎馳救，敗賊巴納山，進克石卡二百二十三。光祖等出應，賊潰，圍解。澤旺降，並還所侵沃日三寨。詔嘉其奮勇，遷重慶鎮總兵。再進復孫克宗官寨，攻江卡，戰屢勝，克大小碉寨百餘，降二十餘寨。進克丹噶山，分兵焚撒籠等七寨，噶固等寨先後降。賊守石達大碉，良柱冒雨進，數十戰，賊乘夜來撲營，設伏，殲焉。馬邦頭人思錯已降，總兵許應虎馭之不以道，復叛，圍應虎於的交，良柱馳救。賊退入戎布寨，攻之未下。旋復犯馬邦，副將張興被圍。良柱請移戎布師赴援，總督張廣泗不許，興陷於賊。侵噶固，守兵叛附賊，奪卡倫七。廣泗令良柱往攻，力戰，賊未卻。值大雪二十餘日，糧匱，煮鎧弩以食。力不支，廣泗檄退師。倉卒移營，礮械爲賊得。

廣泗劾之，命逮詣京師，良柱陳糧絕狀，上特原之。命在香山教禁軍雲梯，親臨觀之。良柱起舞鞭，稱旨，賜大緞、荷包。命仍赴金川軍，以副將、參將等官酌量委用。尋授泰寧協副將，大學士傅恆視師，檄良柱攻昔嶺，克之。莎羅奔請降，良柱以十餘騎入其營宣諭。授建昌鎭總兵，賜孔雀翎。母憂去官。召入京師，仍令教禁軍習雲梯。服闋，授松潘鎭總兵。雜谷土司蒼旺爲亂，偕提督岳鍾琪討平之。尋請老，改籍四川華陽。卒，年八十一。

良柱頟㠔然，大目虬髯，邊人畏之，號爲獅子頭。善戰，臨陣手鐵鞭一，馬上旋轉如飛。其攻噶固，廣泗不爲策應，餉又不時至，上知廣泗忌其成功，故特輕其罰云。子應詔，官直隸河間副將。孫瑜，自有傳。

本進忠，甘肅西寧人。初入伍，冒姓名曰張元吉，尋請復姓名。雍正中，從揚武將軍張廣泗援吐魯番，屯魯克沁。準噶爾來侵，邀擊，擒賊七。復追敗之哈喇和卓。乾隆十三年，檄赴金川，從征囊得山梁。攻碉先登，奪矛，中石，傷。從攻普沾，擲火彈入碉，焚碉十三，奪木城。進戰於樂利噶爾隄克，殪賊。攻碉，右股中槍，傷。錄功，擢四川威茂協右營都司。引見，賜大緞。雜谷土司蒼旺爲亂，提督岳鍾琪檄進忠討之，奪銅礮一，斬馘數十，生擒二十五，降茶堡番民二千餘。自角木角溝入雜谷，獲蒼旺。累擢永寧協副將。

三十年，從將軍明瑞征緬甸，進攻蠻結，克木卡十六，殪賊三，傷額，明日，仍裹創出戰。事聞，賜孔雀翎，號法式善巴圖魯。擢雲南臨元鎭總兵。明瑞令將五千人屯龍陵關備調遣。召詣熱河行在，入見，命乾清門行走，賜貂皮、銀幣，令還軍。旋移普洱鎭總兵，擢雲南提督。卒，加太子太保，諡勤毅。

劉順，順天人。雍正五年武進士，授藍翎侍衞。以守備發陝西。累遷至金塔協副將。乾隆十三年，令將千五百人赴金川，偕副將高雄自甲索攻囊得，道松林。賊百餘出戰，擊之遁，燬賊碉。從大軍自卡撒左山梁進，諸碉以次皆下。惟普瞻雙、單二碉守甚堅。日暮，將收兵，順潛率所部逼單碉，縱火攻之，賊潰，並奪雙碉。師繼進，遂克色底。普瞻西有山曰阿利，賊碉林立。順冒雨奮攻，奪山梁木卡，破碉。發礮，殪賊數十，復破大碉一、石卡四。

經略訥親屢奏順奮勇。金川平，擢貴州威寧鎮總兵。上以順熟邊情，移甘肅西寧鎮總兵。入見，賜孔雀翎。擢安西提督。病，乞罷。卒，加太子太保，謚壯靖。

論曰：初征金川，攀龍、舉、大雄皆以勇略著。舉尤驍桀爲軍鋒，訥親、張廣泗督戰急，鼓銳攻堅，遂以身殉，傷已！良柱善戰，又以廣泗牽制，不能盡其材。進忠、順力戰破堅碉，亦攀龍輩之亞也。

清史稿卷三百十二

列傳九十九

傅清　拉布敦　班第 子巴祿　鄂容安　納穆札爾　三泰

傅清，富察氏，滿洲鑲黃旗人，李榮保次子，傅恆弟也。雍正間，授侍衞。乾隆初，累遷至直隸天津鎭總兵。康熙中定西藏，留兵鎭撫，以大臣駐藏辦事，爲員二，嗣省其一。是時駐藏副都統索拜當代，命傅清以副都統往。十一年，疏言：「西藏處徼外，西北界準噶爾，北通青海，爲四川西南外郛。自雍正十二年設塘汛，不特傳送官文書，且以聯絡聲氣。上年索拜以節費議撤汛，使藏人任郵遞，謂之番塘。未幾輒被盜。今準噶爾當入藏熬茶，番塘恐滋誤。請自打箭鑪至藏復置塘汛，酌衝僻遠近，當得兵千人以內。」議如所請。

十二年，西藏郡王頗羅鼐卒。頗羅鼐愛其次子珠爾默特那木札勒，請以爲嗣，遂襲爵爲郡王。上諭傅清曰：「頗羅鼐更事多，黽勉事中國。珠爾默特那木札勒幼，傅清宜留意。

如珠爾默特那木札勒思慮所未至，當爲指示。」傅淸疏言：「頗羅鼐在時，長子公珠爾默特策布登出駐阿里克夏，當令珠爾默特那木札勒帥師出駐騰格里諾爾、喀喇烏蘇諸處。今仍遣珠爾默特策布登駐阿里克夏，令別遣宰桑駐騰格里諾爾、喀喇烏蘇諸處。」又以準噶爾入藏熬茶，請增兵分路防護。上命與珠爾默特那木札勒商榷，毋涉張皇。十三年，命以提督拉布敦代，傅淸還。復授天津鎭總兵，遷古北口、固原提督。珠爾默特那木札勒請撤留藏兵，上從之。旋以副都統紀山代拉布敦。

十四年，紀山疏言珠爾默特那木札勒與達賴喇嘛有隙，請移達賴喇嘛置泰寧。上知珠爾默特那木札勒乖戾且爲亂，命駐藏大臣復舊置二員，予傅淸都統銜，自固原復往。紀山復疏謂珠爾默特那木札勒言其兄珠爾默特策布登將舉兵相攻，上命傅淸途中詗虛實。傅淸疏言：「珠爾默特策布登未嘗搆兵，特珠爾默特那木札勒妄言，藉以奪其兄分地。臣至藏，即將珠爾默特那木札勒懲治。」是時上已遣侍郎拉布敦代紀山，因諭傅淸，珠爾默特那木札勒乖戾且爲亂，令熟計密奏。

十五年，傅淸與拉布敦先後至藏，珠爾默特那木札勒迫其兄珠爾默特策布登至死，遂逐其子，遣使通準噶爾，叛逆有迹。上命副都統班第赴西藏，與傅淸、拉布敦密謀取進止，仍詔傅淸、拉布敦毋輕發，並密諭四川總督策楞勒兵爲備。珠爾默特那木札勒謀愈急，絕塘汛，軍書不得達。傅清與拉布敦未得上詔，計以爲：「珠爾默特那木札勒且叛，徒爲所屠。亂既成，吾軍不得卽進，是棄兩藏也。不如先發，雖亦死，亂乃易定。」

十月壬午，召珠爾默特那木札勒至通司岡駐藏大臣署，言有詔，使登樓，預去其梯，若將宣詔。珠爾默特那木札勒方拜跪，傅清自後揮刀斷其首。於是其黨羅卜藏札什始率衆圍樓數重，發鎗礮，縱火，傅清中三創，度不免，自剄死。拉布敦死樓下。主事策塔爾、參將黄元龍皆自殺。通判常明中矢石死。從死者千總二、兵四十九、商民七十七。事聞，上軫悼，宣示始末，謂其「揆幾審勢，決計定謀，心苦而功大」。傅清追封一等伯，謚襄烈，旋命立祠通司岡。喪還，上臨奠。其子孫以一等子世襲，賜白金萬。

班第至藏，戮羅卜藏札什等，疏陳珠爾默特那木札勒自立名號，通款準噶爾，稱策旺多爾濟那木札勒爲汗，請其發兵至拉達克爲聲援。上復降詔褒傅清、拉布敦，建祠京師，命曰雙忠。子明仁，以侍衞襲子爵。從征金川，卒於軍。

拉布敦，棟鄂氏，滿洲鑲紅旗人。其先對齊巴顏，於太祖時率所部來歸，語見阿蘭珠、朗格諸傳。父錫勒達事聖祖，自贊禮郎累遷吏部尚書。出署川陝總督，還京師。以鎮筸苗爲亂，命偕副都統圖斯海、徐九如帥師討之，降三百一寨，剿十五寨。錫勒達與荆州副都統珠滿、湖廣提督俞益謨所戡定者，天星寨、龍椒洞、排六梁等三寨。亂定，與總督于成龍、巡撫趙申喬議立營汛，增設官吏爲撫綏，復還京師。卒。

拉布敦，其第六子也。生有力，能彎十力弓，左右射。工詩文，習外國語言。康熙間，襲叔祖勒爾圖三等阿達哈哈番世職。雍正朝，從傅爾丹討準噶爾，戰於和通呼爾哈諾爾；又從策凌討準噶爾，戰於額爾德尼昭：皆有所斬馘，授世管佐領。上命軍中舉驍勇之士，拉布敦與焉，賜孔雀翎。乾隆初，累遷正紅旗滿洲副都統。八年，復討準噶爾，授參贊大臣，出北路。九年，授定邊左副將軍。其冬，疏言：「厄魯特宰桑額勒愼等內牧布爾吉推河、烏梁海得木齊札木禪內牧布延圖河源。布爾吉推河在阿爾台山梁外，布延圖河源在阿爾台山梁內，距卡倫不遠，已劄坐卡侍衞等嚴防。」十年冬，疏言：「烏梁海得木齊烏爾巴齊等避雪，內牧黃加書魯克，距卡倫不遠。託爾和烏蘭、布延圖、哈瑪爾沙海諸卡倫外，皆有準噶爾人蹤跡，仍劄坐卡侍衞等嚴防。」尋召還京師，授正白旗滿洲副都統。復出署古北口提督。

十三年，駐藏副都統傅清當代，命拉布敦往。十四年，召還，以紀山代，授工部侍郎。未終歲，上徵紀山還，復命赴藏。十五年，授左都御史。尋與傅清謀誅珠爾默特那木札勒，其黨羅卜藏札什圍樓，拉布敦挾刃躍下樓，擊殺數十人，自剖其腹死。上聞，贈爵、賜金、立祠如傅清。命以拉布敦之族升隸正黃旗，謚壯果。子隆保，以侍衞襲子爵。誤班奪官，爵除。

班第，博爾濟吉特氏，蒙古鑲黃旗人。康熙間，自官學生授內閣中書。五遷，雍正初至內閣學士。四川、雲南徼外與西藏定界，命偕副都統鄂齊如西藏宣諭。遷理藩院侍郎。坐事左遷，在內閣學士上行走。十一年，命在軍機處行走。乾隆三年，授兵部侍郎。外擢湖廣總督。剿鎮筸、永綏亂苗，兩閱月而畢，上嘉焉。五年，以憂還京師。六年，命仍在軍機處行走，授兵部尚書。

十三年，師征金川，授內大臣，出督軍餉，加太子少保。尋按四川巡撫紀山加徵累民狀，命卽署巡撫。時訥親、張廣泗師久無功，上詒班第，但言廣泗罪狀，語不及訥親。上諭曰：「班第雖職餉，然爲本兵軍機大臣，軍事及將弁功罪，皆職掌所在，不得以督餉，一切置不問。」左遷兵部侍郎。

十四年，予副都統銜赴青海辦事。西藏郡王珠爾默特那木札勒有叛迹，駐藏辦事大臣傅清、拉布敦疏聞。上移班第代拉布敦，未至，珠爾默特那木札勒謀益急，傅清、拉布敦召至廨，誅之。其徒卓呢、羅卜藏札什等遂叛，傅清、拉布敦死之。公班第達執卓呢、羅卜藏札什等，班第至，按訊，又得其黨德什奈等凡二十七人，悉誅之。上以藏酋授王爵名位過重，命班第達以公爵管格隆事，令班第宣諭。班第又疏陳珠爾默特那木札勒與準噶爾通書謀叛狀，上命誅珠爾默特那木札勒妻子。四川總督策楞等以師至，會議西藏善後諸事。西藏大定。十六年，授都統銜。十七年，還京師，仍在軍機處行走，授正紅旗漢軍都統。出署兩廣總督。

十九年，師征準噶爾，復授兵部尙書，署定邊左副將軍，出北路。準噶爾內亂，輝特台吉阿睦爾撒納來降。詔以明歲進兵，諭班第籌畫。班第以軍中駝馬牛羊宜牧地，得扎布堪、呢圭諸處，冬令暖，富水草，令喀爾喀親王額琳沁多爾濟等往督牧。遣兵擒烏梁海宰桑車根、赤倫等，收其衆數千戶。復令參贊大臣薩喇爾將兵擒準噶爾宰桑庫克新瑪木特、通瑪木特，收其衆，得牲畜無算。上奬班第奮勇果斷，予子爵，世授正黃旗領侍衞內大臣，賜白金千。十二月，授定北將軍，召來京示方略。

二十年正月，大舉討準噶爾，班第出北路，阿睦爾撒納授定邊左副將軍爲副；永常以定西將軍出西路，薩喇爾授定邊右副將軍爲副。班第與阿睦爾撒納等議以二月出師。阿睦爾撒納將六千人先行，班第將二千人繼其後。班第至齊齊克淖爾，以馬不給，令千五百人先，留五百人待馬再進。至喇托輝，與阿睦爾撒納軍合。上以阿睦爾撒納爲準噶爾人所知，令其前行易招撫，戒班第仍令阿睦爾撒納先行毋合軍。班第至額爾得里克，復令阿睦爾撒納先行。四月，師至博羅塔拉，得達瓦齊所遣徵兵使者，知伊犁無備。班第謀約西路軍銳進。五月，遂克伊犁。達瓦齊以萬人保格登山，侍衞阿玉錫以二十餘騎擊之，驚走。上獎班第功，封一等誠勇公，賜寶石頂、四團龍補服、金黃絲朝珠。班第以伊犁厄魯特生計甚艱，不足供大兵，六月，疏請留察哈爾兵三百、喀爾喀兵二百移駐伊犁河北尼楚袞治事。諸軍次第遣還。是月，獲達瓦齊，獻俘京師。

軍初出，上察阿睦爾撒納有異志，令班第嚴約束。及伊犁既定，上令和碩特四部部置汗，將以阿睦爾撒納爲輝特汗。阿睦爾撒納覬總統四部，意不慊，置副將軍印不用，用故準噶爾台吉噶爾丹策凌菊形小印檄諸部，諱其降，言以中國兵定亂，叛迹漸著。上召阿睦爾撒納，以九月至熱河行在，行飮至禮，與他部汗同受封。參贊大臣色布騰巴爾珠爾率遣還諸軍以歸。阿睦爾撒納乞代奏，冀總統四部，期七月俟命。色布騰巴爾珠爾歸，不敢聞。以班第趣阿睦爾撒納詣熱河，令參贊大臣額林沁多爾濟與俱。阿睦爾撒納怏怏就道，而上念阿睦爾撒納終且叛，諭班第宜乘其未發討之，毋濡忍貽後患。諭至，阿睦爾撒納已行。上又命鄂容安等擒治。

八月，阿睦爾撒納行至烏隴古，解副將軍印還額林沁多爾濟，走額爾齊斯，遂叛。伊犁道梗。阿睦爾撒納之黨克什木、巴朗、敦克多曼集、烏克圖等作亂，班第與鄂容安以五百人拒戰，自固勒札赴空格斯，轉戰至烏蘭庫圖勒，賊大至，圍合。班第拔劍自剄，鄂容安同殉。上初聞班第等陷賊，令參贊大臣策楞自巴里坤間使傳諭毋以身殉。策楞聞訛傳班第等自賊中出，以聞，上解所佩荷包爲賜。旣聞班第等死事狀，降詔謂：「班第、鄂容安見危授命，固爲可憫；然於事無補，非傅清、拉布敦爲國除兇者比。」二十一年，師復定伊犁。喪還，上親臨奠，並令執克什木、巴朗等，馘耳以祭。又以薩喇爾同陷賊不能死，令監往旁視。尋以班第義烈，仍如傅清、拉布敦故事，京師建祠，亦曰雙忠。旋復命圖形紫光閣。

子巴祿，初以察哈爾總管從軍，襲一等誠勇公，授鑲紅旗蒙古都統，從定伊犁。師討霍集占，授參贊大臣，援將軍兆惠有功，命駐軍和闐。戰伊西洱庫爾淖爾，屢敗霍集占。師還，加雲騎尉世職，圖形紫光閣，爲後五十功臣首。出爲涼州、綏遠城將軍、察哈爾都統。卒。

鄂容安，字休如，西林覺羅氏，滿洲鑲藍旗人，大學士鄂爾泰長子。雍正十一年進士，改庶吉士。世宗命充軍機處章京。乾隆元年，授編修，南書房行走。再遷，五年，授詹事府詹事。鄂爾泰承旨固辭，上曰：「鄂容安與張廷玉子若靄，皇考命在軍機處行走，本欲造就成材。朕茲擢用，鄂爾泰毋以己意辭。」是時直軍機處大臣與章京皆曰行走，無異辭也。

尋又命上書房行走。七年，以與聞左副都御史仲永檀密奏留中事，奪職，語在永檀傳。八年，命仍在上書房行走，授國子監祭酒。十年，襲三等伯爵，後五年加號襄勤。十二年，授兵部侍郎。

十三年，出爲河南巡撫，賜孔雀翎。河南境伏牛山界陝西、湖北二省，袤延八百餘里，鄂容安行部入山親勘。又以界上諸關通大道，易藏姦宄，飭行保甲，入奏，上嘉焉。衞輝參將阮玉堂督操，鞭所部兵，兵譁。鄂容安疏請先治譁兵罪，然後罷玉堂，毋令兵驕，亦當上指。鄂容安又令糴補諸府、州、縣常平倉穀都二十九萬石有奇，浚治開封、歸德、陳州三府幹枝諸水，以愼蓄洩、廣灌溉。上奬其留心本務。

十五年，上巡幸河南，鄂容安疏言河南士民樂輸銀五十八萬七千有奇，上曰：「朕巡幸方岳，從不以絲毫累民，曾何藉於輸將？且省方問俗，勤恤民隱，尙慮助之弗周，豈容供用轉資於下？鄂容安此奏失政體。其以輸銀還之士民。」鄂容安疏請罪，又言：「士民輸銀出本願，還之恐不免胥吏中飽，仍請允其奏。」上意終不懌。還幸保定，鄂容安入見，不引謝，上詰責，令痛自改悔，不得有絲毫靡費粉飾，爲補過之地。

十六年，移山東巡撫。濟南被水，米貴。鄂容安請用乾隆十三年例，暫弛海禁，招商往奉天糴運。旋與東河總督顧琮規塞張秋掛劍臺河決，培築運河隄，自臺兒莊至德州千有餘里，循隄建堡房。塞太行隄涵洞，以紓寧陽等縣水患。十七年，疏陳山東州縣吏交代庫銀倉穀多有虧缺，下各府考覈。又移江西巡撫。

十八年，授兩江總督。十九年，疏言：「江南地廣事繁，胥役弊滋甚。淮安等府藉賑爲弊，蘇州等府藉漕爲弊，徐州府藉應徭爲弊，當嚴覈懲治。令各屬胥吏遵經制原額，禁僞冒及額外無名白役。」是年考績，加太子少傅。

上將用兵準噶爾取達瓦齊，以鄂容安年力方盛，勇壯曉暢，召授參贊大臣。二十年，永常以定西將軍出西路，薩喇爾以定邊右副將軍爲副，鄂容安實從。諭曰：「漢西域塞外地甚廣，唐初都護開府擴地及西北，今遺址久湮。鄂容安在軍，凡準噶爾所屬及回部諸地，有與漢、唐史傳相合可援據者，並漢、唐所未至處，當一一諮詢記載。」旋偕薩喇爾入告，途中撫降諸部落，並檄諭達瓦齊，賚荷包、鼻煙壺。

及師定伊犁，值胡中藻以賦詩誹上誅。中藻爲鄂爾泰門生，鄂爾泰從子鄂昌與唱和，連坐。上責鄂容安不爲陳奏，行賞獨不及。命與班第駐守伊犁。

阿睦爾撒納叛迹漸著，鄂容安入告。上令與薩喇爾率師至塔爾巴哈臺相機捕治。阿睦爾撒納入覲，中途遂叛，伊犁諸宰桑應之。鄂容安與班第力戰不支，相顧曰：「今日徒死，於事無濟，負上付託矣！」班第自剄。鄂容安腕弱不能下，命其僕剚刃於腹，乃死。故事，大臣予謚者，內閣擬二謚請上裁，以翰林起家者例謚「文」，至是擬「文剛」、「文烈」，上抹二「文」字，謚剛烈。圖形紫光閣，上親爲贊，有曰：「用違其才，實予之失。」蓋重惜之也。以次子鄂津襲爵，官至伊犁領隊大臣，坐事奪官；以鄂容安長子鄂岳襲爵。

納穆札爾，圖伯特氏，蒙古正白旗人，都統拉錫子。納穆札爾自閒散授藍翎侍衞。累遷工部侍郎、鑲藍旗滿洲副都統。乾隆十五年，西藏珠爾默特那木札勒之亂既定，命偕班第駐西藏。議增設噶卜倫，皆予扎薩克銜。自喀喇烏蘇至庫車增臺八，設兵。準噶爾通藏，凡阿里、那克桑、騰格里淖爾、阿哈雅克四路，各於隘口設卡倫。又有勒底雅路，爲準噶爾犯藏時間道，亦駐兵防守。迭疏陳請，皆如議行。

十九年，杜爾伯特諸部來降，命赴北路料理游牧。偕喀爾喀親王得親扎布規畫安置輝特、和碩特十三旗於固爾班舒魯克，杜爾伯特十旗於鄂爾海西喇烏蘇，分界駐牧，設卡倫防範。納穆札爾撫降人頗至，當夏，慮赴京領餉不耐炎暑，請遣使轉餉至張家口散給；及秋，杜爾伯特諸旗遇霜雪損畜，入告，予米五百石賑撫。輝特、和碩特諸旗生計絀，奏濟以糧畜。

阿睦爾撒納叛，命駐烏里雅蘇臺。旋移戶部侍郎。二十一年，和托輝特台吉青滾雜卜亦叛，納穆札爾慮喀爾喀諸部爲所動，傳檄諭以利害。上嘉之，授參贊大臣，從將軍成衮扎布率索倫兵追捕青滾雜卜。十一月，師至杭哈獎噶斯，已近俄羅斯境，捕得青滾雜卜，檻送京師。上獎納穆札爾勇往，封一等伯，世襲，號曰勤襄。二十二年，授工部尙書、正紅旗滿洲都統，命駐科布多。旋又命移駐布延圖。十月，署定邊左副將軍。二十三年，議烏梁海降人酋曰察達克所屬鄂拓克置得木齊、收楞額，治庶事。請以得木齊改佐領，收楞額改驍騎校，歲貢貂皮送烏里雅蘇臺，賚以緞布。疏入，如所議。

師討霍集占，復授參贊大臣，出西路。尋授靖逆將軍，會雅爾哈善攻庫車。及兆惠代雅爾哈善，將師自阿克蘇進逼葉爾羌，至喀喇烏蘇，爲霍集占所圍。納穆札爾及參贊大臣三泰先奉命帥師濟兆惠軍，兆惠遣副都統愛隆阿、侍衞奎瑪岱來迎。納穆札爾道遣愛隆阿先還，而與三泰、奎瑪岱將二百騎夜進，遇賊三千餘，圍數重，力戰矢盡，遂沒於陣。上聞，追封三等義烈公，謚武毅。祀昭忠祠。回部平，圖形紫光閣。

子保寧，自有傳。保泰，自拜唐阿累遷察哈爾都統，與雅滿泰同爲駐藏大臣。廓爾喀侵藏，保泰坐請達賴喇嘛、班禪額爾德尼避兵，又匿廓爾喀未搆兵前表貢方物，及遣使有所請不以入奏，上改其名曰俘習渾，與雅滿泰同奪職荷校，先後予杖者四。藏事定，戍俘習渾黑龍江。赦還。雅滿泰復授侍衞。

三泰，石氏，漢軍正白旗人，都統石文炳孫也。父觀音保，官至都統。三泰，自藍翎侍衞累遷正紅旗漢軍副都統、吏部侍郎。乾隆二十三年，命軍機處行走，調戶部侍郎。命以參贊大臣行走從納穆札爾出西路。七月，命納穆札爾、三泰率健銳營及索倫、察哈爾兵應兆惠。夜進，期以黎明至兆惠軍。遇賊，衆寡勢不敵，力戰，三泰墜馬，徒步擊賊，中創死。三等侍衞彰武、藍翎侍衞班泰、管站四品花翎西拉布、護軍校委署章京齊旺扎布及兆惠所遣迎師三等侍衞奎瑪岱，皆死。上聞，追封三等子，謚果勇。

石廷柱之裔，本以散秩大臣世襲，至是，別授其兄祥泰散秩大臣。回部平，圖形紫光閣。上追悼納穆札爾、三泰死事，爲賦雙義詩，以傳清、拉布敦殉西藏，班第、鄂容安死伊犁相擬。謂「此六人者，事異心同，皆與國休戚之藎臣也」。子佛柱，襲子爵、散秩大臣，官阿克蘇領隊大臣。

論曰：高宗朝徼外諸叛，霍集占最桀驁耐戰，方其困兆惠保葉爾羌，非師武臣力，幾不能克。阿睦爾撒納旣叛，師未接，輒遠竄，非霍集占比也。珠爾默特那木札爾欲背中國，乃汗準噶爾，尤愚妄，殆不足數。六臣所遇異，故其效亦殊。大誅旣加，罪人斯得，咸稟稟稱義烈矣。

清史稿卷三百十三

列傳一百

兆惠 阿里衮 子豐昇額 布彥達賚 舒赫德 子舒常

兆惠，字和甫，吳雅氏，滿洲正黃旗人，孝恭仁皇后族孫。父佛標，官至都統。兆惠，以筆帖式直軍機處。七遷至刑部侍郎、正黃旗滿洲副都統、鑲紅旗護軍統領。乾隆十三年，命兼領戶部侍郎。赴金川督糧運，疏論糧運事，並言諸將惟烏爾登、哈攀龍勇往，並及諸行省遣兵多不實。上命告經略傅恆覈實。師還，命覈軍需。調戶部侍郎。赴山東按傳鈔尚書孫嘉淦僞疏稿，暫署巡撫。十八年，命赴西藏防準噶爾。十九年，議用兵，命協理北路軍務，並督糧運。二十年，命駐烏里雅蘇臺。準噶爾台吉噶勒藏多爾濟降，命兆惠畀以牲畜。是歲阿睦爾撒納叛，陷伊犂。命兆惠移駐巴里坤，兼督額林哈畢爾噶臺站。二十一年，師收復伊犂。上以定西將軍策楞不勝任，召兆惠還京授方略，未行，命逮策楞，並解扎拉豐阿定邊右副將軍以授兆惠。

時阿睦爾撒納北遁哈薩克，定西將軍達爾黨阿逐捕未得，上命還師。厄魯特諸宰桑從軍者謀為亂，綽囉斯汗噶勒藏多爾濟告兆惠，巴雅爾入掠其牧地。兆惠令寧夏將軍和起將百人徵厄魯特兵往禦，而噶勒藏多爾濟從子扎那噶爾布及宰桑呢瑪、哈薩克錫喇、達什策零等陰通巴雅爾，中途變作，和起死之。

兆惠自伊犂將五百人逐捕，經濟爾哈朗至鄂壘扎拉圖，與達什策零戰，大敗之。逐賊戰於庫圖齊，再戰於達勒奇，殺賊數千。二十二年正月，至烏魯木齊。噶勒藏多爾濟、扎那噶爾布等諸賊皆會，日數十戰，馬且盡。師步行冰雪中，至特訥格爾，遂被圍。巴里坤辦事大臣雅爾哈善先遣侍衞圖倫楚將兵八百益兆惠軍。會兆惠遣軍校雲多克德楞徹自圍中出，詣雅爾哈善言轉戰狀，事聞，上嘉兆惠奮勇，封一等武毅伯，授戶部尚書、鑲白旗漢軍都統、領侍衞內大臣。

及圖倫楚兵至，圍解，兆惠得新兵，復逐捕巴雅爾至穆壘河源。巴雅爾已徙牧他處，乃還師巴里坤。上以兆惠遠道旋師，逐賊不怠，賚御用玉韘、荷包、鼻煙壺，命同定邊將軍成袞扎布分路剪除厄魯特。兆惠旋偕參贊大臣鄂實等自額林哈畢爾噶進剿。時扎那噶爾布已殺噶勒藏多爾濟。會阿睦爾撒納自哈薩克盜馬竄還伊犂，掠扎那噶爾布牧地。

兆惠察回部頭人布拉呢敦、霍集占叛有迹，令參贊大臣富德逐捕阿睦爾撒納，而駐師濟爾哈朗以待。上責兆惠與成衮扎布急回部、緩阿睦爾撒納，失輕重。兆惠乃率師繼富德以北，遣使宣諭左右哈薩克，師復進次額密勒西岸。富德師至塔爾巴哈台，獲逃渠巴雅爾及其孥，檻送京師，語詳富德傳。哈薩克汗阿布賚使獻馬，並具表請入覲，上降敕宣諭。阿布賚使言阿睦爾撒納以二十騎來投，約詰朝相見，令先收其馬並及牛羊。阿睦爾撒納驚走，獲其從子達什車凌、宰桑齊巴罕，縛送兆惠，兆惠以聞，命檻車致京師。兆惠分遣諸將圖倫楚、三達保、愛隆阿擊敗阿睦爾撒納屬衆，降其渠納木奇父子，送京師。兆惠復進，與富德軍合，詗阿睦爾撒納已入俄羅斯。上命還師。

旋授兆惠定邊將軍，討布拉呢敦、霍集占。兆惠奏請屯田烏魯木齊，以來春進討，倘不能卽入回部，則且積穀市馬爲持重，上責其怯懦。二十三年正月，兆惠以厄魯特人在沙喇伯勒尚萬戶，當先剿除，乃專力回部。上授雅爾哈善靖逆將軍，趣進師；命兆惠剿厄魯特事竟，別道合攻。並諭兆惠：「厄魯特性反覆，往往自殘殺。毋以其烏合稍衆，過疑慮。」兆惠與副將軍車布登扎布等分四道進剿：兆惠趨博羅布爾噶蘇，車布登扎布趨博羅塔拉，副都統瑚爾起等趨尼勒喀，侍衞達禮善等趨齊格特，皆會於伊犂。厄魯特衆紛紜潰竄，遂盡殲焉。

上以賊渠哈薩克錫喇、鄂哲特等十餘人皆未獲，命兆惠等加意奮勉。四月，兆惠獲鄂哲特送京師，疏言：「準噶爾事將蕆，請自伊犂移師合攻回部。」上仍責兆惠俘哈薩克錫喇等。旣又令赴庫車察軍事，還京師，詔未至而兆惠師已發，會雅爾哈善圍庫車，霍集占突圍走。上逮雅爾哈善，以兆惠代將。兆惠中途疏言：「將八百人赴庫車，當與雅爾哈善協力剿賊，不願覥顏遽還。」上奬其肫誠勇往，賜雙眼孔雀翎。

旣至軍，詗霍集占自庫車出入葉爾羌城守，乃帥師往捕。道阿克蘇，頭人頗拉特降。和闐頭人霍集斯故擒達瓦齊有功，至是亦來附，並招烏什頭人俱降，遂薄葉爾羌。兆惠兵止四百，自烏什至此千五百里，馬行乏，擇要隘屯兵。霍集占出戰，三敗，保城不復出。兆惠遣副都統愛隆阿以八百人扼喀什噶爾來路阻賊援，而率師臨葱嶺南河爲陣。葱嶺南河者卽喀喇烏蘇，譯言黑水，故時謂兆惠軍爲黑水營。

兆惠念兵寡而城大，不任攻，諜言賊牧羣在城南英峨奇盤山，乃帥輕騎躪其牧地，且致賊爲野戰。渡黑水纔四百騎而橋圮，霍集占挾數千騎出，師且戰且涉水，士卒殊死戰，五晝夜殺賊數千人。諸將高天喜、鄂實、三格、特通額皆戰死。兆惠馬再踣，面及脛皆傷，乃收兵築壘掘濠以爲衞，賊亦築壘與我師相持。布拉呢敦自喀什噶爾至，助霍集占困我師。靖逆將軍納穆札爾等帥師赴援，中途遇回兵，力戰，皆死之。上先事發索倫、察哈爾、健銳營及陝、甘綠旗兵濟兆惠師；聞兆惠被圍，促富德赴援，又命阿里衮選戰馬三千送軍前。兆惠發阿克蘇，令舒赫德駐守。至是遣使令以被圍狀入奏，上奬兆惠統軍深入，忠誠勇敢，進封武毅謀勇一等公，並賜紅寶石帽頂、四團龍補服。

霍集占既逼我師爲長圍，相持數月。賊自上游引水謀灌我師壘，我師於下游溝而洩之。我師壘迫深林，賊發鎗彈著林木中，我師伐爲薪，得彈，用以擊賊，常不匱。水不給，賊引水，反得飲，又掘井恆得泉。發地得藏粟一百六十窖，掠野得馬駝千餘。迫歲暮，圍合已三月，軍中糧漸盡，士卒煮鞍革，甚或掠回民以食。布拉呢敦、霍集占以圍久不下，會布魯特掠英吉沙爾，而兆惠卽以是日率師焚賊壘，所殺傷過當，疑兆惠與布魯特相約，因遣使入我師請和。兆惠因其使射書諭以納款當入覲，二酋亦射書請撤圍相見。兆惠置不更答，而二酋自此攻稍緩。

二十四年正月，富德帥師至呼爾璊，遇回兵，轉戰五晝夜。阿里衮送馬至，合軍復戰。布拉呢敦出戰，中彈傷，還喀什噶爾。師至葉爾羌河岸，阿里衮與愛隆阿合軍爲右翼，富德及舒赫德爲左翼，逐賊，以次徐進。兆惠自圍中望見火光十餘里，馬駝羣囂塵上，知援集，乃率餘軍破壘出，與諸軍相合，引還阿克蘇。上爲賦黑水行紀其事。兆惠疏辭進封及章服，諭毋辭，並以其母老，時遣人存問。

霍集占之黨攻和闐，上以兆惠、富德既合軍急引還，謂富德不得以援兆惠爲畢事，兆惠爲帥被圍待援，尤不當遽引師退。諭趣富德援和闐，兆惠當就現在兵力加意奮勉，以竟全功。兆惠督諸將分道進攻，布拉呢敦棄喀什噶爾，霍集占亦棄葉爾羌同遁。兆惠師至喀什噶爾，撫定餘衆，富德亦收葉爾羌，爲畫疆界，定貢賦，鑄泉幣，並分屯滿、漢兵駐守。富德師復進，追及霍集占，戰於阿勒楚爾，再戰於伊西洱庫爾淖爾。布拉呢敦、霍集占竄入巴達克山，師從之。巴達克山汗素勒坦沙初言霍集占中彈死，生獲布拉呢敦；復言兩酋已皆死，獻霍集占首。上加兆惠宗室公品級、鞍轡，並授其子侍衞。兆惠復撫定霍罕額爾德尼伯克所屬四城，並齊哩克布魯特、額德格納布魯特、阿濟畢部衆，請留兵分駐葉爾羌、喀什噶爾諸城。復定各城伯克更番入覲例。二十五年二月，師還，上幸良鄉，於城南行郊勞禮。兆惠入謁，賜朝珠及馬，從上還京。飲至，賚銀幣。圖形紫光閣。

二十六年七月，命協辦大學士，兼領刑部。旋令偕大學士劉統勳按楊橋河決。二十七年，復偕統勳勘江南運河。二十八年，直隸水災，命勘海口，疏天津、靜海諸縣水道。復命偕兩江總督尹繼善籌濬荆山橋河道。二十九年十一月，卒。上臨其喪，贈太保，謚文襄。嘉慶元年十一月，命配享太廟。

子扎蘭泰，尚高宗女和碩和恪公主，襲爵，授額駙。

阿里袞，字松崖，鈕祜祿氏，滿洲正白旗人，尹德第四子，而訥親弟也。乾隆初，自二等侍衞授總管內務府大臣。遷侍郎，歷兵、戶二部。五年，命與僉都御史朱必堦如山東勘巡撫碩色報歉收失實狀。疏言：「蘭山、郯城被水最甚，請緩徵新、舊賦，而以官帑市穀補社倉。」復命與江南河道總督高斌如江西勘巡撫岳濬等徇情納賄狀，鞫實，濬坐黜。

六年，侍郎梁詩正奏八旗兵丁當分置邊屯，復命與大學士查郎阿如奉天相度地勢。上言：「地宜耕者，吉林烏拉東北拉林、阿爾楚克，阿爾楚哈東飛克圖，齊齊哈爾東南呼蘭，西南黑爾蘇站、刷煙站，白都訥東八家子至登額爾者庫，皆沃壤；呼蘭東佛忒喜素素富林木，惟地高下各異。墨爾根寒暑早，齊齊哈爾砂磧，吉林烏拉無餘地，寧古塔山深，烏蘇里產葠，皆不宜耕。」議政王大臣用其議，移屯自拉林、阿爾楚哈始。

八年，命如湖南勘巡撫許容劾糧道謝濟世狂縱狀，白濟世枉。命卽署巡撫，歷河南、山西、山東諸省。十四年，訥親誅，令分任訥親償帑。旋以兄弟不相及，命免之。上將巡五台，阿里袞疏請於臺懷建行宮，太原就巡撫署增建羣室，上不許。阿里袞別疏薦參將傅謙，大學士傅恆弟也，上責其不當，詔切責。十五年，授湖廣總督。湖北巡撫唐綏祖爲前總督永興劾罷，阿里袞白綏祖無受賕狀，永興坐黜。十六年，移兩廣總督。東莞民莫信豐謀爲亂，討平之。尋居母憂，還京師。授户部侍郎，擢尚書，歷刑、工、户三部，兼鑲白旗漢軍都統。

二十一年四月，命軍機處行走。時上方責諸將逐捕阿睦爾撒納，定西將軍達爾黨阿出西路。五月，命阿里袞佐達爾黨阿，在領隊大臣上行走。九月，師至雅爾拉，遇賊再勝。十月，命與達爾黨阿還京師。二十二年正月，上以成袞扎布爲定邊左副將軍，會師巴里坤，阿里袞仍在領隊大臣上行走。二月，達爾黨阿以失阿睦爾撒納削爵，阿里袞亦坐降户部侍郎，旋兼正白旗蒙古副都統。

時回部大和卓木布拉呢敦、小和卓木霍集占分據葉爾羌、喀什噶爾爲亂，於是沙拉斯、瑪呼斯諸部游牧與相應。九月，阿里袞與都統滿福自阿斯罕布拉克、和什特呼克取道至哈喇沙爾，搜山殺敵。復進至塔本順和爾、納木噶，俘男婦二百餘。十二月，滿福爲郭多克哈什哈誘戕，沙拉斯、瑪呼斯遁庫車諸處。阿里袞復進次哈喇沙爾西南庫爾勒。二十三年正月，復進逐敵至呼爾塔克山，獲瑪呼斯得木齊額默根等。四月，阿里袞自魯克察還師，駐巴里坤。上先得伯克素賚瑪奏，阿里袞方搜捕瑪哈沁將還師，與阿里袞疏言師向呼爾塔克山不相應，上因責阿里袞中途遷延，罷侍郎，以副都統革職留任。

六月，靖逆將軍雅爾哈善攻庫車，霍集占赴援，入城守，已，復走還葉爾羌。上爲罷雅爾哈善，而督定邊將軍兆惠攻阿克蘇，遂進逼葉爾羌。十一月，命阿里袞選馬三千、駝七百益兆惠軍。兆惠攻葉爾羌不克，瀕黑水結寨，霍集占爲長圍困之。上聞，授富德定邊右將軍、阿里衮參贊大臣，援兆惠。是月命襲封二等公。十二月，授兵部尙書、正紅旗蒙古都統。二十四年正月，富德師至呼爾璊，霍集占出戰，五日四夜未決。阿里衮以駝馬至，乘夜分師爲兩翼斫陣，斬千餘級。布拉呢敦中創，與霍集占並敗走。援兆惠全師以還。上以阿里衮送馬濟軍，如期集事，且殺賊多，加雲騎尉世職，例進一等公。七月，霍集占走巴達克山部，阿里衮與富德等帥師從之，降其衆萬二千有奇。阿里衮以五百人駐伊西勒庫爾淖爾西截隘，復分兵出其南，遇敵，奪其家屬輜重，降二千有奇。復將選兵二百踰嶺逐敵。巴達克山部旋納款，以霍集占首獻。行賞，賜阿里衮雙眼孔雀翎。

二十五年，召還京師。六月，自喀什噶爾行次葉爾羌，會雅木扎爾回酋邁喇木煽訛謂阿睦爾撒納復入阿克蘇，羣起爲亂。乃復還喀什噶爾，率八百人以出，至伯什克勒木，邁喇木等以千餘人拒戰，阿里衮督所部擊破之。賊入城堅守，麾兵合圍，夜四鼓，城人呼號乞降，邁喇木遁去。上奬阿里衮應機立辦，授其子拜唐阿豐昇額藍翎侍衞。阿里衮旋捕邁喇木等送京師，復進豐昇額三等侍衞，授其次子倭興額藍翎侍衞。十月，阿里衮還京師，授領侍衞內大臣，圖形紫光閣。二十八年，加太子太保。二十九年，授戶部尙書、協辦大學士。

時緬甸亂，南徼兵連數歲。三十一年春，將軍明瑞深入，上授阿里衮參贊大臣，馳傳至軍。二月，明瑞戰死猛臘，大學士傅恆出爲經略，授阿里袞及阿桂爲副將軍，幷令暫領雲貴總督，率師駐永昌。朝議：「明年進兵。今歲秋夏瘴退，先收普洱、思茅邊外諸小部落。」阿里袞疏言：「邊外十三板納皆內屬不爲亂，惟召散、整買、猛勇三部附緬甸。」當用兵時，刑部尙書舒赫德在軍，與雲南巡撫鄂寧密疏議撫。六月，緬甸使頭人請款，阿里袞拒之，以聞。上命置毋答，並譴舒赫德等。七月，阿里袞疏請絕緬甸貿易，並治雲南省城至永昌道，撫慰沿邊諸土司，借帑俾市籽種牛具，皆得俞旨。十二月，阿桂兵至，共發兵出邊，未深入而還。

三十四年二月，上摘雲貴總督明德疏語，以軍中馬羸責阿里袞等，下部議奪職，命寬之。三月，傅恆至軍，與阿里袞等議進兵渡戛鳩江，西攻猛拱、猛養兩土司，向阿瓦。阿瓦，緬甸都也。偏師至猛密，夾江而下，造舟蠻暮通往來。七月，師行。初，阿里袞病瘍，上遣醫就視良愈，至是復大作。傅恆令留永昌治疾，阿里袞堅請行。師進，緬甸兵不出。十月，傅恆還師蠻暮，復進攻老官屯，駐戛鳩江口。緬甸兵水陸並至，傅恆、阿桂軍江東，阿里袞軍江西，迎戰。敵結寨自固，阿里袞率兵七百攻之，敵百餘棄寨走。把總姚卓殺敵，奪其旗，師銳進，敵四百餘亦遁。復戰，會日暮，敵不能堅守，皆引去。凡破寨三，殺敵五百餘。傅恆亦遘疾，諸將議毋更進兵，阿里袞曰：「老官屯賊寨，前歲額爾登額攻未克。距此僅一舍，不破之何以報命？」策馬行，傅恆以下皆從之，寨堅，攻不克。阿里衮疾甚，猶强起督攻，視鎗礮最多處輒身當之。傅恆慮其傷，令將舟師，毋更與攻寨。十二月，卒於軍，謚襄壯，祀賢良祠。以豐昇額金川功，追加封號爲果毅繼勇公。子豐昇額、倭興額、色克精額、布彥達賚。

豐昇額，自三等侍衞襲封一等公，擢領侍衞內大臣，署兵部尚書、鑲藍旗蒙古都統。三十五年八月，命在軍機處行走。金川再用兵，定邊左副將軍溫福爲帥，劾參贊大臣伍岱乖謬。上命豐昇額往勘，因授豐昇額參贊大臣。五月，豐昇額攻東瑪寨，僞退以致敵，令章京佛倫泰、富爾賽突起偪寨，侍衞仲達蘇發鉅礮，敵驚卻，多墜崖死，遂克東瑪。六月，攻固卜濟山梁。師至色爾渠，令烏什哈達、巴三泰等左右進攻。豐昇額出中路，發礮墮碉。烏什哈達等引兵出巖下，豐昇額自山徑策應鏖戰，敵大奔。七月，復克色爾渠大碉及卡房百餘。卡房，敵所置堠也。旋與溫福大軍合，十月，克路頂宗、喀木色爾諸寨。復進克兜烏山梁及附近諸寨。十一月，克博爾根山，奪瑪覺烏大寨。再進克明郭宗，下碉卡九十餘。克嘉巴山，焚經樓。語詳溫福傳。十二月，授豐昇額副將軍。

三十八年正月，與將軍溫福、副將軍阿桂議分道並進，溫福自功噶爾拉進攻噶爾薩爾，阿桂自僧格宗經納圍納扎木，至當噶爾拉，待溫福軍至，與合攻噶拉依。豐昇額自章谷、吉地經綽斯甲布，溫福分遣參贊大臣舒常駐軍於此，與合攻勒烏圍。豐昇額駐軍宜喜，於其地設糧臺，規進取。四月，考績，加太子少保。溫福師銳進，六月，次木果木。阿桂亦克當噶爾拉。上令豐昇額攻大板昭，命未至，木果木師潰，溫福死之。上聞敗，命豐昇額引兵自黨壩、三雜谷至巴朗拉爲阿桂聲援。既聞阿桂自當噶爾拉全師而出，屯翁古爾壟，諭豐昇額仍駐宜喜爲犄角。

豐昇額初未移軍，分兵駐智固山，防後路。阿桂以定西將軍爲帥，十一月，收小金川全境。豐昇額自宜喜攻克沙壩山梁碉卡，分敵勢。十二月，阿桂定策自取谷噶，而令豐昇額攻凱立葉，進兵。上命豐昇額以五千人往攻，三十九年正月，師次薩爾赤鄂羅山，占其南雪山，又分兵屯孟拜拉山梁。阿桂遣納木扎等將二千人與合軍。二月晦夜半，豐昇額帥師自達爾扎克北山澗越石蹋雪以進。次日黎明，至凱立葉山麓。山絕險，凡大峰各置碉，見我師至且近，鎗石並發。豐昇額督師直前衝擊，與侍衞彰靄、明仁取第二峯，瑪爾占、伊達里取第三峯，令領隊大臣五岱營第三峯下。捷聞，上以碉據峯巔，仰攻不易克，命留五岱於此，而移軍谷噶，與阿桂合軍攻勒烏圍。

阿桂遣諜告豐昇額：「達爾扎克面當莫爾敏山，山旁地曰迪噶拉穆扎。師得此，繞出凱立葉後，夾攻易爲力。」豐昇額卽遣兵占莫爾敏山，敵力爭，絕我師前後不相屬，卒敗敵，取迪噶拉穆扎。豐昇額尋從上命移軍谷噶。六月，克色綳普，破碉十一。七月，克該布達什諾大碉。十月，自間道克墨格爾陟曰爾巴當噶西峯，破碉寨二百餘，得凱立葉山梁之半。命議敍，賚玄狐帽、貂馬褂。十一月，攻格魯古丫口，通黨壩，遂進逼勒烏圍。四十年正月，克甲爾納堪布卓沿河諸碉寨。四月，破噶爾丹寺及噶朗噶木柵十七。五月，克丫口石碉八、木城四。再進，盡隳遜克爾宗諸碉寨。敕獎其奮勉，命封號加「繼勇」字。七月，師至章噶，碉甚堅，碉外爲壕三重，壕外立木柵。海蘭察攻其中，豐昇額督官達色、仁和等攻其左右，毀柵覆壕以度師，緣碉側直上，自其巔俯攻，遂克之，並得其旁木城。八月，與阿桂合克勒烏圍。九月，復進向噶拉依。十二月，克格隆古科布曲山梁。四十一年正月，克瑪爾古當噶山梁。金川全部悉定。師圍噶拉依，上命加豐昇額一等子，以其弟布彥達賚襲爵。尋移戶部尚書，賜雙眼孔雀翎。二月，金川酋索諾木出降，致京師。

四月，師還，賚御廐馬具鞍轡，圖形紫光閣。四十二年十月，卒，贈太子太保，謚誠武。

布彥達賚，自三等侍衞累遷武備院卿。嘉慶間，授戶部尚書、正白旗滿洲都統、步軍左翼總兵署統領。五年，卒，贈太子太保，謚恭勤。布彥達賚女爲宣宗元妃，道光元年，册謚孝穆皇后，禮成，追封三等公。

舒赫德，字伯容，舒穆魯氏，滿洲正白旗人，徐元夢孫也。舒赫德，自筆帖式授內閣中書，累遷御史，充軍機處章京。乾隆二年，疏言：「八旗生齒日繁。盛京、黑龍江、寧古塔三省土沃可耕。請將閒散移屯。並條議設公庫，以各省稅務專屬旗員，贖旗地典於民者，以官地畀無地旗丁。以十年爲期，次第施行。」上以稅務專屬旗員爲非是，諭曰：「舒赫德此議，但知旗人生計艱難，不知國家設關，欲稽察姦宄，非爲收稅之員身家計也。朕日以砥礪廉隅勉臣工，尙恐其不能遵奉，而可以謀利導之乎？況各省稅務本未分滿、漢，旗員有廉潔者，何嘗不可派委。大抵爲上者施逮下之仁，惟有勵以忠勤，示以節儉；爲下者皆當早作夜思，宣力供職，以永受國家惠養。方可謂之計長久。蓋厚其生計，不可不思，而長貪以爲惠下，則未見其利，而且貽害，非所以敎旗員，亦非所以愛旗員也。」初，雍正間，京師設官米局，收旗丁餉米存儲平糶。舒赫德疏請復設，從之。五遷至兵部尙書，移戶部尙書。

十三年，命從經略大學士傅恆征金川，授參贊，加太子太保。十四年，師還，留辦軍需奏銷。命往雲南、湖廣、河南查閱營伍，並勘雲南金沙江運銅水道。舒赫德疏言金沙江下游銅運無阻，上游四十餘灘多峻險，仍當陸運。總督張允隨言上下游皆疏通，語不實。古州總兵哈尙德因古州被水，請移城，上令舒赫德相度。舒赫德請城內外疏積水，無待移建。十月，復移兵部尙書。十五年，疏言：「定例額兵百人缺二，謂之『名糧』，爲軍中公使錢。惟繕治軍器、巡防路費，每不給於用。馬兵不宜於東南，其在西北，十居其八，亦可量減。籐牌兵全無實用。擬於馬兵、籐牌兵內加增名糧，以備公用。」廷議允行。十二月，命如浙江勘海塘。十六年，命勘永定河工。又命如浙江按杭州將軍覺羅額爾登受賕狀。

十七年，命偕侍郎玉保赴北路軍防準噶爾。十八年，以準噶爾內亂，撤防，召還。命如江南塞銅山張家馬路河決。時準噶爾達瓦齊復爲台吉，所部杜爾伯特台吉車凌等來降。準噶爾宰桑瑪木特，烏梁海得木齊扎木參、瑚圖克等追車凌，先後闌入北路卡倫。上命舒赫德如鄂爾坤治軍事，而令侍郎玉保、前鋒統領努三、散秩大臣薩喇爾佐定邊左副將軍成衮扎布。十九年春，舒赫德至軍，參贊大臣達淸阿誘致瑪木特，將檻送京師，疏聞，上以瑪木特聞召卽至，命釋使還。既，薩喇爾、努三帥師出邊，獲扎木參、瑚圖克，舒赫德等復疏請檻送京師。上以瑪木特誘致，扎木參等乃逐捕所得，事不同，責舒赫德謬誤，命以扎木參等囚置軍中。軍中方傳達瓦齊遣其將扎努噶爾布以五千人犯邊。成衮扎布等致書達瓦齊，言瑪木特、扎木參等以入邊被捕本末。上以爲太懦，諭舒赫德等。上方以準噶爾內訌，將乘時收烏梁海，以薩喇爾本蒙古頭人，習邊事，將倚以招致。舒赫德等疏言達瓦齊復爲台吉，烏梁海等未易招致，令薩喇爾駐軍卓克索待後舉。上責舒赫德畏怯，使薩喇爾掣肘。蒙古貝勒額琳沁、公格勒克巴木丕勒以赴軍遷延得罪，舒赫德等疏言其至軍後奮勉，請贖罪。上下詔責其舛謬，並及行文達瓦齊事，下部議奪官，得旨寬免。上幸熱河，召舒赫德詣行在示方略。旋解成衮扎布將軍以授策楞。

七月，輝特台吉阿睦爾撒納來降。舒赫德與策楞議留阿睦爾撒納及諸頭人軍中待命，以其孥移置蘇尼特。阿睦爾撒納有兄爲瑪木特所獲，乞資以行糧俾赴援，舒赫德不許。是時上方欲倚阿睦爾撒納擒達瓦齊，事聞，上盛怒，詔罪狀策楞、舒赫德，略謂：「阿睦爾撒納初來降，乃以其眷屬移置戈壁南，相距數千里，使其父母妻子分析離居，失遠人歸附心。準噶爾內亂，所部叩關內附，正可示以懷柔，永綏邊境。策楞、舒赫德顚倒舛謬，至於此極！」皆奪職，以閒散在參贊大臣上効力贖罪，並籍其家，罪及諸子。二十年正月，上命阿睦爾撒納佐班第帥師討達瓦齊。阿睦爾撒納請移游牧於烏里雅蘇臺，上許之。命領隊大臣兆惠駐軍於此，予舒赫德章京銜佐兆惠。六月，師已定伊犂，諭曰：「策楞、舒赫德軍前効力，今大功已成，本欲施恩，開其自効。策楞已予都統銜，駐軍巴里坤。檢舒赫德筆札，雖無怨望語，乃效漢人習，日必記事作詩。嗣宜痛自改悔，令仍以章京留烏里雅蘇台。」上分準噶爾故地，本衆建諸侯意，四衞拉特各爲汗。阿睦爾撒納求爲總統，上不許，遂叛。其妻子在烏里雅蘇台，舒赫德偕兆惠收送京師。二十一年，喀爾喀台吉青滾雜卜叛，驛道中梗。會察哈爾兵數百送羊至，舒赫德留之，分布諸台站，軍報乃通。行邊至努𤼵木倫，護厄魯特人。掠馬者烏梁海人入邊，竄匿俄羅斯，馳檄往索。上嘉其治事尙協機宜，召還，授正黃旗漢軍副都統。

二十二年正月，上命成袞扎布爲定邊將軍，逐捕阿睦爾撒納，授舒赫德參贊大臣。尋擢兵部尙書，兼鑲黃旗漢軍都統。三月，以舒赫德在軍獨具疏奏事，責其放縱，罷尙書。七月，疏請防範沙喇斯遊牧內移，上斥其藉作歸計，嚴諭申戒。十二月，上以成袞扎布師久無功，詔罪狀舒赫德，略言：「舒赫德起自廢籍，初赴軍授方略，令傳諭成袞扎布，並戒其毋更恇怯。乃至軍後，諸事皆失機宜。卽如招服克哷特、烏魯特等遊牧，當收其馬以佐軍；乃任令屯駐山中，致兵過復叛。及朕有旨詰責，始東遮西露，往來道途，疲馬力於無用之地。舉此一端，可見諸事皆無成算。此實舒赫德未將朕旨宣示成袞扎布之所致也。舒赫德罪不勝誅，朕念成袞扎布去年擒青滾雜卜之功，貰舒赫德以不死。令奪職爲兵，從軍贖罪。」

二十三年，予頭等侍衞銜，駐阿克蘇。十月，將軍兆惠逐捕霍集占，深入被圍。命定邊右副將軍富德往援，授舒赫德參贊大臣，會於巴爾楚克。舒赫德以阿克蘇通葉爾羌、喀什噶爾要隘，當設卡倫。上嘉之，擢吏部侍郎，遷工部尙書、鑲紅旗滿洲都統，賜孔雀翎。十二月，簡阿克蘇銳卒、諸路兵先至者馳援兆惠。二十四年正月，與富德合軍解兆惠圍，予雲騎尉世職。七月，命移駐葉爾羌，旋命仍駐阿克蘇。先後奏定回城賦稅，台站酌設伯克，阿克蘇鑄騰格，以四存公，六畀回人。阿克蘇、庫車、哈喇沙爾、烏什、和闐置文武吏。皆得旨議行。尋以回部平，圖形紫光閣。二十八年，加太子太保。

二十九年，命如福建按提督黃仕簡劾廈門洋行陋規，總督楊廷璋以下皆得罪，語詳廷璋傳。三十一年，署陝甘總督，旋署戶部尚書。三十二年，如湖南北讞獄。三十三年，將軍明瑞征緬甸，敗績，死之。上命大學士傅恆爲經略，授舒赫德參贊大臣，先赴雲南籌畫進軍。舒赫德密疏議巡，忤上旨。下部議奪官，並削雲騎尉世職，命以都統銜參贊大臣，出駐烏什。

三十六年，土爾扈特汗渥巴錫等自俄羅斯來歸，衆疑其僞降，舒赫德力白無他志，命如伊犂宣撫，尋授伊犂將軍。十一月，授戶部尚書。三十八年，加太子太保，授武英殿大學士。九月，命如江南監黃河老壩口隄工。壽張民王倫叛，破臨清，命督師進剿，克之，倫自燔死。賜雙眼孔雀翎，復予雲騎尉世職，賚貂冠、黑狐褂。四十一年，金川平，圖形紫光閣。初，舒赫德爲伊犂將軍，子舒寧在京杖斃二奴，得罪，上命發伊犂交舒赫德約束。及是，又以爭煤礦爲山東民所訟，舒赫德縛舒寧送刑部，疏請罪。下部議奪官，命寬之。四十二年四月，卒，贈太保，謚文襄，祀賢良祠。

子舒常，始爲侍衛。舒赫德議移置阿睦爾撒納妻子得罪，舒常亦奪官，發黑龍江披甲。

及舒赫德召還爲副都統，授舒常三等侍衞。舒赫德以佐成衮扎布無功再得罪，舒常復發黑龍江。乾隆二十三年二月，命釋還。累遷至鑲藍旗護軍統領。三十七年，將軍溫福征金川，授參贊大臣。金川平，圖形紫光閣，與舒赫德父子並列前五十功臣。舒赫德卒，令還京治喪，授工部侍郎。出爲貴州巡撫，遷湖廣、兩廣總督。入爲工部尚書。復出署江西巡撫，復爲湖廣總督。荆州漢水決，奪官，授一等侍衞。擢都察院左都御史，改鑲黃旗蒙古都統。嘉慶初，署刑、兵二部尚書。卒，謚恪靖。

論曰：兆惠再就圍中受爵，得援師克竟其功；而爲之援者，前則雅爾哈善，後則富德，顧坐法不克有終。訥親之誅也，高宗謂策楞、達爾黨阿皆愧奮，阿里衮獨內疑，遇事畏葸。然策楞、達爾黨阿先後僨事奪封，阿里衮以戰閥承世祚，豐昇額繼之，慶延於後嗣。舒赫德初爲御史有直聲，後出視軍，高宗屢言其懦，再被譴謫，終致台司。功名始終之際，蓋亦有天焉。然其要必歸於忠謹，茲非彰彰可覩者歟？

清史稿卷三百十四

列傳一百一

策楞 子特通額　特清額　特成額　玉保　達爾黨阿　哈達哈 子哈寧阿　永常　覺羅雅爾哈善　富德　薩賴爾

策楞，鈕祜祿氏，滿洲鑲黃旗人，尹德長子。乾隆初，爲御前侍衞。二年秋，永定河決，上出帑命策楞如盧溝橋賑災民。累遷爲廣州將軍，授兩廣總督。廣東巡撫託庸劾布政使唐綏祖贓私，下策楞勘讞。策楞雪綏祖枉，上嘉其秉公。尋加太子少傅，移兩江總督。其弟訥親承父爵進爲一等公，以征金川失律坐譴。十三年十月，命策楞襲爵，仍爲二等公，復移川陝總督。旋以川、陝轄地廣，析置二督，策楞專領四川。時大學士傅恆代訥親爲經略，命策楞參贊軍務。傅恆受金川降，班師行賞，策楞加太子太保。

西藏郡王珠爾默特那木札勒狡暴，謀爲亂，上命策楞戒備。十五年冬，駐藏大臣傅清、拉布敦誅珠爾默特那木札勒，爲其黨所戕，西藏亂，上命策楞及提督岳鍾琪督師戡難。時西藏公班第達獲逆渠卓呢、羅卜藏扎布，戢兵待命。策楞以聞，請率八百人以往，留軍駐打箭爐待徵發。策楞至西藏，與鍾琪及侍郎兆惠，駐藏大臣納穆札爾、班第等審定規制，爲西藏善後章程，語詳西藏傳。

雜谷土司蒼旺侵梭磨、卓克基二土司爲亂，策楞與鍾琪發兵討之。上以川兵弱，當瞻對、金川用兵後，元氣未復，誡愼重。師戰勝，獲蒼旺，收其地內屬。策楞丁母憂，解官還京師。江南淮、揚水災，命偕尚書劉統勳往勘。因疏河工積習，總督高斌以下皆坐黜，卽令策楞署南河總督。河決銅山張家馬路，上以河工非所習，改授兩廣總督。時準噶爾酋達瓦齊庸懦，所部內訌。上銳意用兵，十九年二月，召策楞，命出視師，授定邊左副將軍。阿睦爾撒納之降也，尚書舒赫德在軍察其狙詐，慮且復叛，策楞與共議，以所攜部族置戈壁南，而留阿睦爾撒納及諸頭人丁壯勝兵者從軍。上聞阿睦爾撒納降，將倚以取達瓦齊，得策楞等疏，怒甚，命削職，以閒散在參贊上効力贖罪，發諸子各行省駐防披甲。上遂用阿睦爾撒納爲定邊左副將軍，導我師討達瓦齊。二十年五月，師定伊犂，上降詔猶責策楞、舒赫德恇怯乖張，幾僨事。旋以師有功，予策楞副都統銜，令率偏師戍巴里坤。

九月，阿睦爾撒納叛去，上以永常爲定西將軍，命策楞參贊大臣上行走。旣，聞當阿睦爾撒納叛時，永常引師自穆壘左次巴里坤，罷永常將軍，以命策楞。旋詔逮永常，授扎拉豐阿爲將軍。策楞疏言待軍士器械，隨將軍進兵。詔併逮策楞，謂懲其懦也。尋以罪在永常，貸策楞，令屬扎拉豐阿督餉。會準噶爾宰桑克什木等陷伊犂，定北將軍班第等死事。策楞馳疏聞，請合兵進討。上復授策楞副都統銜參贊大臣，扎拉豐阿未至，攝將軍。策楞與喀爾喀諸部貝勒合兵擊敗準噶爾部落，授內大臣，眞除定西將軍。上督諸將逐捕阿睦爾撒納甚急。二十一年二月，策楞聞台吉諾爾布等已得阿睦爾撒納，騰章奏捷，上告於陵廟。進策楞一等公，賜雙眼孔雀翎、寶石帽頂、四團龍補服。三月，策楞復疏言前奏非實，上命停封賞，嚴促進兵逐捕。是月，復克伊犂，阿睦爾撒納走哈薩克。四月，命大學士傅恆視師，逮策楞及參贊大臣玉保。旋得策楞奏，方督兵壓哈薩克境，令擒阿睦爾撒納以獻。上乃令傅恆還京師。時達爾黨阿出西路，哈達哈出北路，與策楞合軍以進，師久次，不得阿睦爾撒納蹤跡。九月，達爾黨阿、哈達哈引兵還屯哈薩拉克。十一月，復命逮策楞、玉保檻送京師，途遇準噶爾兵，爲所戕。

子特通額，初發黑龍江披甲。二十三年，以侍衞從將軍兆惠討霍集占，戰黑水，與總兵高天喜等同戰死。圖形紫光閣，列後五十功臣。

特清額，初發杭州披甲。自上虞備用處拜唐阿，十一遷，至嘉慶間，授成都將軍。嘗兩攝四川總督。會有爲蜀都賦訐長吏者，給事中胡大成以聞。仁宗命工部尚書託津、光祿寺少卿盧蔭溥詣勘，特清額坐徇隱，降三級留任。未幾，卒。

特成額，初發西安披甲。自黏竿處拜唐阿，再遷三等侍衞。師討大金川酋索諾木，高宗命特成額從征。轉戰兩年，自資理北山下克美美卡諸地；攻榮噶爾博最高峯，奪康薩爾山半石碉；破密拉噶拉木山梁木城：特成額皆有功，授貴州威寧鎭總兵。乾隆四十二年，上以勳舊世家有世爲領侍衞內大臣，因以豐昇額遺缺授特成額。三遷授禮部尚書，爲成都將軍，三攝總督。尋除湖廣總督。五十年，歲旱，湖北、江蘇、浙江皆饑，特成額疏請發湖南倉穀賑湖北。有餘平值以糶，使商自四川販米至者，見湖北穀值低，得輸以濟江、浙。上奬其不分畛域，得大臣體。尋移雲貴總督，以李侍堯代督湖廣。侍堯疏發上年旱饑，孝感民無食，掠富家儲穀；諸生梅調元者，糾衆與抗，生瘞二十三人。上震怒，逮特成額，籍其家。旋予副都統銜，充烏什辦事大臣。又坐在湖廣失察屬吏侵帑、案牘壅積，屢被譴責。及荆州隄決，復逮下獄論絞，久之，赦。授頭等侍衞、烏魯木齊辦事大臣。嘉慶初，自科布多參贊大臣授兵部侍郎，未上，卒。

玉保，烏朗罕濟勒門氏，蒙古鑲白旗人。自理藩院筆帖式三遷郎中。乾隆三年，擢侍郎。八年，率準噶爾使者入藏熬茶，賜孔雀翎。十二年，復率準噶爾使者入藏熬茶，疏言：「前次入藏，自巴延喀喇納木齊圖穆倫至穆魯烏蘇渡口，道甚險，時方秋冬間少雪，行旅尙便。今冬令大雪，擬改道踰哈什哈嶺左巴延喀喇巴山後，自布魯爾仍至穆魯烏蘇渡口。」報可。十六年，遷正黃旗蒙古都統。十七年，達瓦齊爲亂，命偕尙書舒赫德赴北路防邊。十八年，杜爾伯特台吉策凌等來降，命馳赴犒勞。上以玉保習準噶爾事，命以參贊大臣佐軍事。十九年，輝特台吉阿睦爾撒納來降，復命馳赴犒勞，率以入覲。

二十年，阿睦爾撒納叛，命仍以侍郎、參贊大臣出北路。師次哈齊克，遣兵至鄂什默納河，收阿睦爾撒納所屬三百餘戶。搜山，獲阿睦爾撒納黨得木齊班咱等。進次安集雅哈，殲阿巴噶齊所屬三百餘戶，圍班雜游牧。尋從逆喇嘛達什藏布，並收其妻子。擢內大臣。二十一年，策楞疏報已獲阿睦爾撒納，行賞，封玉保三等男世襲。玉保獲從賊達永阿，言阿睦爾撒納相距僅一日，玉保執送策楞。又得從賊烏遜，言阿睦爾撒納方出痘，所部尙有厄魯特兵八千、哈薩克兵三千，亦執送策楞。上責玉保退縮，玉保師復進。遣諸將烏爾登等追至庫隴癸嶺，得從賊額林沁，言阿睦爾撒納已踰嶺入哈薩克境，引還，次固勒扎。上怒策楞、玉保不得阿睦爾撒納。策楞又疏言玉保馳檄謂阿睦爾撒納卽日就擒，無煩大軍深入，因是勒兵未進，遂命併逮詣京師，旋命姑寬之。玉保疏辨未嘗馳檄阻策楞進兵，上謂：「玉保卽未阻策楞進兵，阿睦爾撒納脫於誰手？」因斥其畏葸欺飾，削男爵，奪參贊大臣，改授領隊大臣。玉保疏言阿睦爾撒納僅餘從賊二三人，投哈薩克汗阿布賚，正督兵往索。上以玉保明知叛賊孑身無助，始直前追逐，斥其取巧。命尚書阿里衮詣軍逮策楞，並諭：「玉保已率兵向哈薩克，免其罪，未行則併逮。」尋達爾黨阿疏報玉保師已臨哈薩克，命授頭等侍衞。旋以師久次不得阿睦爾撒納，命仍逮治，與策楞同送京師。道死。

達爾黨阿，鈕祜祿氏，滿洲鑲黃旗人，理藩院尚書阿靈阿次子。初襲曾祖額亦都一等子爵，累官吏部尚書。訥親得罪，請從軍。師還，加太子少保。乾隆十九年，出為黑龍江將軍。策楞得罪，命襲封二等公。是年十二月，上用阿睦爾撒納討達瓦齊，以班第為定北將軍，授達爾黨阿參贊大臣。二十年正月，命將索倫、巴爾呼兵詣軍。五月，定伊犂。師還，命協辦大學士。

及阿睦爾撒納叛，授定邊左副將軍，偕參贊大臣哈達哈，出北路，率師逐捕。十月，改授右副將軍，出西路，而以哈達哈當北路。十二月，復以將印授扎拉豐阿，達爾黨阿仍為參贊大臣。二十一年正月，又以鄂勒哲依、薩賴爾同掌將印。達爾黨阿帥師至珠勒都斯迎薩賴爾。及策楞報獲阿睦爾撒納，達爾黨阿亦賜雙眼孔雀翎。尋自特訥格爾赴安集海，分兵略唐古特游牧。旋以阿睦爾撒納竄入哈薩克，上命西路專任達爾黨阿，北路專任哈達哈，督兵壓哈薩克境，使擒阿睦爾撒納以獻。五月，復授右副將軍。時策楞駐登努勒台，令達爾黨阿還師。達爾黨阿不從，上卽解策楞定西將軍以命達爾黨阿。

八月，師次雅爾拉，哈薩克汗阿布賚遣頭人和集博爾根率四千騎分二隊從阿睦爾撒納走魯隴，而自率千餘騎西行，會於毫阿隴克山下。達爾黨阿師至，遇和集博爾根前隊，自山谷中誘使出，突其中堅，斬五百七十餘級，獲頭人楚魯克。逐敵至努喇，遇和集博爾根後隊，復戰陷陣，得其纛，斬三百四十餘級。阿睦爾撒納部宰桑言阿睦爾撒納易藍纛以戰，戰敗，易服遁。哈達哈亦擊破阿布賚軍，獲頭人昭華什。兩軍合，遣楚魯克、昭華什還諭其渠。時阿睦爾撒納走不過一二里許，遇楚魯克等，使還報僞爲哈薩克頭人語，待其汗阿布賚至，且執阿睦爾撒納以獻。達爾黨阿信之，按兵以待。阿睦爾撒納從容捆載去。上聞不得阿睦爾撒納，命繳雙眼翎，召還京師，罷協辦大學士。二十二年二月，奪爵，左授正白旗滿洲副都統。八月，軍中俘阿睦爾撒納從子達什，策楞檻致京師。上始聞達爾黨阿、哈達哈緩追逸賊狀，俱奪官，發熱河披甲。二十三年，授三等侍衞，率西安駐防兵赴軍，師有功，進二等侍衞。卒。

哈達哈，瓜爾佳氏，滿洲鑲藍旗人，黑龍江將軍傅爾丹子。傅爾丹初襲曾祖費英東二等信勇公，乾隆元年，追論失律罪，黜，以哈達哈襲。是時哈達哈已自侍衞累遷領侍衞內大臣，兼勳舊佐領。旣，襲爵，復遷鑲紅旗滿洲都統、工部尚書，加太子少保，署兵部尚書、步軍統領。

十九年，師討達瓦齊，授參贊大臣，佐定北將軍班第出北路。尋改領隊大臣。二十年，達瓦齊就俘。再出師討阿睦爾撒納，復授參贊大臣，佐定邊左副將軍達爾黨阿出北路。哈達哈請將索倫、喀爾喀兵爲前鋒，上奬其奮勉。尋命代達爾黨阿爲定邊左副將軍當北路，移軍布延圖。南自伊克斯淖爾，北至烏哈爾喀碩及烏里雅蘇台、劄卜堪諸形勝地，皆分兵列戍。二十一年，命自阿爾泰進兵，詔以北路專任哈達哈。特楞古特宰桑敦多克、固爾班和卓等與我師遇，僞請降。哈達哈察其詐，斬敦多克，縶固爾班和卓等，殪其衆。上嘉其勇，再授領侍衞內大臣，賜雙眼孔雀翎。

師至嵩哈薩拉克山，遇哈薩克汗阿布賚擁衆自巴顏山西行，與戰，敗之。復遣諸將瑚爾起、鄂博什、奇徹布等追擊，斬百餘級，獲馬二百。哈達哈不知阿布賚在軍，未窮追；而達爾黨阿與阿睦爾撒納遇，戰旣勝，縱使脫去。兩軍合，引還。奪雙眼孔雀翎，命以參贊大臣屯科布多。尋論失阿布賚罪，奪爵，罷領侍衞內大臣，左授兵部侍郎。旋就進尚書，徙屯烏里雅蘇台。二十二年八月，詔罪狀達爾黨阿、哈達哈，謂：「二臣皆勳舊子孫，襲爵專閫，而因循觀望，坐失軍機若此。」盡奪其官，發熱河披甲。二十三年，與達爾黨阿同授三等侍衞從軍，同進二等侍衞。

子哈寧阿，自藍翎侍衞累遷寧夏副都統。哈達哈為定邊左副將軍，哈寧阿為領隊大臣。尋命以參贊大臣佐定西將軍達爾黨阿出西路。旋令詣伊犂佐定邊右副將軍兆惠。兆惠困濟爾哈朗，力戰突圍出，哈寧阿與焉，予三等輕車都尉世職。又從兆惠擊巴雅爾，功最，賜玉韘、荷包、鼻煙壺。哈達哈奪爵，以哈寧阿襲，擢鑲黃旗漢軍都統。乾隆二十三年，復授參贊大臣，佐靖逆將軍雅爾哈善討霍集占。圍庫車，霍集占脫去，與雅爾哈善同逮送京師。二十四年正月，雅爾哈善棄市。上以哈寧阿為參贊，責薄於將軍，又念濟爾哈朗力戰有勞，命繫獄待秋決。十一月，富德師至巴達克山，遣使令縛送霍集占。上以達爾黨阿、哈達哈皆在軍，不自奮請行，詔詰責，因言：「哈寧阿秋讞本當決，哈達哈稍有事效，尚當寬宥，今豈可曲貸？重念費英東勳勞，不忍刑諸市。」命賜自盡，且令馳諭哈達哈。哈達哈已先以十月卒於軍。

永常，董鄂氏，滿洲正白旗人。自三等侍衞累遷鑲紅旗滿洲都統。乾隆五年，命如安西按事，卽授安西提督，屯哈密，賜孔雀翎、紅絨結頂冠。十五年，授湖廣總督。羅田民馬潮柱爲亂，討平之。十八年，上將征準噶爾，命爲欽差大臣，駐安西。旋移陝甘總督，加太子少保。

輝特台吉阿睦爾撒納來降，言達瓦齊昏暴。上決策用兵，召永常詣京師，諭行軍機宜，遂以內大臣授定西將軍。時上倚阿睦爾撒納及來降宰桑薩賴爾取達瓦齊，以阿睦爾撒納副定北將軍班第出北路，以薩賴爾副永常出西路，仍諭阿睦爾撒納、薩賴爾爲軍鋒，敕永常督軍鋒先發。永常令諸道軍兼程並進，上責其誤。永常師次巴里坤，命還肅州。永常還督餉，有所計畫，上皆不謂然。師定伊犁，俘達瓦齊，詔責：「永常但知師行糧隨，沾沾議接濟。今功已成，何慮糧不足？因糧於敵，從來勝算。如永常奏，輾轉挽運，動逾數十日，庸有濟乎？」因左授吏部侍郎。

阿睦爾撒納叛，犯伊犁，永常師左次，上責其怯懦，罷內大臣、定西將軍，以副都統銜爲參贊。厄魯特諸台吉有不從阿睦爾撒納叛者，宰桑扎木參等率數千人詣永常請附屯。永常疑其詐，挾宰桑爲質，兼程卻走，恐賊躡其後，徵策楞赴援，並檄阿敏道引還，同駐巴里坤。上命奪官逮京師，行至臨潼，道卒。仍籍其家，戍其子拉林。

覺羅雅爾哈善，字蔚文，滿洲正紅旗人。雍正三年繙譯舉人，自內閣中書四遷，乾隆三年，授通政使。御史邱玖華疏論九卿議事不公，別疏請錄用賢良祠大臣子孫。雅爾哈善劾玖華爲原任侍郎勵宗萬門生，宗萬祖杜訥爲賢良祠大臣，玖華劾九卿議事不公，示剛正，實爲起宗萬地。上謂：「錄用賢良祠大臣子孫，不過虛銜微秩，視其材可用然後用之。豈有嘗爲侍郎獲罪因賢良祠大臣子孫而輒起者？勵宗萬雖愚，計不出此。玖華所論九卿議事不公，切中時弊。諸臣見之，宜深自儆省。若遷怒建言者，是爲不知恥！」命解雅爾哈善任。令莊親王允祿、平郡王福彭會大學士以下嚴鞫，雅爾哈善言語得之右通政陳履平，因請皆奪官。上責王大臣議不當，命奪雅爾哈善官，履平下吏議。四年，特起四川龍安知府。五年，以憂去。六年，授江南松江知府，移蘇州知府。九年，遷福建汀漳道。雅爾哈善在松江、蘇州皆有聲績，其去，民思之。十三年，以福建按察使署江蘇巡撫。上元民燬制錢，雅爾哈善論如律，復以數少乞原，上責其寬縱，命奪職留任。十五年，雅爾哈善議經徵未完不及一分知縣許惟枚等，皆劾罷。總督黃廷桂劾不當下吏議，當奪官，仍命留任。尋入爲戶部侍郎。十六年，復出爲浙江巡撫。十九年，復入爲戶部侍郎，命軍機處行走，旋授兵部侍郎。

二十年，師討阿睦爾撒納，授參贊大臣，出北路。二十一年，命改赴西路，令駐巴里坤辦事。疏請徙布庫努特降人於烏蘭烏蘇，與前降噶勒雜特人同牧。未幾，綽羅斯汗噶勒藏多爾濟叛，噶勒雜特人哈薩克錫喇等與爲響應，回部降人莽噶里克亦從之。雅爾哈善擒其黨並其子白和卓。十二月，上獎雅爾哈善實心治軍事，加內大臣銜。和碩特降酋沙克都爾曼吉不與阿睦爾撒納之亂，率所部徙巴里坤附城爲牧地以居。噶勒藏多爾濟巴雅爾之叛，上寄諭雅爾哈善，令密察沙克都爾曼吉蹤跡。雅爾哈善方內疑，又以餉不時至，沙克都爾曼吉請糧不能給，乃使裨將閻相師將五百人入其壘，若迷途借宿者。夜大雪，相師吹笳，督兵襲其廬。沙克都爾曼吉驚起，其妻與相抱持，至死不釋，其衆四千餘人殲焉。雅爾哈善疏報沙克都爾曼吉與綽羅斯叛黨扎那噶爾布相通，戮以杜後患。又遣兵赴魯克察克剿莽噶里克，上嘉其奮往。

二十二年春，定邊右副將軍兆惠自伊犂率師逐捕噶勒藏多爾濟等，雅爾哈善遣侍衞圖倫楚將八百人益兆惠軍。提督傅魁師至鹽池，遇莽噶里克率三十二人入塞探白和卓消息，傅魁執而殺之，雅爾哈善疏聞。上以莽噶里克爲叛首，當讞定行誅，命逮傅魁送京師。兆惠師自濟爾哈朗至特納勒爾，爲敵圍，得圖倫楚援乃解。尋召雅爾哈善還京師，授戶部侍郎。四月，復授參贊大臣，令駐濟爾哈朗。九月，擢兵部尚書。十二月，令移駐魯克察克，總理屯田。

二十三年二月，命爲靖逆將軍，帥師討霍集占。五月，師至庫車，霍集占所屬頭人阿卜都克勒木城守。雅爾哈善督師合圍，斷其水草，城賊出戰，屢敗之。六月，敗援賊於托木羅克。霍集占自將八千人，具最精巴拉烏槍，行阿克蘇戈壁來援。雅爾哈善督兵戰庫車南，斬千餘級。霍集占負傷入庫車，獲其纛。庫車依岡爲城，以柳枝、沙土密築甚堅，礮攻不能入。提督馬得勝策穴地入城，距城北一里爲隧，已及城。雅爾哈善督之急，我兵夜秉燧入穴。城賊見火光，於城內爲橫溝，水入隧，我兵皆沒。頭人鄂對告雅爾哈善曰：「庫車食且盡，霍集占必出走。城西鄂根河水淺可涉，北山通戈壁走阿克蘇。宜分兵屯此二隘，霍集占可擒也。」雅爾哈善以鄂對新降，不可信。越八日，霍集占乘夜引四百騎啓西門，涉鄂根河遁。又數日，阿卜都克勒木復夜遁。餘頭人阿拉難爾等率老弱出城降。雅爾哈善雜訊城人，謂沙呢雅斯等五人爲阿卜都克勒木死黨，因殺之。

疏入，上聞不得霍集占，盛怒，奪雅爾哈善官。雅爾哈善劾副都統順德訥疎縱，又劾馬得勝失機。上曰：「雅爾哈善始劾順德訥，繼劾馬得勝，無一語引罪。不思身任元戎，指麾諸將者誰之責歟？此而不置之法，國憲安在？」命兆惠至軍斬順德訥以徇，逮雅爾哈善及得勝送京師。二十四年正月，逮至，命王公大臣會鞫，以雅爾哈善老師糜餉失機事，論斬，遂見法。後二日，並斬得勝。自雅爾哈善死，高宗知沙克都爾曼吉無叛狀，賦詩斥其殺降。

富德，瓜爾佳氏，滿洲正黃旗人，駐防吉林。乾隆初，自護軍擢至三等侍衞。十三年，從經略大學士傅恆征金川，擒賊黨阿扣，遷二等侍衞。師還，累遷副都統。二十年，師征準噶爾，命送綽羅斯台吉噶勒藏多爾濟等赴軍。擢參贊大臣，督西路臺站。阿睦爾撒納所屬唐古忒部見阿睦爾撒納入伊犂，謀遁去。二十一年，富德帥師至鄂塔穆和爾，遇唐古忒衆千餘營樹林蒲葦中，擊殺二十餘人，追至色白口山內。賊據險分隊抵禦，奪寨六，斬獲無算。唐古忒部遁伊犂，追至察罕鄂博，復遇哈薩克兵千人與唐古忒隊合。富德奮勇衝擊，斬百餘級，奪回被掠集賽噶雜特三十餘戶，擒台吉恩克巴雅爾等四十餘人。上獎富德奮勉，授正黃旗蒙古都統。

二十二年，定邊將軍成衮扎布赴巴里坤，以富德爲參贊大臣。定邊右副將軍兆惠疏報與成衮扎布分道進兵，命富德從兆惠軍。阿睦爾撒納還掠扎那噶爾布游牧，富德追勦，收復巴爾達穆特各鄂拓克。得叛酋巴雅爾蹤跡，遂深入逐捕，奪隘五。至愛登蘇，哈薩克汗阿布賚遣使降。阿睦爾撒納逃入俄羅斯，尋死。叛酋哈薩克錫喇、布庫察罕未獲，命富德逐捕。二十三年，招右部哈薩克圖里拜及塔什罕回人圖爾占俱來降，遣使入覲。上以富德在軍久，招撫西哈薩克有勞，予雲騎尉世職。

是時雅爾哈善討霍集占無功，兆惠代將，師銳進，被圍，命富德爲定邊右副將軍赴援。

二十四年正月，軍次呼爾璊，遇賊騎五千，轉戰五日四夜。會參贊大臣阿里衮送馬至，分翼馳突，賊衆大潰，殺巴爾圖十五人、大伯克數十人、賊千餘。酋布拉呢敦中鎗傷劇，舁入城，旋遁喀什噶爾。兆惠解圍出，以功封三等伯。師進次葉爾羌河岸，復戰敗賊，進封一等成勇伯。霍集占黨侵和闐，富德赴援，破賊。進攻葉爾羌，霍集占兄弟棄城遁，追敗之於阿勒楚爾，又敗之於伊西洱庫爾淖爾，竄巴達克山。軍從之，令擒獻，巴達克山汗素勒坦沙獻霍集占首。師還，進封一等靖遠成勇侯，賜雙眼孔雀翎，官其子侍衞，授領侍衞大臣。二十五年，復授御前大臣，圖形紫光閣，賜紫禁城騎馬，命軍機處行走。尋授理藩院尙書、正黃旗蒙古都統。副都統老格盜官駝事發，鞫實，言寄馬富德牧廠，有牲畜數千。上以富德暴貴，安得有牧廠，命都統巴爾品勘驗，旋奏富德家產擁貲至三萬餘。命和親王等會鞫，得富德出兵時留官馬，索蒙古王公牲畜，並攜緞、布、煙、茶牟利狀，下獄，吏議當斬，上命改監候。二十八年，赦，授散秩大臣。三十三年，將軍明瑞征緬甸死綏，參贊大臣額勒登額坐逗遛得罪。額勒登額亦吉林駐防，與富德有連，富德坐誤舉，罷散秩大臣，下獄，吏議當斬，上命入緩決。三十六年，赦，授三等侍衞。

三十八年，將軍溫福征金川，軍潰木果木。發健銳、火器兩營兵益阿桂軍，授富德頭等侍衞，爲領隊大臣，從副將軍明亮出南路。富德自眞登、梅列舊卡進兵，克得布甲喇嘛寺、得里兩面山梁、日寨、策爾丹色木諸隘，復進克僧格宗、馬柰、絨布寨、卡卡角諸隘，授副都統，待缺。復進克沙錫理穆當噶爾碉卡、羊圈河橋。四十四年，請撥兵三千往宜喜助明亮，允之。攻噶咱普得婁，奪卡五；攻布咱爾尼山梁，奪沿河卡五；攻庚額特山梁，奪大碉三、卡八；攻噶咱普得爾窩，賊棄碉竄，追至馬爾邦，乞降。富德從軍二年，未能大有摧破，屢下詔敎責之，至是，命下部敍功。

金川平，阿桂劾富德濫賞，侵土兵鹽菜銀兩彌不足，下桂林覈實，復命袁守侗如川會阿桂具獄。富德密上清字疏訐阿桂，上命檻送京師。廷訊，乃具服濫賞，並以銀六鋌入己；又受知府曾承謨餽金五十兩，並劾副將廣著，不待命卽令其充兵，廣著自戕死。清字疏復稱「阿桂手持黃帶」，語不遜」，坐誣告大逆，例當斬，遂見法。

薩賴爾，蒙古正黃旗人。本厄魯特頭人，隸準噶爾台吉達什達瓦爲宰桑。乾隆十五年，準噶爾內亂，薩賴爾率所屬四十七戶降，安置察哈爾。命入旗，授散秩大臣。準噶爾台吉喇嘛達爾扎請遣薩賴爾歸，不許。授參贊大臣，出北路。十九年，烏梁海得木齊扎木參入邊，薩賴爾以五百人禦之，擒扎木參，而遣收凌、朔岱、訥庫勒等十人還。事聞，授內大臣。既，遣還諸人來告宰桑雅爾都、得木齊阿茂海欲來歸，乞駐牧烏蘭固木、克木克木齊克。

薩賴爾言雅爾都等親至，許駐特斯河，否則驅之阿爾台山外；並請發厄魯特兵聽調。尚書舒赫德以爲未便，上諭薩賴爾相機而行。命舒赫德會同薩賴爾及車凌等選台吉、宰桑可信任者將兵二百人，並令侍衞永柱會總管阿敏道選察哈爾八旗兵五百，交薩賴爾爲招諭驅逐之用。

薩賴爾兵至卓克索，烏梁海宰桑雅爾都、車根、赤倫、察達克、圖布愼、瑪濟岱各鄂拓克竄徙阿爾台山外。薩賴爾奏：「烏梁海等已遠遁，但貪戀故土，必仍回牧。彼時整兵速出，易於收服。請暫撤兵還。」允之。輝特台吉阿睦爾撒納來降，命薩賴爾迎勞頒賞。旋偕喀爾喀貝子車木楚克扎布等以千八百人擊雅爾都、車根、赤倫、察達克四宰桑於察罕烏蘇，敗之，獲牛馬無算。初，有扎哈沁宰桑庫克新瑪木特者犯卡倫，追之弗獲，達靑阿誘執之。上責其不武，令縱之去。瑪木特移牧布拉罕託輝，不卽降。道遇通瑪木特，被擒，縶之諾海克卜特勒。薩賴爾詗知之，自烏蘭山後掩擒通瑪木特，並護庫克新瑪木特送軍營，安置其戶畜於庫卜克爾克勒。上嘉之，授子爵世襲，遷正白旗領侍衞內大臣。

時定議征達瓦齊，命薩賴爾爲定邊右副將軍。二十年正月，率師偕參贊大臣鄂容安等出西路。師行，厄魯特降者於途中肆劫。上戒鄂容安，以己意喻薩賴爾使自斂戢。阿睦爾撒納請移牧烏里雅蘇台，招輝特部衆。上察其意叵測，諭薩賴爾令防範，並促其進兵。薩賴爾等疏報扎哈沁得木齊巴哈曼集以三百餘戶，宰桑敦多克以千餘戶來降。復遣侍衞瑚集圖招諭達瓦齊同族台吉噶勒藏多爾濟，尋率台吉諾海奇齊等三十餘人來降，詔封爲綽羅斯汗。上諭獎薩賴爾，解所佩荷包以賜，並賜雙眼孔雀翎。三月，薩賴爾與諸將和起、齊努渾自羅克倫督兵赴博羅塔拉，與北路班第等軍合。疏言：「招撫綽羅斯台吉袞布扎卜等，皆率所屬來降，凡四千餘戶。葉爾羌、喀什噶爾和卓木獻玉盤請降，令各回原牧；降人請與地耕牧，令往吐魯番、莽阿里克處受地。阿睦爾撒納屬人二百餘及額林哈畢爾噶窮夷八百餘戶，令附屬扎哈沁宰桑，有牲畜者，畀耔種，令其耕牧。並自羅克倫啓行，馳檄達瓦齊，曉諭利害。」上獎其籌畫妥協，以御用寶石朝珠賜之。

薩賴爾兵至登努勒台，將軍班第等亦至尼楚袞，兩軍合。達瓦齊居伊犂河西格登，不設備。五月，西路軍自固勒扎渡口越推墨爾里克嶺直抵格登，達瓦齊驚遁，未幾就擒。伊犂平，詔封薩賴爾一等超勇公，賜寶石頂、四團龍服。六月，軍還。徵阿睦爾撒納入覲，薩賴爾同班第、鄂容安駐守伊犂，留兵五百爲衞。七月，阿睦爾撒納謀叛，逗遛途中。班第等屢疏入告，薩賴爾亦以爲言。上密諭諸臣擒治，弗能決，阿睦爾撒納遂遁。其徒克什木等爲亂，班第、鄂容安死之，薩賴爾更衣降。十二月，薩賴爾遣使詣巴里坤辦事大臣和起，以阿睦爾撒納蹤跡告，請發兵往擊。和起以聞，上令將軍策楞傳諭慰勞，賚荷包、鼻煙壺，俟其至賜之。又命理藩院員外郎唐喀祿董其游牧。

二十一年正月，薩賴爾脫出，至吐魯番。巴里坤參贊大臣達爾黨阿率兵往會。薩賴爾疏請罪，上令駐特訥格爾，仍授定邊右副將軍。三月，策楞疏言：「侍衞巴寧阿自伊犂歸，言克什木之亂，將軍班第等自固勒扎赴崆格斯禦之。賊甫至，薩賴爾欲奔。鄂容安曰：『賊來當戰，胡急走？』薩賴爾答言：『爾何知？』遂策馬去，衆從之。班第等僅餘司員侍衞及衞卒六十人。夜賊至，班第等遂自殺。」上命逮薩賴爾入都，鞫實，以薩賴爾降人，貸其死，命錮之獄。班第等喪還，執克什木馘以祭，令薩賴爾觀之。尋以叛黨漸次就擒，釋出獄。二十四年，授散秩大臣、鑲白旗蒙古副都統、乾清門行走。旋擢內大臣，復封二等超勇伯。卒。圖形紫光閣。

論曰：國重有世臣，然承平久，富貴宴安，恆不足任使；出任軍旅，兵未接，將已內怯，幾何不僨事耶？策楞輩擁兵玩寇，其病正坐此。雅爾哈善文墨吏，其殺降亦以內怯。富德族微，力戰致通顯，有功而不善居，卒以遘禍。薩賴爾反覆，迹甚著，獨以降人蒙寬典，幸矣！

清史稿卷三百十五

列傳一百二

高天喜 鄂實 三格 和起 唐喀祿 阿敏道 滿福 豆斌 端濟布 諾爾本

高天喜，甘肅西寧人。天喜本準噶爾人，雍正中爲我師所俘。高氏撫爲子，因從其族籍。從軍，累擢保寧堡守備。乾隆二十二年，副將軍兆惠擊伊犂，天喜從參將邁斯漢赴援。遇噶勒雜特賊百餘，擊殺之，獲其駝馬。既，聞兆惠被困濟爾哈朗，議馳救，邁斯漢怯不進。巴里坤辦事大臣雅爾哈善以聞，上卽奪邁斯漢官以命天喜。尋遷金塔協副將。再遷西寧鎮總兵，授領隊大臣。二十三年十月，師攻葉爾羌，兆惠議出間道襲取賊輜重，渡黑水。天喜督兵修橋渡師，未及半，賊大至。天喜聞兆惠陷賊陣，舍橋亟赴之，奮與賊戰，與鄂實、三格、特通額俱沒於陣。上賦詩惜之。謚果義，又賜其家白金千。

鄂實，西林覺羅氏，滿洲鑲藍旗人，大學士鄂爾泰第二子。出爲叔父鄂禮後。自廕生授三等侍衞。累遷本旗副都統、左翼前鋒統領。兄鄂容安死阿睦爾撒納之亂，鄂實請從軍，授參贊大臣，佐定邊將軍成衮扎布，出西路。二十二年夏，成衮扎布令逐捕扎那噶爾布，鄂實以地險馬疲，中道引還。上手詔詰責曰：「若謂地險，賊何以能行？若謂馬疲，賊馬何獨能壯健？」左授藍翎侍衞。是冬，鄂實逐扎哈沁賊，斬一百四十餘級，獲牲械。上謂：「今當大雪，馬力應疲乏，尙能剿賊。彼時鄂實爲參贊大臣，有事但諉諸將軍。茲以負罪，乃直前剿賊，朕知其隱矣。」量遷三等侍衞。死事，上令仍視前鋒統領賜卹，謚果壯。

三格，棟鄂氏，滿洲正白旗人。自諸生授藍翎侍衞。累遷黑龍江副都統。命將索倫、巴爾呼兵三千，佐參贊大臣策楞出西路，爲領隊大臣。策楞以怯懦逮，三格亦坐奪官。旋復授正白旗蒙古副都統。攻呼爾璊台吉賽音伯勒克等，再戰，掠其牧地，予三等輕車都尉世職。二十二年春，定邊將軍成衮扎布令逐捕扎那噶爾布，未得。秋，師至博羅和羅，遇叛黨額林沁達瓦等百餘戶，三格與戰。會布魯古特台吉琿齊、呼爾璊台吉達瓦斬扎那噶爾布僞請降，並請招額林沁達瓦，三格信之，遽引師還，琿齊等旋遁去。坐奪官，並削世職，以兵伍自效。死事，上命仍視副都統賜卹，謚剛勇。

天喜、鄂實、三格並祀昭忠祠，予騎都尉兼雲騎尉世職。回部平，圖形紫光閣。特通額，策楞子也，附見策楞傳。

和起，馬佳氏，滿洲鑲藍旗人。其先世阿音布，國初以軍功授拜他喇布勒哈番世職。和起襲職，授盛京協領。累擢寧夏副都統。乾隆十九年，命與侍衞海福將千人佐定西將軍永常討達瓦齊，遷寧夏將軍。永常劾和起兵不及額，而和起先疏言將九百人以往，留百人護輜重，上得永常疏，不之罪也。尋又命偕提督豆斌爲巴里坤辦事大臣，策楞代永常爲定西將軍，復劾和起送兵馬遲誤，當奪官，留任。旋復官，授欽差大臣關防，召詣京師諮軍事。達什達瓦所屬宰桑訥默庫、曼集、烏達瑚們都等在軍私還游牧，命和起嚴鞫得實，以降人請予寬典，上不許，命正軍法。

二十一年十一月，輝特台吉巴雅爾叛，掠扎哈沁五百餘戶。定邊右副將軍兆惠令和起將索倫兵百人往按，檄吐魯番伯克莽阿里克等集闢展，而噶勒雜特宰桑哈薩克錫喇、布魯特台吉尼瑪陰應巴雅爾，詭以兵五百會。和起望兵至，疑之。令莽阿里克詗之，紿告曰：「我兵也！」逾時，尼瑪等操戈前，莽阿里克自後譟，賊衆鑫集。和起所將兵僅百人，負重創，手刃數賊，股中槍，徒步轉戰，至夜力盡。和起垂死，命索倫侍衞努古德、彰金布突圍出，以所藏孔雀翎爲識報兆惠，遂死之。謚武烈，追封一等伯，以一等子世襲，祀賢良、昭忠二祠。二十三年，師還，獲尼瑪及其子檻送京師，命戮於和起墓前。子和隆武，自有傳。

唐喀祿，他塔喇氏，蒙古正藍旗人。自筆帖式再遷理藩院員外郎。乾隆十九年，賜副都統銜，命赴北路軍董理新降輝特台吉阿睦爾撒納、班珠爾等游牧地。唐喀祿疏言：「班珠爾所屬多老稚不能耕，慮飢餒。」上以距耕時尚遠，責其瑣屑，命撤還。扎薩克林丕勒多爾濟初命同董理游牧，將軍別有指揮，唐喀祿疏請留。上責其不當，左遷理藩院筆帖式。尋復授員外郎，命送濟隆呼圖克圖自巴林赴伊犂，董理定邊右副將軍薩喇爾游牧。復賜副都統銜，授領隊大臣，將駐防扎布堪兵千人，從定邊右副將軍哈達哈赴哈薩克，逐捕阿睦爾撒納。賊渠固爾班和卓遁入烏梁海，唐喀祿報哈達哈督兵擒之，賜孔雀翎。阿睦爾撒納令其徒達瓦藏布入掠，唐喀祿令索倫總管鄂博什將五百人禦之，降其衆三百。尋命屯科布多。授理藩院侍郎、鑲藍旗蒙古副都統。

唐喀祿行按諸部，輝特降人屯扎克賽，每自相劫奪，請移屯呼倫貝爾、齊齊哈爾諸地；喀爾喀俘獲扎哈沁、特楞古特、奇爾吉斯、烏爾罕濟蘭諸部人萬餘，請以扎哈沁人移駐卡倫內；特楞古特、奇爾吉斯、烏爾罕濟蘭人給東三省兵丁爲奴；杜爾伯特游牧請移烏蘭固木：上並從其請。師出西路擊哈薩克錫喇，命唐喀祿屯額爾齊斯爲聲援。阿睦爾撒納敗走，唐喀祿詗知杜爾伯特貝勒巴圖博羅特、台吉阿喇善等潛與相結；遣兵攻之輝巴朗山，擒阿喇善等，並戮烏梁海五十餘戶，遂赴塔爾巴哈台逐捕阿睦爾撒納及哈薩克錫喇，賜御用荷包、鼻煙壺。師至塔爾巴哈台，糧罄馬乏，唐喀祿引師退，疏言遵旨撤兵，上怒，左授藍翎侍衞，佐定邊左副將軍納穆扎爾出北路。降人和碩齊，上擢用至散秩大臣，至是令護哈薩克來使入邊，上命納穆扎爾遣唐喀祿將二百人迎之。阿睦爾撒納竄俄羅斯，上命唐喀祿偕和碩齊駐額爾齊斯偵禦。

二十三年三月，土爾扈特舍稜等謀走俄羅斯，上命偕和碩齊逐捕。四月，師次布固圖河，獲舍稜弟勞章扎卜。勞章扎卜詭爲兄乞降，唐喀祿未敢信，和碩齊遽縱之還。越日，舍稜詭約降，獻酒，和碩齊飲之，邀唐喀祿過其營，賊譟而起。唐喀祿及侍衞富錫爾、穆倫保、佛爾慶額力戰，均遇害，和碩齊更衣降。事聞，賜騎都尉世職，祀昭忠祠。富錫爾、佛爾慶額，皆滿洲鑲黃旗人；穆倫保，滿洲正白旗人：皆賜雲騎尉世職。

阿敏道，圖爾格期氏，蒙古鑲紅旗人，世居察哈爾。父阿吉斯，康熙間討噶爾丹，以員外郎從軍，中道糧匱，兵苦飢。阿吉斯言於衆曰：「我等官兵世受國恩，甘斃道路。誓竭力前進。」衆皆諾。於是有昭莫多之勝。聖祖嘉其能，予拖沙喇哈番世職。卒。

阿敏道，襲職。雍正初，累遷二等侍衞。九年，命將巴里呼兵百人自固爾班塞堪赴巴爾坤佐軍，又命偕侍讀學士查克丹調喀爾喀兵三千率之往。尋復偕護軍統領費雅思哈赴烏爾輝音扎罕練兵。乾隆元年，準噶爾乞和，撤軍，阿敏道還京，授鑲藍旗察哈爾總管。十九年，師收烏梁海，將察哈爾兵以從，加副都統銜。二十年，遷所獲巴爾沁人等於齊拉罕。師定伊犂，定北將軍班第奏以阿敏道督臺站。是年，阿睦爾撒納叛，班第陷賊。阿巴噶斯、哈丹附逆肆掠，臺站中斷。阿敏道輒督兵巡徼，使驛遞恆得相續。會定西將軍永常自木壘退駐烏爾圖布拉克，撤阿敏道還。上奪永常官，以策楞代將。命阿敏道將精騎詣伊犂求班第消息。策楞不卽遣，上詰責之。尋將千人捕阿巴噶斯、哈丹賊衆。

二十一年，授鑲藍旗蒙古副都統。時回酋布拉呢敦、霍集占有異志，定邊右副將軍兆惠詗知之，遣阿敏道將索倫兵百、厄魯特兵三千赴葉爾羌、喀什噶爾慰撫，且使致二渠。至庫車，霍集占在焉，閉城拒我師。阿敏道斬游騎四十餘，圍之。城人詭言曰：「厄魯特吾仇，慮爲害。撤還卽納降。」阿敏道遂命厄魯特兵退，僅留索倫兵百。或慮有變，阿敏道曰：「吾招撫回衆，惟期於國有濟，何暇他慮？」遂入，爲霍集占所執。

二十二年，上諭諸將檄霍集占送阿敏道還，不從，謀加害。庫車伯克呼岱巴爾以告，阿敏道謀脫歸，不克，死之。二等男署察哈爾營總旺扎勒及諸裨將綳科、耨金吹、扎木蘇

七、巴克薩拾，並索倫兵百人，皆從死。事平，諸有功者圖形紫光閣，阿敏道列後五十功臣，加世職爲騎都尉兼一雲騎尉，祀昭忠祠。旺札勒加雲騎尉，綳科等皆予雲騎尉世職。

滿福，瓜爾佳氏，滿洲鑲藍旗人。自世管佐領累擢拉林副都統。乾隆二十二年，遷都統，駐巴里坤。命將吉林兵千人屯吐魯番，尋授領隊大臣。定邊將軍成袞扎布出珠勒都斯，令滿福將三百人巡視阿勒輝至烏納哈特十三臺站，搜剿嗎哈沁。沙拉斯、嗎唬斯旣降復叛，掠臺站，上命滿福自阿勒輝往剿，又令巴里坤辦事大臣阿里袞帥師與會。阿里袞未至，滿福師次肯色嶺，與賊遇，擊之，賊敗走，僞遣人乞降，且言賊渠已就縛，請除道迎。滿福信之，行次哈喇和落，徑險林密，下臨深溝。滿福悟爲賊所紿，急麾前隊返。賊千餘突自林中出，圍我師。滿福厲聲督兵力戰，被創墜溝，死之。上以滿福雖爲賊所愚，愍其捐軀，命如陣亡例議卹，謚武毅，祀昭忠祠，圖形紫光閣。

豆斌，陝西固原人。初以馬兵入提標，累遷肅州鎭標中營守備。雍正間，從征準噶爾，力戰受創，賜白金四百。遷川陝督標前營游擊。準噶爾犯科舍圖，率兵擊走之。乾隆初，累遷提督，自廣東移廣西。疏言：「各營鳥槍，舊式大小參差，坐臥倚伏，不能應手；又質薄易熱，難收實用。請照陝西威字號纏絲鎗式改製。」下兩廣總督議行。俄，調還固原。又命以提督銜領湖北宜昌鎭總兵事。尋復歷甘肅、安西提督。命討準噶爾，帥將標兵出駐巴里坤，以輸軍馬後時，下吏議。旋乞病，罷。

居數月，復授安西提督，仍令赴巴里坤兆惠師。師攻霍集占於庫車，命斌將所部從，充領隊大臣，徼巡魯克察克、闢展、庫車諸地驛路。兆惠被圍黑水，斌從副將軍富德自阿克蘇兼程赴援。師次呼爾璊，霍集占以五千人迎戰，我師分兩翼，賊據高岡，斌率中軍火器進攻。賊知我師馬力乏，擁衆相偪。阿里袞解馬至，斌偕衆將夾擊，脅中創，仍力戰，賊大敗。創甚遂卒，謚壯節，祀昭忠祠，予騎都尉兼雲騎尉。上製詩惜之。回部平，圖形紫光閣。孫霨，襲世職，官至山東登州鎭總兵。

端濟布，瓜爾佳氏，滿洲鑲黃旗人。自前鋒累遷頭等侍衞、鑲黃旗察哈爾總管。乾隆二十二年，上令選兵千佐定邊將軍兆惠出西路。自朱爾圖斯赴瑪納斯，獲得木齊鄂羅斯，並所部三百人、馬駝牛羊二千餘。扎哈沁頭人巴哈曼集叛走，端濟布偕侍衞奎瑪岱追捕，至小衞和勒津，降所部二百戶，又得掠臺站賊札木布。師捕治厄魯特頭人噶爾藏多爾濟、扎那噶爾布等，布魯古特台吉琿齊、呼爾璊台吉達瓦斬扎那噶爾布，詣端濟布軍請降。端濟布遽引師還，瑋齊、達瓦復叛去。上懲端濟布惟事姑息，命靖逆將軍雅爾哈善按治。師至羅克倫孟古圖嶺，獲噶爾藏多爾濟宰桑羅卜札尼瑪、得木齊敦多克，檻送巴里坤。上聞，命貸端濟布罪。

扎哈沁得木齊哈勒拜等謀掠臺站，參贊大臣哈寧阿檄端濟布往捕，至瑪納斯，得閒諜十餘。渡河至美羅托山，賊遁，收其游牧牲畜。師圍庫車，端濟布將吉林、厄魯特兵以從。霍集占將三千人自賽里木來援，屯高阜。端濟布偕侍衞順德納等奮擊，斬二千餘級。師攻葉爾羌，霍集占築臺城東北。端濟布及侍衞諾爾本將右翼後隊攻之，賊拒戰，復斬二千餘級。兆惠被圍於黑水，端濟布從定邊左副將軍富德赴援，十餘戰，至呼爾璊，與兆惠軍會，賜三等輕車都尉世職，授鑲紅旗滿洲副都統。

師逐賊，戰於阿爾楚爾，再戰於伊西洱庫爾淖爾，端濟布將二百人截賊逃路。偵山有賊寨，越嶺攻之，被創，賜號塔什巴圖魯。師還，圖形紫光閣，列前五十功臣。卒，贈都統，謚壯節，祀昭忠祠。諭以「端濟布力戰受傷，與陣亡者無異也」。

諾爾本，吳機格忒氏，滿洲正藍旗人。以前鋒從軍。富德獲宰桑烏巴什，遣諾爾本送兆惠軍。道遇賊，力戰，賜號克籌巴圖魯。師圍庫車，霍集占來援。諾爾本偕公袞楚克，侍衞齊凌札卜、齊努渾等擊賊右翼，賊敗走，逐之六十餘里，至鄂根河口，斬獲甚衆；賊逃入蘇巴什山，復偕齊努渾入山搜戮：溫詔嘉焉。師攻葉爾羌，偕端濟布戰城東，敗賊。師還，命在乾淸門行走，賚銀帛，賜騎都尉加一雲騎尉世職，圖形紫光閣。擢頭等侍衞，從明瑞征緬甸，擊賊被創。尋令將兵屯騰越。還京，擢圍場總管，加副都統銜。卒。

論曰：高天喜驍勇善戰，與鄂實、三格奮鬬破陣，死事爲最烈。和起等倉卒爲賊陷，慷慨授命。斌與端濟布以力戰受創，得與戰死者同其血食。旌勇勵忠，當如是也。

清史稿卷三百十六

列傳一百三

瑚爾起　愛隆阿弟巴靈阿　舒明　福祿　齊里克齊

閻相師　伊杜　努三烏勒登

瑚爾起，瓜爾佳氏，滿洲鑲藍旗人。自筆帖式累遷協領。乾隆十三年，從征金川。遷呼倫貝爾總管。二十年，從征準噶爾，加副都統銜。二十一年，從參贊大臣達爾黨阿自珠爾都斯逐捕阿睦爾撒納，詗知阿睦爾撒納竄哈薩克，從定邊左副將軍哈達哈以師臨之。哈薩克汗阿布賚拒戰，擊敗之，斬百餘級，得馬二百餘。獲其頭人，言阿睦爾撒納方在泥雅斯圖山，檄阿布賚擒獻。杜爾默特貝勒巴圖、伯羅特等潛通阿睦爾撒納，瑚爾起與戰輝巴朗山，執伯羅特，盡殲其部衆，及阿睦爾撒納所留烏梁海五十餘戶。沙喇斯、瑪呼斯既降復叛，掠臺站，而布魯古特台吉琿齊等戕察哈爾總管巴寧阿以叛。

上命瑚爾起偕鄂實、三格副哈寧阿，將千人駐濟爾哈朗、巴里坤適中地，捕琿齊及沙喇斯、瑪呼斯部衆。瑚爾起偕鄂實追剿扎哈沁逃賊，又偕副都統巴圖濟爾噶勒自呼斯坦至尼勒喀河，偵琿齊等百餘戶遊牧，突擊，執之。

尋從師自伊犂逐剿諸回部，至善塔斯巔，招降布魯特頭人圖魯啓拜、鄂庫及其部衆，搜捕阿里瑪圖河逸賊。上以索倫兵從征久，召瑚爾起及副都統鄂博什率以還，瑚爾起等仍請從軍。將軍兆惠攻霍集占於葉爾羌，被圍，定邊右副將軍富德檄瑚爾起及巴圖濟爾噶勒率索倫兵自伊拉里克赴援，以馬駝未至，負糧械步行戈壁中。上獎諭，即授正白旗蒙古副都統。師至巴爾楚克，兆惠圍已解，與富德軍合。霍集占之徒阿卜都克勒木等侵和闐，攻哈拉哈什，侍衞齊凌扎卜請援，兆惠令瑚爾起與巴圖濟爾噶勒督兵赴援。齊凌扎卜馳告，夜行至伊立齊，賊聞兵至，引退。詗知賊騎七百餘屯博爾齊，天大霧，瑚爾起督兵突擊，賊潰走，退至皂窪勒河，斬百餘級，收回人四千餘戶，和闐遂平。上賦博羅齊行紀事，賜瑚爾起雲騎尉世職。

師自喀喇烏蘇逐捕霍集占，至阿爾楚爾。賊設伏兩山間，我軍張兩翼擊之，賊敗走三十里，負山而屯。瑚爾起等自山麓橫衝入陣，師夾擊，賊大敗，越山遁，師從之，至伊西洱庫爾淖爾。瑚爾起等爲伏東山，側擊，賊復大敗，霍集占竄入巴達克山。巴達克山汗素勒坦沙獻霍集占首。瑚爾起將索倫兵還，賚銀幣，圖形紫光閣，列前五十功臣。瑚爾起疏言：「呼倫貝爾多水泉，可耕。請選塔里雅沁降回百戶往耕。」上命瑚爾起以副都統爲呼倫貝爾總管，董其事。移黑龍江副都統。從征緬甸，收猛拱、猛養諸地。卒於軍。賜騎都尉，併前世職爲一等輕車都尉，祀昭忠祠。

愛隆阿，覺爾察氏，滿洲正黃旗人。自前鋒侍衞累遷齊齊哈爾副都統。乾隆二十一年，授領隊大臣，赴巴里坤軍營。偕參贊大臣富德逐捕巴雅爾，至愛登蘇，遇阿布賚部衆突出，數與戰，却之。自巴爾楚克至濟爾哈朗置臺站，逐賊沙喇博和什嶺，遇都爾伯特納木奇游牧，乞降，旋遁去，愛隆阿追及之，殺千餘人，納木奇遂納款。師至察罕烏蘇，收厄魯特宰桑烏魯木游牧百餘戶。師屯濟爾哈朗，命愛隆阿駐守濟爾哈朗、巴里坤適中地。尋從靖逆將軍雅爾哈善討霍集占。先是愛登蘇之戰，侍衞奇徹布戰沒，至是愛隆阿上言：「前擒巴雅爾，奪還奇徹布尸，富德未及疏列。」定邊將軍兆惠疏言：「愛隆阿原報所無，事後追論，顯爲爭功，請嚴議。」詔原之。

師圍庫車，賊來援，愛隆阿等與戰於戈壁，殲賊甚衆。霍集占將五千人續至，愛隆阿等率吉林及索倫兵千騎逐賊至鄂根河側，與戰，迫賊入水，死者三千餘人，拔其纛，驛致京師。上爲賦回轟行，奬其能戰。旋從將軍兆惠至葉爾羌，與霍集占部衆戰，當左翼。兆惠被困，靖逆將軍納穆札爾赴援，愛隆阿將兵截喀什噶爾賊援路。徼巡臺站，至托罕塔罕，遇賊，剿殺百餘人。上授愛隆阿參贊大臣，令與定邊右副將軍富德援兆惠。愛隆阿戰呼爾璊，再戰葉爾羌河，遂與兆惠軍合。尋引兵駐烏什，兼防喀什噶爾，予雲騎尉世職。復從富德逐霍集占，戰於伊西洱庫爾淖爾。徼巡臺站，值嗎唬斯、賓巴等謀劫察罕烏蘇臺站，以兵追襲，斬獲殆盡，進騎都尉世職。師還，授正白旗護軍統領，兼鑲白旗蒙古副都統。圖形紫光閣，列前五十功臣。再進一等輕車都尉兼一雲騎尉世職。授伊犂參贊大臣。卒。

弟巴靈阿，自親軍校累遷二等侍衞，授察哈爾總管。賜坤都爾巴圖魯名號，授領隊大臣。在博羅齊搜捕厄魯特部衆，遇伏戰死，賜雲騎尉世職，圖形紫光閣，列後五十功臣。

舒明，烏梁海濟勒莫特氏，蒙古正黃旗人。自二等侍衞累遷都察院左副都御史、正黃旗護軍統領。命赴北路軍，爲諸部降人董理游牧。旋授吏部侍郎。詗知降人訥默庫戕臺站侍衞，謀以所部叛，馳奏。敕參贊大臣阿蘭泰往捕治，阿蘭泰請益兵，上責其紛擾。訥默庫就擒，上以舒明籌策得宜，而阿蘭泰推諉遲誤，奪阿蘭泰三等男爵畀舒明。

舒明在邊，諸部降人至者，爲之拊循。噶勒雜特宰桑根敦降，上授佐領，使與丹畢游牧同處。都爾伯特台吉伯什阿噶什、烏巴什降，上授伯什阿噶什親王、烏巴什貝子，游牧額爾齊斯，舒明爲陳請留屯哈達青吉勒。達什達瓦部降，編爲三旗，移阿爾台；其續至者，使處扎哈沁舊游牧地。策淩烏巴什、巴圖博羅特及達瑪林等部衆貧甚，疏請賑，上爲發米六百石。上聞和托輝特青滾雜卜將叛，命舒明詗之。舒明言叛已著，命會將軍成袞札布等捕治。授參贊大臣，成袞札布令將科布多兵二百以往。上命侍衞巴寧阿勒泰將三百人爲舒明佐。旋命偕成袞札布駐烏里雅蘇臺。授理藩部侍郎。再遷綏遠城將軍，兼領歸化城都統。二十七年，卒。

子雅滿泰，襲三等男。累遷正白旗蒙古副都統。坐事左授頭等侍衞。與保泰同充駐藏大臣。廓爾喀侵後藏，與保泰同得罪，荷校被杖。復起至頭等侍衞。卒。

福祿，旺察氏，蒙古正白旗人。自護軍校累遷福建建寧鎭總兵。內移正藍旗蒙古副都統。外授直隸宣化、廣東右翼諸鎭總兵。又內移正紅旗漢軍副都統。乾隆二十三年，授參贊大臣，駐烏里雅蘇臺。旋命將索倫兵二千人赴巴里坤。時定邊左副將軍成袞札布與參贊大臣阿桂會討舍楞，福祿請具三月糧，自科布多輸送，從之。至海拉爾，與御前侍衞敦察會師進。旋佐將軍兆惠討霍集占，偕定邊右副將軍富德帥師次呼爾璊。霍集占以五千餘人來犯，福祿偕領隊大臣永慶率索倫、察哈爾兵擊之，自巳至申，與賊戰十餘次，賊潰去。進次葉爾羌河岸，城賊突圍出，富德與福祿等領中軍自右進，追賊渡河，賊屢敗。兆惠自葉爾羌出，至阿爾吉什，偵鄂斯璊方侵和闐，疏請富德、福祿帥師策應。上命福祿偕策布登札布以兵堵霍集占竄俄羅斯路。旋命駐軍和闐，予雲騎尉世職。遷杭州將軍。準噶爾平，圖形紫光閣。上巡浙江，福祿督駐防兵肄武，製閱武詩獎之。調西安將軍。授領侍衞內大臣。以老乞休。卒。

齊里克齊，蒙古鑲黃旗人。初爲額魯特人，以地爲氏。乾隆二十年，師征準噶爾，來降。準噶爾平，從定邊將軍兆惠擊霍集占，戰於霍爾果斯。霍集占敗走，降頭人圖魯啓拜等，授藍翎侍衞。護哈薩克使臣詣京師，遷三等侍衞。復從定邊右副將軍富德擊霍集占，至色勒庫爾，敵踞山以拒。齊里克齊偕前鋒參領喀木齊布督健銳營兵自山陰攀登仰擊，霍集占敗遁。降所部二千餘人，獲軍器、駝騾，賜布哈巴圖魯勇號。師還，命在乾清門行走，圖形紫光閣。再遷頭等侍衞，予雲騎尉世職。三十二年，從將軍明瑞征緬甸，遇賊於底麻，敗之。賜副都統銜。召回京，再遷鑲黃旗蒙古副都統。三十七年，師征金川，命督健銳營從參贊大臣阿桂出南路。授領隊大臣，攻美諾，克之。金川平，師還，領健銳營。

嘉慶初，教匪起，送察哈爾馬如湖北軍，事竟即還。上以未請從軍，詔詰責，奪官，削世職。尋授鑲黃旗蒙古副都統。卒。

閻相師，字渭陽，陝西高臺人。入伍。累遷安西前營遊擊。雅爾哈善謀誅厄魯特降人沙克都爾曼吉。天大雪，相師將五百人，僞爲失道，求寄宿其壘。夜分，嗚笳驟起，殺沙克都爾曼吉，殲其部衆四千餘人。尋偕副將丑達將千人赴魯克察克同額敏和卓逐回酋莽阿里克。錄功，遷金塔寺營副將。屯田吐魯番。擢甘肅肅州鎭總兵，賜花翎。從雅爾哈善討霍集占，授領隊大臣。圍庫車，力戰被創。師克阿克蘇，以相師駐守。已，復隨剿霍集占於葉爾羌。授安西提督，駐喀什噶爾。未幾，改甘肅提督，移駐庫車。上命屯田烏魯木齊。凱旋，入覲，賚銀幣，圖形紫光閣。引疾罷，予食全俸。旋卒，贈太子太保，謚桓肅。

相師軀幹修偉，有至性。旣貴，念親不逮養，每食泣下。得俸與兄弟，不問出入。所居鎭夷堡地萬畝，爲濬渠灌漑，數百家利賴之。

伊柱，薩克達氏，滿洲正白旗人。父塔勒馬善，雍正間，以副都統將歸化城兵從征噶爾丹策凌。將軍達爾濟駐伯格爾，世宗命塔勒馬善參贊軍務。署前鋒統領，逐賊至額得爾河源，駐軍烏里雅蘇臺。乾隆初，權定邊左副將軍，召還。師復征準噶爾，命赴額爾齊斯屯田。二十一年，授北路參贊大臣。復召還，授護軍統領。卒。

伊柱，自佐領再遷索倫總管。偕副都統濟福、侍衞德爾森保赴喀爾喀車臣部捕盜，得逋賊。二十四年，從將軍兆惠討霍集占。霍集占之棄葉爾羌走也，副將軍富德等逐之，至阿爾楚爾。賊設伏兩山間，師分三隊奮擊，伊柱領右翼，戰自辰至午，賊大潰。翌日，至巴達克山界伊西洱庫爾淖爾，賊據險守。師分道進攻，樹白纛，降賊萬餘。伊柱偕巴圖濟爾噶勒等堵山後策應。富德遣侍衞賽音圖等諭巴達克山汗，使擒霍集占以獻。伊柱駐兵卡倫爲聲援。瓦罕伯克率所部降。尋，巴達克山汗素勒坦沙函獻霍集占首。回部平。伊柱將千人駐喀什噶爾，護諸降人屯田伊犂。師還，上御豐澤園宴勞，賜伊柱緞十二、白金五百。伊柱復出領屯田，爲置臺守望，疏渠灌溉，農隙督佃伐木作屋以居，上諭令加意開拓。遷鑲藍旗蒙古副都統。從將軍明瑞征緬甸，擊賊老官屯。卒於軍，進三等輕車都尉世職。

努三，瓜爾佳氏，吉林滿洲正黃旗人。自前鋒再遷頭等侍衞、御前行走。乾隆十一年，四川總督慶復勦下瞻對頭人班滾，命努三如慶復軍。慶復疏報班滾焚死，罷兵。張廣泗代慶復，言班滾現在。慶復坐得罪，努三罷御前行走。尋授鑲白旗蒙古副都統、正藍旗護軍統領。十八年，師征準噶爾，命從湖廣總督永常籌軍事。旋帥師駐鄂爾坤。準噶爾宰桑瑪木特闌入卡倫。授參贊大臣，命會將軍成衮札布逐捕。努三與參贊大臣薩賴爾、護軍統領烏勒登合軍，軍不戰，雜取牲畜。努三獲逃人特赫拜哈都，未聞上。烏勒登收烏梁海，縱逃人巴朗。上詰責努三、烏勒登，下定北將軍班第等按治。努三、烏勒登自陳收牲畜匿以自私事始薩賴爾，上以薩賴爾新降，不知法度，責努三等不得以此諉過。尋讞上，坐失巴朗，罪當斬。詔錄其前勞，恕死，留軍，仍籍其家。

旋授藍翎侍衞。再遷頭等侍衞，命與左都御史何國宗赴伊犁，測天度，繪地圖。送兵詣巴里坤，請回京。左授藍翎侍衞，留巴里坤差遣。招撫巴爾達穆特各鄂拓克有勞，三遷鑲藍旗護軍統領，督巴里坤屯田。兆惠被圍黑水，努三從定邊左副將軍富德往援，至呼爾璊，分兩翼擊賊，與兆惠軍會，賜騎都尉世職。師還，賜銀幣。累遷領侍衞內大臣、正藍旗滿洲都統。卒，諡恪靖。

烏勒登，烏禮蘇氏，滿洲正白旗人。自前鋒累遷鑲黃旗蒙古副都統、護軍統領。乾隆十三年，從征金川。經略大學士傅恆至軍，令駐軍馬奈。十八年，師征準噶爾，授參贊大臣，駐烏里雅蘇臺。扎哈沁宰桑瑪木特等闌入卡倫，烏勒登偕喀爾喀副都統策登扎卜將五百人，與參贊大臣努三分道捕治。參贊大臣薩賴爾收烏梁海，烏勒登自索郭克策應，俘獲甚衆。尋坐縱逃人巴朗，並與努三匿所獲烏梁海牲畜，罪當斬，貸死從軍。尋授頭等侍衞，命選厄魯特宰桑厄勒錐音等兵赴伊犁討賊。加副都統銜，授領隊大臣，進剿阿巴噶斯、哈丹等遊牧。

阿睦爾撒納竄哈薩克，定西將軍策楞遣烏勒登將千人從參贊大臣玉保逐捕，玉保中道引還。烏勒登師至庫隴癸嶺，阿睦爾撒納脫走。逮詣京師，廷鞫，言：「初聞阿睦爾撒納遁，請發兵速追之。策楞、玉保俱不允。後從玉保往，復請追擊。玉保止發兵五十，至庫隴癸嶺，僅餘二十人，駝復乏。阿睦爾撒納於師行日已過嶺竄哈薩克。」上以其言實，貸死，授三等侍衞，在乾清門行走。尋仍遣赴軍。定邊將軍兆惠招降布勒特部頭目圖魯啓拜，令烏勒登自珠木罕至圖固斯塔老宣詔，護降人入覲。擢頭等侍衞，授參贊大臣。令捕瑪哈沁，並截霍集占逃路。尋以捕瑪哈沁不力，令在領隊大臣上行走。師還，累遷鑲黃旗蒙古都統、左翼前鋒統領。卒。

論曰：從兆惠、富德討霍集占有功諸將校，若瑚爾起、愛隆阿殲敵搴旗，見於詠歌，厥績懋焉。舒明逐叛拊降，以勞受爵。福祿、努三與呼爾璊之役，齊里克齊佐色勒庫爾之戰，相師助庫車之圍，伊柱收伊西洱之降，錄功皆居最，抑亦其次也。

清史稿卷三百十七

列傳一百四

王無黨　吳進義　譚行義 李勳　樊廷　武進陞 馬負書

范毓𮜿

王無黨，直隸萬全人。康熙五十一年武進士，授藍翎侍衞。累遷廣西梧州協副將。貴州台拱九股苗爲亂，無黨率師討定之，擢左江鎭總兵。九股苗復爲亂，無黨馳抵古州，分兵赴八寨督勦。經略張廣泗檄無黨分攻台拱大台雄，克之。平交上等三十餘寨，擒其渠巴利，會收牛皮大箐。乾隆元年，署貴州提督。從廣泗撫定上下九股諸苗從爲亂者。二年，眞除。疏陳黔省急務，請籌積貯，築城垣，整墩臺塘房，禁掠賣人口，下部議行。定番州屬姑盧寨苗恃險强肆，廣泗與無黨遣漢、土官兵三千餘，分道燬寨搜箐，擒其渠老排，十餘日而定，上褒其妥協。四年，陛見，賜孔雀翎。

六年，移湖廣提督。黑嵓苗爲亂，大學士鄂爾泰以無黨在貴州久，熟苗事，留使戡定乃上官。八年，上以湖廣軍政廢弛，無黨至官未有所整理，下詔詰責。十三年，坐提標兵救火攘衣物，兵部論無黨徇庇，當奪官，命詣京師引見，左授湖南沅州協副將。遷雲南楚姚鎭總兵。內擢鑾儀使。復外授福建漳州鎭總兵。遷浙江提督。以目疾乞罷。卒，謚壯慤。

吳進義，字子恆，陝西寧朔人。父開圻，康熙二十七年一甲三名武進士，官至雲南元江副將。進義入伍，從振武將軍孫思克征噶爾丹，劄署守備，發江南借補千總。累遷江南壽春鎭總兵。擢江南提督，疏言：「太湖界江、浙，漁船姦良難辨。請照海洋例巡哨，支河小汛，飭兩省陸路兵巡查，則聲勢聯絡，姦宄斂迹。」有旨嘉奬。久之，移浙江，再移福建，復還浙江。時有僞爲孫嘉淦疏稿語訐上，進義與浙閩總督喀爾吉善以聞。上令究所從來，語連提督廨胥吏，喀爾吉善劾進義隱諱，命解官聽讞。進義力辨未嘗隱諱，其幕客證進義已見稿。浙江巡撫雅爾哈善論進義當重辟，上愍其老，命貰罪。復以疏稿未得作僞主名，令江蘇巡撫莊有恭會鞫。有恭疏陳進義實未見稿，浙江承審諸吏牽合附會。事下軍機大臣覆訊，得實。上以進義無辜廢斥，召來京，命以提督銜署直隸宣化鎭總兵。未幾，授古北口提督。進義請限操演火藥，增設河屯協弓兵，皆允行。二十三年，加太子少保。二十七年，卒，年八十四，加太子太保，謚壯愍。

進義家世多武功，從祖坤，貴州永北總兵，嘗征四川苗及金川有功。坤子開增，自武舉官至浙江溫州總兵。

譚行義，四川三臺人。康熙時，以武舉授陝西西寧衞千總。雍正初，從軍平青海，再遷河南城守營參將。河東總督田文鏡劾行義送陝西軍馬疲瘦，奪官，上令來京引見，召對稱旨，賜編刻上諭、貂皮、香珠，復原官。再遷廣東高雷廉總兵。總督鄂彌達檄行義將五千人協勦貴州亂苗，進擊滾縱、高表諸寨。經略張廣泗令赴援上江，攻烏婆、擺弔諸險要地，搜牛皮大箐，獲其魁。歷福建漳州、湖南鎭筸諸鎭。

乾隆四年，授廣西提督，帥師會討楚、粵亂苗。宜山縣土蠻恃險劫掠，行義與總督馬爾泰、署巡撫安圖令游擊楊剛討之。破白土、丘索二村，執其渠，斬以徇。忻城土縣外八堡有劇盜曰藍明星，恃險焚劫。行義檄副將畢映捕治，明星遁入山，搜捕得之。有黃順者，匿湖北、廣東錯壤處，謀爲亂。貴州人黎阿蘭與相應，散旗印，將起事。行義詗知之，督兵攻克賊巢，擒斬首從七十餘，事乃定。柳州兵皆居草舍，患火。行義請發白金四千貸兵建瓦屋，分三年還帑，從之。又有李彩者，糾衆聚遷江石版村謀犯縣城，行義旣捕治，請城北設汛。尋以擅發倉穀貸於兵，左授登州鎭總兵。十一年，遷江南提督。十四年，移浙江提督。十六年，再移福建陸路提督。十八年，卒，謚恭慤。

李勳，貴州鎭遠人。入伍，稍遷守備。從征台拱九股生苗，廣泗檄同剿羊弔、洞里、羊色諸地，搜牛皮大箐，勳亦在行間。累遷湖廣提督。緬甸亂，移雲南提督。疏請自普洱馳往孟艮捕治亂渠召散，上以其老，不勝瘴癘，命還普洱。勳已至孟艮，督總兵劉德成、華封等葺堡寨，防要隘，得召散兄猛養等。勳還，卒於途。加太子太保，謚莊毅。

樊廷，陝西武威人。初入伍，更姓名王剛。從征烏蒙、青海、西藏，積功累遷甘肅肅州鎭總兵。自陳復姓名，改籍四川潼川縣。準噶爾犯科舍圖卡倫，盜駝馬，其衆二萬餘。廷率副將冶大雄等將二千人禦之，轉戰七晝夜，與總兵張元佐等軍合，殺賊無算，盡還所盜。時提督紀成斌護寧遠大將軍印，聞上，詔褒廷以寡敵衆，忠勇冠軍，賜白金萬，一等輕車都尉世職。授陝西固原提督、都督僉事。入覲，請從軍，命從署寧遠大將軍查郎阿出師屯南山。副將軍張廣泗偵賊伏烏爾圖水，檄廷將千五百人自鏮泉子進剿，至哈洮遇賊，奪據山梁，連敗之。越噶順抵鄂隆吉大坂，殺賊四百，擒三十六，收其糧械。

乾隆初，上從查郎阿請，發甘、涼諸鎭兵五千人駐哈密，置總統提督，以授廷。廷至軍，疏言：「烏爾克爲極西第一要隘，兵出偵洮賴大坂北蘆草溝、噶順溝東亂山子及烏爾圖水，夜輒有火光。守隘兵寡，請量增。」又疏言：「哈密兵在山南煙墩溝諸地牧駝馬，請分山北防兵巡護。」皆用其議。在邊二年，以病乞罷，命還固原治疾，遣醫往診。尋卒於哈密。遣疏論防邊事甚切，上深愍之。命查郎阿經紀其喪，歸葬涼州。贈都督同知，謚勇毅。

子經文，官至廣東右翼總兵。經文子繼祖，官湖北副將。繼祖子從典，請改籍湖北恩施。從典子燮，官湖南永州鎮總兵，同治中，坐事罷。

武進陞，山西寧鄉人，其後改籍江南江寧。初以張姓入伍。稍遷浙江溫州鎮標守備。雍正初，閩浙總督滿保疏薦，引見，授三等侍衞，屬怡親王允祥。尋外授江寧遊擊。累遷福建陸路提督。言：「閩省不習騎射，加意督率，弓力漸增。馬兵出馬收馬較前改觀。」高宗諭以「如此方不負任使，然亦不可欲速，尤貴爲之以實，要之以久」。進陞與總督喀爾吉善忤，疏言：「喀爾吉善外似和平，心實剛愎。令臣密察水師提督張天駿營伍，臣辭以水師非所轄。督臣正言厲色，必令臣密察。及察知水師陋規，告之督臣，督臣置不問，反與天駿契合。臣察漳州營馬值，總兵馬負書爲督臣舊部，巧爲徇私。令臣無地自容。」又疏言喀爾吉善衰憊狀，上斥進陞支離狂率。喀爾吉善亦劾進陞徇所屬，縱兵行竊。因左授江南狼山鎮總兵，進陛疏謝，諭曰：「汝無他過，祇好勝多事，故左授示薄懲。若不知改，或遂委靡，一切姑息，皆不可也。」居數月，擢江南提督，以老罷。再起，終浙江提督。卒，年八十餘，謚良毅。

馬負書，漢軍鑲黃旗人。乾隆元年一甲一名武進士，授頭等侍衞。累遷福建漳州鎮總兵。疏言：「漳州民好鬬，有所謂『闖棍』，結黨肆行，土豪養爲牙爪，請嚴治之。」上下其章喀爾吉善，令體察懲治。歷瓊州、金門、臺灣、狼山諸鎭。署古北口提督，疏言：「兵習陣法，無濟實用。應於秋冬收穫後，擇地成列，爲仰攻旁擊勢。分合進退，以金鼓爲節。常月敎場演習，仍依營制。」得旨允行。授福建陸路提督。卒，謚昭毅。

范毓䭸，山西介休人。范氏故巨富。康熙中，師征準噶爾，輸米餽軍，率以百二十金致一石。六十年，再出師，毓䭸兄毓馪請以家財轉餉，受運值視官運三之一。雍正間，師出西北二路，怡親王允祥薦毓馪主餉，計穀多寡，程道路遠近，以次受值，凡石米自十一兩五錢至二十五兩有差，累年運米百餘萬石。世宗特賜太僕寺卿銜，章服同二品。寇犯北路，失米十三萬餘石，毓馪斥私財補運，凡白金百四十四萬。師旣罷，米轉運近地，戶部按近值核銷，故所受遠值，責毓馪追繳，凡白金二百六十二萬，復出私財採㠴，市銅供鑄錢以償。

毓奇以武舉授衞千總，以駝佐軍，擢守備。累遷直隸天津鎭總兵。自河南河北鎭移廣東潮州，疏請令潮州營兵如河北例，兼習長槍、短棍、連接棍諸藝。世宗命與總督鄂彌達、提督張溥商榷。鄂彌達等上言：「廣東山海交錯，軍械惟鳥槍最宜，次則弓箭、藤牌、挑刀、大礮。毓奇所議與廣東不甚宜。」上韙鄂彌達等議，仍諭毓奇初至，當嘉其肯言。嘉應、潮陽遇颶，海岸決。毓奇以聞，命加意撫綏。乾隆初，署廣東提督。故事，市舶至，詣海關納稅。或遇風未至所往地，中道暫泊，亦論稅如例。毓奇慮民避屢稅，遇風不敢泊，致傾覆，疏請商舟寄泊，非卽地市易不徵稅，上命待審察。毓奇以憂歸，服終，授直隸正定鎭總兵。湖廣總督阿爾賽請移任苗疆，上不允，諭以「毓奇富家子弟，謹愼無過。苗疆事重，不能勝也」。上巡五臺，毓奇言兄毓馪子清注具羊千、馬十備賞賚，上卻之。尋以老罷。卒。

論曰：提鎭雖專閫，然受制於督撫，所轄兵散處諸營汛，都試肄武，虛存其制耳。無黨、進義皆能勤其官者，行義捕盜，廷慶從戰，皆有勞。進陞斷斷不欲曠其職。毓奇與其兄出私財助軍興，幾傾其家而不悔，求諸往史，所未有也。

清史稿卷三百十八

列傳一百五

阿桂 子阿迪斯 阿必達

阿桂，字廣廷，章佳氏。初爲滿洲正藍旗人，以阿桂平回部駐伊犂治事有勞，改隸正白旗。父大學士阿克敦，自有傳。

阿桂，乾隆三年舉人。初以父廕授大理寺丞，累遷吏部員外郎，充軍機處章京。十三年，從兵部尚書班第參金川軍事。訥親、張廣泗以無功被罪，岳鍾琪劾阿桂結張廣泗蔽訥親，逮問。十四年，上以阿克敦年老，無次子，治事勤勉；阿桂罪與貽誤軍事不同，特旨宥之。尋復官，擢江西按察使，召補內閣侍讀學士。二十年，擢內閣學士。時方征準噶爾，命阿桂赴烏里雅蘇台督台站。逾年，父喪還京。旋復遣赴軍，授參贊大臣，命駐科布多，授鑲紅旗蒙古副都統。二十二年秋，授工部侍郎。輝特頭人舍楞約降，唐喀祿以兵往會，爲所襲，阿桂率兵策應，上嘉之，賜花翎。上命阿桂與策布登扎布合軍擊舍楞，毋使逃入俄羅斯。阿桂言：「得降賊，謂舍楞將逃土爾扈特；或不達，且復回準噶爾。邀之中路，可擒獻。」上責其觀望，召還京。是年準部平，復命赴西路，與副將軍富德追捕餘賊。

霍集占叛，二十四年，命赴霍斯庫魯克從富德進討。八月，逐賊至阿勒楚爾，又至伊西洱庫爾淖爾，回衆降。霍集占走拔達克山。是年回部平。上以阿克蘇新附，爲回部要地，命阿桂駐軍綏撫。二十五年，移駐伊犂。阿桂上言伊犂屯田、阿克蘇調兵諸事。上嘉其勇往，命專司耕作營造，務使軍士、回民皆樂於從事。時西域初定，地方萬餘里，伏莽尙衆，與俄羅斯鄰。上詔統兵諸大臣議，咸謂沙漠遼遠，牲畜凋耗，難駐守。阿桂疏言：「守邊以駐兵爲先，駐兵以軍食爲要。伊犂河以南海努克等處，水土沃衍，宜屯田。請增遣回民嫺耕作者往屯；增派官兵駐防，協同耕種；次第建置城邑；預籌馬駝，置台站；運沿邊米赴伊犂；簡各省流人嫺工藝者，發備任使。」又奏定山川、土穀諸祀典，上用其議。阿桂造農器，督諸屯耕穫，歲大豐。

二十六年，疏言：「伊犂牧羣蕃息，請停內地購馬駝。增招葉爾羌、喀什噶爾、阿克蘇、烏什回民詣伊犂，廣屯田。」皆稱旨。迭授內大臣、工部尙書、鑲藍旗漢軍都統，仍駐伊犂。奏瑪納斯庫爾、喀喇烏蘇、晶河三地屯田，人授十五畝。二十七年，疏定約束章程，建綏定、安遠二城，兵居、民房次第立，一如內地，數千里行旅晏然，予騎都尉世職。召還，賜紫禁城騎馬，命軍機處行走。調正紅旗滿洲都統，加太子太保。二十九年，命署伊犂將軍。尋調署四川總督。時金川土司郎卡與綽斯甲布等九土司搆釁，阿桂巡邊，盡得郎卡狡獪怙惡狀，並悉其山川形勢，入奏。是冬，召還京。三十年，上南巡，命留京治事。

烏什回賴黑木圖拉作亂，詔馳赴烏什與將軍明瑞攻之，賴黑木圖拉中矢死，衆伯克復推額色木圖拉抗我師，自三月至八月，攻城不下。明瑞軍其北，阿桂軍其南，作長圍困之，絕其水道。賊糧盡，內訌，沙布勒者擒額色木圖拉以獻，烏什平。上責其遲延，示怯損威，部議奪官，命留任，駐雅爾城。旋復奪尚書，命還伊犂助明瑞治事。阿桂疏請移雅爾城於楚呼楚，從之。三十二年，授伊犂將軍。請自楚呼楚至烏爾圖布拉克設三臺，以通雅爾，下部行。

緬甸擾邊，總督劉藻、楊應琚先後得罪去，上命明瑞率師討之，至猛育，糧盡，戰沒。大學士傅恆自請行，三十三年，以傅恆爲經略，阿桂及阿里袞爲副將軍，仍授阿桂兵部尚書、雲貴總督。三十四年，以明德爲總督，令阿桂專治軍事。阿桂請由銅壁關抵蠻暮，伐木造舟，俟經略至軍，進攻老官屯，且言軍糧不給。上以爲畏怯，罷副將軍，改授參贊大臣。九月，舟成，傅恆亦至，分三路進：傅恆出萬仞關，由大金沙江西經猛拱、暮魯至老官屯；阿里里衮率舟師循江下，阿桂率蠻幕新舟出江會之，先伏兵甘立寨。緬人從猛戛來拒，寨兵出擊，沉三舟，舟師噪應之，緬人大潰，殲其渠，遂與西岸軍合。老官屯守禦堅，軍士多病瘴，阿里衮卒於軍，復授阿桂副將軍。傅恆亦病，上命班師，而緬酋懵駁亦懲甘立寨之敗，遣使議受約束，乃召傅恆還。命阿桂留辦善後，授禮部尚書。

三十五年，兼鑲紅旗漢軍都統。命赴騰越待緬人入貢。遣都司蘇爾相賫檄至老官屯，緬人拘之，索還木邦等三土司。疏入，上命罷尚書、都統，以內大臣留辦副將軍事。三十六年，疏請大舉征緬，入覲陳機密。上手詔詰責，命奪官留軍効力。是時金川酋郎卡已死，其子索諾木及小金川酋澤旺子僧格桑擾邊，四川總督阿爾泰征之無功，上命阿桂隨副將軍、尚書溫福進討。十二月，署四川提督，克巴朗拉、達木巴宗各寨。三十七年二月，克資哩山，進克阿喀木雅。松潘總兵宋元俊亦復革布什咱。兩金川勢日蹙，合謀抗我師。上命溫福等三路進討，阿桂出西路阿喀木雅攻喇卜楚克，克之，奪普爾瑪寨，進逼美美卡。澤旺爲子謝罪，索諾木亦代僧格桑請還侵地，上不許。時侍郎桂林代阿爾泰爲總督，並領其衆，至墨隴溝，失利，副將薛琮死之，阿爾泰劾罷桂林。上授阿桂參贊大臣，命赴南路接剿。僧格宗者，小金川門戶也。甲爾木山梁爲僧格宗要徑。阿桂乘賊怠，潛赴墨隴溝，夜半大霧，襲據之，進逼僧格宗，突入毀其碉，殲賊無算。上授溫福定邊將軍，豐昇額、阿桂俱授副將軍，分道取美諾。阿桂克美都喇嘛寺，俯瞰美諾。僧格桑遁布朗郭宗，而溫福亦克西路來會，進剿布朗郭宗。僧格桑送孥金川而遁底木達，求見父澤旺，澤旺不納，渡河走金川。澤旺降，械送京師，小金川平。於是議討金川，金川賊巢二：曰噶拉依，曰勒烏圍。溫福由功噶爾拉，阿桂由當噶爾拉，合攻噶拉依；豐昇額由綽斯甲布徑攻勒烏圍。復授禮部尙書。

三十八年正月朔，冒大雪，進奪當功噶爾拉諸碉，而溫福至木果木，索諾木誘降番叛襲軍後，斷登春糧道，我師潰，溫福死之。小金川與美諾等相繼陷。阿桂悉收降番械，毀碉寨，分置其人章谷、打箭爐，斬其桀驁者，親殿軍退駐達河。事聞，上怒甚，命發健銳、火器兩營，黑龍江、吉林、伊犂額魯特兵五千，授阿桂定西將軍，明亮、豐昇額副將軍，舒常參贊大臣，整師再出。十月，攻下資哩。用番人木塔爾策，分師由中、南兩路進，潛軍登北山巔，遂取美諾，明亮等亦克僧格宗來會，凡七日，小金川平。

三十九年正月朔，阿桂抵布朗郭宗，人裹十日糧，分三隊進，轉戰以前，克喇穆左右二山，贊巴拉克山、色依谷山。二月，克羅博瓦山，勒烏圍門戶也。賊退守喇穆山。部將海蘭察從間道破色淜普寨，繞出山後，賊退守薩甲山嶺。海蘭察奪其峭壁大碉，諸寨奪氣，同時下，乘勝臨遜克爾宗。僧格桑死於金川，金川酋獻其尸，而死守遜克爾宗。十月，阿桂用策先克默格爾山及凱立葉，於是日爾巴當噶諸碉反在我師後，遂悉平之。賊退守康薩爾山。時豐昇額出北路，師至凱立葉，望見煙火，以師來會；而明亮出南路，阻於庚額山；阿桂令移軍，冒雨破宜喜，與明亮軍隔河相望。十一月，克格魯克古丫口，金川東北之賊殆盡。

四十年正月，克康薩爾山梁。二月，克沿河斯莫思達寨。四月，克木思工噶克丫口。五月，克下巴木通及勒吉爾博山梁，進據得式梯，復克噶爾丹寺、噶明噶等寨。進攻巴占，屢攻不下。分兵從舍圖枉卡繞擊，牽賊勢。七月，克昆色爾及果克多山，進克拉枯寺、菑則大海山梁，旋克章噶。八月，克隆斯得寨，遂克勒烏圍。捷聞，上遣阿桂子阿必達齎紅寶石頂賜之。九月，克當噶克底諸寨。十月，克達木噶。十一月，克西里山雅瑪朋寨。十二月，克薩爾歪諸寨，進據噶占。四十一年正月，克瑪爾古當噶碉寨五百餘，遂圍噶拉依。索諾木母先赴河西集餘衆，大兵合圍，與其子絕，遂降。阿桂令作書招索諾木，而其頭目降者相繼，索諾木乃率衆降。金川平，安置降番，設副將、同知分駐其地。詔封一等誠謀英勇公，進協辦大學士、吏部尚書、軍機處行走。四月，班師。上幸良鄉城南行郊勞禮，賜御用鞍馬。還京獻俘，御紫光閣，行飲至禮，賜紫韁、四開褉袍。

初，阿桂去雲南，緬甸遣使議入貢，械送京師下獄。至是誅索諾木母子頭人，上命釋緬使令觀，譯告以故，縱之歸，冀以威武風動之。四十二年，署雲貴總督圖思德奏：「懵駁已死，子贅角牙立，輸誠納貢，願歸中國人。請開關通市。」上以事重，當有重臣相度受成，命阿桂往莅。五月，授武英殿大學士，管理吏部，兼正紅旗滿洲都統。緬甸使不至，遣蘇爾相等歸，遂召阿桂還。未幾，緬甸內亂。又十餘年，國王孟隕具表祝上八旬聖壽，定十年一貢。南徼始安。

四十四年，河決儀封、蘭陽，奉命往按。阿桂令開郭家莊引河，築攔黃壩；又於下流王家莊，築順黃壩：蓄水勢，逼溜直入引河。四十五年三月，隄工蕆，還京。兼翰林院掌院學士。旋命勘浙江海塘，築魚鱗石塘、柴塘，及范公塘。四十六年，工成，命順道勘清江陶莊河道高堰石工。

甘肅撒拉爾新教蘇四十三與老教仇殺，戕官吏。總督勒爾謹捕教首馬明心下獄，同教回民二千餘夜濟洮河犯蘭州，譟索明心。布政使王廷贊誅明心，賊愈熾。上命阿桂視師，時阿桂猶在工。命和珅往督戰，失利。賊據龍虎、華林諸山，道險隘。阿桂至，設圍絕其水道，進攻之，賊大潰。殲蘇四十三，餘黨奔華林寺，焚之，無一降者。甘肅冒賑事發，命按治，盡得大小官吏舞弊分賕狀，讞定，疏請增設倉廒，廣儲糧石，以濟民食。

秋，河決河南青龍岡，命自甘肅赴河南會河道總督李奉翰督塞河。故事，河決，當決處兩端築壩，漸近漸合，謂之「合龍」。十二月，兩壩將合，副將李榮吉謂水勢盛，宜緩，阿桂督之急。既合，屬吏入賀，榮吉獨不至，召之，則對使者曰：「爲榮吉謝相公，壩不可恃，不敢離也。」越二日，果復決，阿桂馳視。榮吉已墮水，懸千金賞救之起，解御賜黑狐端罩覆之。因上疏自劾，請別簡大臣董其役，上詔答，略曰：「近年諸臣中能勝治河任者，舍阿桂豈復有人？惟當安心靜鎮，別求善策。」四十七年，奏請於下游疏引河，上游築大隄，並於北岸建壩，迫溜南趨。四十八年，工始竟，詣熱河行在，復命仍赴工次，審定章程。

浙江布政使盛住疏論總督陳輝祖籍王亶望家有所私，命阿桂如浙江按治。還，又命勘江南鹽河水道，又命勘河南蘭陽十二堡隄工，並於戴村建閘。四十九年，甘肅鹽茶廳回民張阿渾據石峯堡以叛。上遣福康安、海蘭察等討之，復命阿桂視師。兩月餘，破堡，戮張阿渾等，加一等輕車都尉世職。又命督河南睢州隄工。五十年，舉千叟宴，阿桂領班。又命勘河南睢州河工，並察洪澤湖、清口形勢。五十一年，又命勘清口堤工，並如浙江按倉庫虧缺，勘海塘；又命勘江南桃源、安東河決。再如浙江按治平陽知縣黃梅重徵，論如律。

五十二年，又命督塞睢州十三堡河決。時臺灣民林爽文叛，上命福康安討之，諮阿桂軍事。阿桂疏論師當扼要害，分道並進，先通諸羅道，廓清後路，自大甲溪進兵。諭曰：「所見與朕略同，已諭福康安奉方略。」睢州工竟，又命勘江南臨湖甎石隄工。五十三年，又命按湖北荊州水災。請疏窖金洲以導水，修萬城隄以護城。五十四年，命再勘荊州隄工。嘉慶元年，高宗內禪，阿桂奉册寶。再舉千叟宴，仍領班，於是阿桂年八十矣，疏辭領兵部。二年八月，卒，仁宗臨其喪。贈太保，祀賢良祠，謚文成。

阿桂屢將大軍，知人善任使。諸將有戰績，獎以數語，或賚酒食，其人輒感激效死終其身。臨敵，夜對酒，深念得策，輒持酒以起，且必有所號令。方温福敗，受命代將。一日日欲暮，率十數騎升高阜覘賊砦。賊望見，擴騎數百環阜上。阿桂令從騎皆下馬，解衣裂懸林木，乃令上馬徐下阜。賊迫阜，從落日中覩旂幟，疑我師衆，方遣騎出偵，阿桂已還軍矣。師薄噶拉依，索諾木約以明日降，城栅盡毁。日暮，諸將謁阿桂，謂：「今日必生致索諾木，不然，慮有他。」阿桂不答，入帳臥。明旦，索諾木自縛詣帳下。阿桂謂諸將曰：「諸君昨日語，蓋慮索諾木他竄，或且死。我已得險要，竄安之？且能死，豈至今日？故吾以爲無慮。」諸將皆謝服。及執政，尤識大體。康熙中，諸行省提鎮以次卽有空名坐糧，雍正八年著爲例。乾隆四十七年詔補實額，别給養廉。阿桂疏言：「國家經費驟加不覺其多，歲支則難爲繼。此新增之餉，歲近三百萬，二十餘年卽需七千萬。請除邊省外，無庸概增。」上不從。是時帑藏盈溢，其後漸至虛匱。此其一端也。乾隆末，和珅勢漸張，阿桂遇之不稍假借。不與同直廬，朝夕入直，必離立數十武。和珅就與語，漫應之，終不移一步。阿桂內念位將相，受恩遇無與比，乃坐視其亂政，徒以高宗春秋高，不敢遽言，遂未竟其志。

高宗圖功臣於紫光閣，前後凡四舉，列於前者親爲之贊。

定伊犂回部五十人：大學士傅恆，將軍兆惠、班第、納木札爾，副將軍策布登扎布、富德、薩拉爾，大學士總督黃廷桂，參贊大臣親王色布騰巴爾珠爾，貝子扎拉豐阿，郡王羅卜藏多爾濟、額敏和卓，尚書舒赫德、阿里衮，總督鄂容安，侍郎明瑞、阿桂、三泰、鄂實，領隊大臣內大臣博爾奔察，提督豆斌、高天喜，副都統端濟布，護軍統領愛隆阿，前鋒統領瑪瑺，副都統巴圖濟爾噶爾，散秩大臣齊凌扎布、噶布舒，郡王霍集斯，貝子鄂對，內大臣鄂齊爾，散秩大臣阿玉錫、達什策凌，副都統鄂博什、溫布、由屯、三格，侍衞奇徹布、老格、達克塔納、薩穆坦、瑺綽爾圖、塔瑪鼐、富錫爾、海蘭察、富紹、扎奇圖、阿爾丹察、五十保。

定金川五十人：將軍阿桂，副將軍豐昇額、明亮，大學士舒赫德、于敏中，尚書福隆安，參贊大臣親王色布騰巴爾珠爾，都統海蘭察，護軍統領額森特、舒常，領隊大臣都統奎林、和隆武、福康安，副都統普爾普，荆州將軍興兆，參贊大臣提督哈國興，領隊大臣提督馬彪、馬全、書麟，副都統三保、烏什哈達、瑚尼爾圖、珠爾格德、阿爾都、阿爾薩朗、舒亮、科瑪、伊蘭保、佛倫泰、富興、德赫布、莽喀察，總兵海祿、敖成、官達色、成德、欽保、曹順、保寧、特成額、烏爾納，總兵敦柱，侍衞額爾特、托爾托保、泰斐英阿、柏凌、達蘭泰、薩爾吉岱，佐領特爾惇澈，副將興奎。

定臺灣二十人：大學士阿桂、和珅、王杰，協辦大學士福康安，領侍衞內大臣海蘭察，尚書福長安、董誥，總督李侍堯、孫士毅，巡撫徐嗣曾，成都將軍鄂輝，護軍統領舒亮、普爾普，提督蔡攀龍、梁朝桂、許世亨，總兵穆克登阿、張芝元、普吉保，散秩大臣穆塔爾。

定廓爾喀十五人：大學士福康安、阿桂、和珅、王杰、孫士毅，領侍衞內大臣海蘭察，尚書福長安、董誥、慶桂、和琳，總督惠齡，護軍統領台斐英阿、額勒登保，副都統阿滿泰、成德。

功稍次者列於後，儒臣爲之贊，惟阿桂與海蘭察四次皆前列。阿桂定金川元功，定臺灣首輔，皆第一；定廓爾喀以爵復第一，讓於福康安。道光三年二月，宣宗命配饗太廟。子阿迪斯、阿必達。

阿迪斯，初以三等侍衞坐阿桂征緬甸無功，奪職，發遣廣西右江鎭。逾年赦復官。累遷兵部侍郎，襲一等公。復累遷成都將軍。以川西盜發，逮問，發遣伊犂。赦歸。卒。

阿必達，初名阿彌達，高宗命更名。阿桂得罪，奪藍翎侍衞，發遣廣東雷瓊鎭。赦歸，復官。擢二等侍衞，命赴西寧祭告河神，探黃河眞源，上命輯入河源紀略。累遷工部侍郎。卒。阿必達子那彥寶，官至成都將軍；那彥成，自有傳。

論曰：將者國之輔，智信仁勇，合羣策羣力治而用之，是之謂大將。由是道也，佐天子辨章國政，豈有二術哉？乾隆間，國軍屢出，熊羆之士，因事而有功；然開誠布公，謀定而後動，負士民司命之重，固無如阿桂者。還領樞密，決疑定計，瞻言百里，非同時諸大臣所能及，豈不偉歟？

清史稿卷三百十九

列傳一百六

于敏中　和珅弟和琳　蘇凌阿

于敏中，字叔子，江蘇金壇人。乾隆三年一甲一名進士，授翰林院修撰。以文翰受高宗知，直懋勤殿，敕書華嚴、楞嚴兩經。累遷侍講，典山西鄉試，督山東、浙江學政。十五年，直上書房。累遷內閣學士。十八年，復督山東學政。擢兵部侍郎。二十一年，丁本生父憂，歸宗持服。逾年，起署刑部侍郎。二十三年，嗣父枋歿，回籍治喪。未幾，丁本生母憂，未以上聞。御史朱稽疏劾敏中「兩次親喪，蒙混爲一」，恝然赴官」。並言：「部臣與疆臣異，不宜奪情任事。」詔原之。尋實授。調戶部，管錢法堂事。二十五年，命爲軍機大臣。敏中敏捷過人，承旨得上意。三十年，擢戶部尚書。子齊賢，鄉試未中式。詔以敏中久直內廷，僅一子年已及壯，加恩依尚書品級予廕生。又以敏中正室前卒，特封其妾張爲淑人。三十三年，加太子太保。三十六年，協辦大學士。

三十八年，晉文華殿大學士，兼戶部尚書如故。時下詔徵遺書，安徽學政朱筠請開局搜輯永樂大典中古書。大學士劉統勳謂非政要，欲寢其議。敏中善筠奏，與統勳力爭，於是特開四庫全書館，命敏中爲正總裁，主其事。又充國史館、三通館正總裁。屢典會試，命爲上書房總師傅，兼翰林院掌院學士。

敏中爲軍機大臣久，頗接外吏，通聲氣。三十九年，內監高雲從漏洩硃批道府記載，下廷臣鞫治。雲從言敏中嘗向詢問記載，及雲從買地涉訟，嘗乞敏中囑託府尹蔣賜棨。上面詰，敏中引罪，詔切責之曰：「內廷諸臣與內監交涉，一言及私，卽當據實奏聞。朕方嘉其持正，重治若輩之罪，豈肯轉咎奏參者？于敏中侍朕左右有年，豈尙不知朕而爲此隱忍耶？于敏中日蒙召對，朕何所不言？何至轉向內監探詢消息？自川省用兵以來，敏中承旨有勞。大功告竣，朕欲如張廷玉例，領以世職。今事垂成，敏中乃有此事，是其福澤有限，不能受朕深恩，寧不痛自愧悔？免其治罪，嚴加議處。」部議革職，詔從寬留任。四十一年，金川平，詔嘉其勞勩，過失可原，仍列功臣，給一等輕車都尉，世襲罔替。四十四年，病喘，遣醫視，賜人葠。卒，優詔賜卹，祭葬如例，祀賢良祠，謚文襄。

子齊賢，前卒。孫德裕，襲世職，以主事用。敏中從姪時和，擁其貲回籍，德裕訟之。

江蘇巡撫吳壇察治，罪時和，戍伊犂。所侵奪者，還德裕三萬兩，餘充金壇開河用。

蘇松糧道章攀桂爲敏中營造花園，事覺，褫攀桂職。敏中受地方官逢迎，以已卒置不論。既而浙江巡撫王亶望以貪敗，上追咎敏中。五十一年，詔曰：「朕幾餘詠物，有嘉靖年間器皿，念及嚴嵩專權煬蔽，以致國是日非，朝多稗政。取閱嚴嵩傳，見其賄賂公行，生死予奪，潛竊威柄，實爲前明奸佞之尤。本朝家法相承，紀綱整肅，太阿從不下移，本無大臣專權之事。原任大學士于敏中因任用日久，恩眷稍優。無識之徒，心存依附，敏中亦遂時相招引，潛受苞苴。其時軍機大臣中無老成更事之人，福康安年輕，未能歷練，以致敏中聲勢略張。究之亦止侍直承旨，不特非前朝嚴嵩可比，並不能如康熙年間明珠、徐乾學、高士奇等；卽寵眷亦尚不及鄂爾泰、張廷玉，安能於朕前竊弄威福、淆亂是非耶？朕因其宣力年久，身故仍加恩飾終，准入賢良祠。迨四十六年甘肅捐監折收之事敗露，王亶望等侵欺貪黷，罪不容誅。因憶此事前經舒赫德奏請停止，于敏中於朕前力言甘肅捐監應開，部中免撥解之煩，閭閻有糶販之利，一舉兩得，是以准行。詎知勒爾謹爲王亶望所愚，通同一氣，肥橐殃民。非于敏中爲之主持，勒爾謹豈敢遽行奏請？王亶望豈敢肆無忌憚？于敏中擁有厚貲，必出王亶望等賄求酬謝。使于敏中尚在，朕必嚴加懲治。今不將其子孫治罪，已爲從寬；賢良祠爲國家風勵有位盛典，豈可以不愼廉隅之人濫行列入？朕久有此心，因覽嚴嵩傳，觸動鑑戒。恐無知之人，將以明世宗比朕，朕不受也。于敏中著撤出賢良祠，以昭儆戒。」六十年，國史館進呈敏中列傳，詔曰：「于敏中簡任綸扉，不自檢束，既向宦寺交接，復與外省官吏夤緣舞弊。卽此二節，實屬辜恩，非大臣所應有。若仍令濫邀世職，何以示懲？其孫于德裕現官直隸知府，已屬格外恩施，所襲輕車都尉世職卽撤革，以為大臣營私玷職者戒。」

和珅，字致齋，鈕祜祿氏，滿洲正紅旗人。少貧無藉，為文生員。乾隆三十四年，承襲三等輕車都尉。尋授三等侍衞，挑補黏杆處。四十年，直乾清門，擢御前侍衞，兼副都統。次年，遂授戶部侍郎，命為軍機大臣，兼內務府大臣，駸駸嚮用。又兼步軍統領，充崇文門稅務監督，總理行營事務。四十五年，命偕侍郎喀凝阿往雲南按總督李侍堯貪私事。侍堯號才臣，帝所倚任。和珅至，鞫其僕，得侍堯婪索狀，論重辟，奏雲南吏治廢弛，府州縣多虧帑，亟宜清釐。上欲用和珅為總督，嫌於事出所按劾，乃以福康安代之。命回京，未至，擢戶部尚書、議政大臣。及復命，面陳雲南鹽務、錢法、邊事，多稱上意，並允行。授御前大臣兼都統。賜婚其子豐紳殷德為和孝公主額駙，待年行婚禮。又授領侍衞內大臣，充四庫全書館正總裁，兼理藩院尚書事，寵任冠朝列矣。

四十六年，甘肅撒拉爾番回蘇四十三等叛，逼蘭州，額駙拉旺多爾濟、領侍衞內大臣海蘭察、護軍額森特等率兵討之。命和珅爲欽差大臣，偕大學士阿桂往督師。阿桂有疾，促和珅兼程先進。至則海蘭察等已擊賊勝之，卽督諸將分四路進兵，海蘭察逼賊山梁，殲其伏。賊掘溝坎深數丈，並斷小道，不能度。總兵圖欽保陣亡。後數日，阿桂至，和珅委過諸將不聽調遣。阿桂曰：「是宜誅！」明日，同部署戰事，阿桂所指揮，輒應如響。乃曰：「諸將殊不見其慢，當誰誅？」和珅恚甚。上微察之，詔斥和珅匿圖欽保死事不上聞，赴師遲延，而劾海蘭察、額森特先戰顚倒是非；又謂自阿桂至軍，措置始有條理，一人足辦賊，和珅在軍事不歸一，海蘭察等久隨阿桂，易節制，命和珅速回京。和珅用是銜阿桂，終身與之齟齬。尋兼署兵部尚書，管理戶部三庫。

四十七年，御史錢灃劾山東巡撫國泰、布政使于易簡貪縱營私，命和珅偕都御史劉墉按鞫，灃從往。和珅陰袒國泰，旣至，盤庫，令抽視銀數十封無缺，卽起還行館。灃請封庫，明日盡發視庫銀，得借市銀充抵狀，國泰等罪皆鞫實。會加恩中外大臣，加太子太保，充經筵講官。四十八年，賜雙眼花翎，充國史館正總裁、文淵閣提舉閣事、淸字經館總裁。甘肅石峯堡回匪平，以承旨論功，再予輕車都尉世職，併前職授一等男爵。調吏部尚書、協辦大學士，管理戶部如故。

五十一年，御史曹錫寶劾和珅家奴劉全奢僭，造屋踰制，帝察其欲劾和珅，不敢明言，故以家人爲由。命王大臣會同都察院傳問錫寶，使直陳和珅私弊，卒不能指實。和珅亦預使劉全毀屋更造，察勘不得直，錫寶因獲譴。踰月，授和珅文華殿大學士。詔以其管崇文門監督已閱八年，大學士不宜兼榷務，且錫寶劾其家人，未必不因此，遂罷其監督。部員滋露擢廣信知府，上見其年幼，不勝方面，斥和珅濫保。又兩廣總督富勒渾縱容家人婪索，和珅請調回富勒渾，不興大獄。京師米貴，和珅請禁囤積，逾五十石者交廠減糶，商民以爲不便。廷臣遷就原議，上並切責之。五十三年，以臺灣逆匪林爽文平，晉封三等忠襄伯，賜紫韁。五十五年，賜黃帶、四開褉袍。上八旬萬壽，命和珅偕尚書金簡專司慶典事。內閣學士尹壯圖疏論各省庫藏空虛，上爲動色，和珅請卽命壯圖往勘各省庫，以侍郎慶成監之。慶成每至一省輒掣肘，待挪移旣足，然後啓權，迄無虧絀，壯圖以妄言坐黜。

五十六年，刻石經於辟雍，命爲正總裁。時總裁八人，尙書彭元瑞獨任校勘，敕編石經考文提要，事竣，元瑞被優賚。和珅嫉之，毀元瑞所編不善，且言非天子不考文。上曰：「書爲御定，何得目爲私書耶？」和珅乃使人撰考文提要舉正以攻之，冒爲己作進上，訾提要不便士子，請銷毀，上不許。館臣疏請頒行，爲和珅所阻，中止，復私使人磨碑字，凡從古者盡改之。

五十七年，廓爾喀平，予議敍，兼翰林院掌院學士。六十年，充殿試讀卷官，教習庶吉士。時朝審停勾，情重者請旨裁定。和珅管理藩院，於蒙古重獄置未奏，鐫級留任。又廷試武舉發策，上命檢實錄。故事，實錄不載武試策問，和珅率對不以實，詔斥護過飾非，革職留任。先是京察屢邀議敍，是年特停罷之。嘉慶二年，調管刑部。尋以軍需報銷，仍兼管戶部。三年，教匪王三槐就擒，以襄贊功晉公爵。

和珅柄政久，善伺高宗意，因以弄竊作威福，不附己者，伺隙激上怒陷之；納賄者則爲周旋，或故緩其事，以俟上怒之霽。大僚恃爲奧援，剝削其下以供所欲。鹽政、河工素利藪，以徵求無厭日益敝。川、楚匪亂，因激變而起，將帥多倚和珅，糜餉奢侈，久無功。阿桂以勳臣爲首輔，素不相能，被其梗軋。入直治事，不與同止直廬。阿桂卒，益無顧忌，於軍機寄諭獨署己銜。同列嵇璜年老，以譏數被斥責。王杰持正，恆與忤，亦不能制。朱珪舊爲仁宗傅，在兩廣總督任，高宗欲召爲大學士，和珅忌其進用，密取仁宗賀詩白高宗，指爲市恩。高宗大怒，賴董誥諫免；尋以他事降珪安徽巡撫，屏不得內召。言官惟錢灃劾其黨國泰得直，後論和珅與阿桂入直不同止直廬，奉命監察，以勞瘁死。曹錫寶、尹壯圖皆獲譴，無敢昌言其罪者。高宗雖遇事裁抑，和珅巧彌縫，不悛益恣。仁宗自在潛邸知其姦，及卽位，以高宗春秋高，不欲遽發，仍優容之。

四年正月，高宗崩，給事中王念孫首劾其不法狀，仁宗卽以宣遺詔日傳旨逮治，命王大臣會鞫，俱得實。詔宣布和珅罪狀，略曰：「朕於乾隆六十年九月初三日，蒙皇考册封皇太子，尙未宣布，和珅於初二日在朕前先遞如意，以擁戴自居，大罪一。騎馬直進圓明園左門，過正大光明殿，至壽山口，大罪二。乘椅轎入大內，肩輿直入神武門，大罪三。取出宮女子爲次妻，大罪四。於各路軍報任意壓擱，有心欺蔽，大罪五。皇考聖躬不豫，和珅毫無憂戚，談笑如常，大罪六。皇考力疾批答章奏，字跡間有未眞，和珅輒謂不如撕去另擬，大罪七。兼管戶部報銷，竟將戶部事務一人把持，變更成例，不許部臣參議，大罪八。上年奎舒奏循化、貴德二廳賊番肆劫青海，和珅駁回原摺，隱匿不辦，大罪九。皇考升遐後，朕諭蒙古王公未出痘者不必來京，和珅擅令已、未出痘者俱不必來，大罪十。大學士蘇凌阿重聽衰邁，因與其弟和琳姻親，隱匿不奏；侍郞吳省蘭、李潢，太僕寺卿李光雲在其家教讀，保列卿階，兼任學政，大罪十一。軍機處記名人員任意撤去，大罪十二。所鈔家產，楠木房屋僭侈踰制，仿照寧壽宮制度，園寓點綴與圓明園蓬島、瑤臺無異，大罪十三。薊州墳塋設享殿，置隧道，居民稱和陵，大罪十四。所藏珍珠手串二百餘，多於大內數倍，大珠大於御用冠頂，大罪十五。寶石頂非所應用，乃有數十，整塊大寶石不計其數，勝於大內，大罪十六。藏銀、衣服數逾千萬，大罪十七。夾牆藏金二萬六千餘兩，私庫藏金六千餘兩，地窖埋銀三百餘萬兩，大罪十八。通州、薊州當鋪、錢店貲本十餘萬，與民爭利，大罪十九。家奴劉全家產至二十餘萬，并有大珍珠手串，大罪二十。」內外諸臣疏言和珅罪當以大逆論，上猶以和珅嘗任首輔，不忍令肆市，賜自盡。

諸劾和珅者比於操、莽。直隸布政使吳熊光舊直軍機，上因其入覲，問曰：「人言和珅有異志，有諸？」熊光曰：「凡懷不軌者，必收人心，和珅則滿、漢幾無歸附者，卽使中懷不軌，誰肯從之？」上曰：「然則治之得無太急？」熊光曰：「不速治其罪，無識之徒觀望夤緣，別滋事端。發之速，是義之盡；收之速，是仁之至。」上旣誅和珅，宣諭廷臣：「凡爲和珅薦舉及奔走其門者，悉不深究，勉其悛改，咸與自新。」有言和珅家產尚有隱匿者，亦斥不問。和珅在位時，令奏事者具副本送軍機處；呈進方物，必先關白，擅自准駁，遇不全納者悉入私家。步軍統領巡捕營在和珅私宅供役者千餘人，又令各部以年老平庸之員保送御史。至是，悉革其弊。吏、戶兩部成例爲和珅所變更者，諸臣奏請次第修正。初，乾隆中命和珅改入正黃旗，及得罪，仍隸正紅旗。

子豐紳殷德，尙固倫和孝公主，累擢都統兼護軍統領、內務府大臣。和珅伏法，廷臣議奪爵職。詔以公主故，留襲伯爵。尋以籍沒家產，正珠朝珠非臣下所應有，鞫家人，言和珅時於燈下懸掛，臨鏡自語。仁宗怒，褫豐紳殷德伯爵，仍襲舊職三等輕車都尉。嘉慶七年，川、楚、陝教匪平，推恩給民公品級，授散秩大臣。未幾，公主府長史奎福訐豐紳殷德演習武藝，謀爲不軌，欲害公主。廷臣會鞫，得誣告狀。詔以豐紳殷德與公主素和睦，所作青蠅賦，憂讒畏譏，無怨望違悖；惟坐國服內侍妾生女罪，褫公銜，罷職在家圈禁。十一年，授頭等侍衞，擢副都統，賜伯爵銜。十五年，病，乞解任，賜公爵銜。尋卒。無子，以和琳子豐紳伊綿襲輕車都尉。

和珅伏法後越十五年，國史館以列傳上。仁宗以事跡疏略，高宗數加譴責，闕而未載，無以信今傳後，褫編修席煜職，特詔申戒焉。

弟和琳，自筆帖式累遷湖廣道御史。劾湖北按察使李天培私交糧艘帶運木植，鞫得兩廣總督福康安寄書索購狀，帝嘉和琳伉直，下部議敍，由是遂見擢用。自吏部給事中超擢內閣學士，兼禮部侍郎銜。尋授兵部侍郎、正藍旗漢軍副都統。廓爾喀擾後藏，將軍福康安往勦，帝命和琳督辦前藏以東臺站烏拉等事。尋命與鄂輝更番照料糧餉，擢工部尚書。疏陳賊酋拉特納巴都爾悔罪狀，詔令福康安受降，偕和琳妥籌善後。未幾，授鑲白旗漢軍都統。命偕孫士毅、惠齡覈辦察木多以西銷算事，仍理藏務。乾隆五十八年，予雲騎尉世職。五十九年，授四川總督。六十年，貴州苗石柳鄧叛，擾正大、嗅腦、松桃，湖南苗吳半生、石三保應之，圍永綏，帝命雲貴總督福康安往勦。和琳時方入京，至印州，松桃匪已闌入秀山境。和琳聞警馳往，督參將張志林、都司馬瑜擊走之；後復敗賊晏農，進攻礮木山黃陂，通道松桃。賞雙眼花翎。時福康安已解正大、嗅腦、松桃圍，攻石柳鄧於大塘汛，和琳率兵會之，遂命參贊軍事；克蝦蟇硐、烏龍巖，降七十餘寨，封一等宣勇伯。復攻下巖碧山，賞上服貂褂。又以降吳半生功，賞黃帶。龍角硐、鴨保、天星諸寨大捷，加太子太保，賞玄狐端罩。嘉慶元年，克結石岡、廖家冲、連峰坳諸隘，賞用紫韁。福康安卒，命和琳督辦軍務。時石三保已就獲，石柳鄧尙據平隴。奪尖雲山礮臺，復乾州，賞三眼花翎。八月，進圍平隴，卒於軍。晉贈一等公，謚忠壯，賜祭葬，命配饗太廟，祀昭忠、賢良等祠，准其家建專祠。四年，和珅誅，廷臣論和琳藉勢邀功，上亦追咎其會剿苗匪，牽掣福康安，師無功，命撤出太廟，毀專祠，奪其子豐紳伊緜公爵，改襲三等輕車都尉。

蘇凌阿，滿洲正白旗人。乾隆六年繙譯舉人。自內閣中書累遷江西廣饒九南道。左遷。五十年，自吏部員外郎超擢，歷兵、工、戶三部侍郎。遷戶部尙書。出爲兩江總督。嘉慶二年，授東閣大學士，兼署刑部尙書。和珅誅，休致，守護裕陵。卒。

論曰：高宗英毅，大臣有過失，不稍假借。世傳敏中以高雲從事失上意，有疾，令休沐，遽賜陀羅尼經被，遂以不起聞。觀罷祠之詔，至引嚴嵩爲類，傳聞有無未可知矣。和珅繼用事，值高宗倦勤，怙寵貪恣，卒以是敗。仁宗嘗論唐代宗殺李輔國，謂：「代宗爲太子，不爲輔國所讒者幾希。及卽帝位，正其罪而誅之，一獄吏已辦。」蓋卽爲和珅發也。